# Der Deutsche Kohlenhandel

Ein Weg von der freizügigen zur gebundenen Marktversorgung

Von

Dr. rer. oec. Horst Schleuning

aus Danzig

Berlin und Leipzig 1936

Walter de Gruyter & Co.

vormals G. J. Göschen'sche Verlagshandlung — J. Guttentag, Verlagsbuchhandlung
Georg Reimer — Karl J. Trübner — Veit & Comp.

Auch als Dissertation
an der Handels-Hochschule Leipzig erschienen unter dem Titel:
„Die Entwicklung des deutschen Kohlenhandels von der freizügigen zur gebundenen Marktversorgung".

Archiv-Nr. 24 56 36

Herrn Senator Albert Bolte

Die Arbeit wurde abgeschlossen Ende Juni 1935.

# Inhaltsverzeichnis.

Seite

Zweiter Hauptteil.

# Die Entwicklungsgeschichte des Kohlenhandels.

## C. Die Wirtschaft der Vorkriegszeit.



## D. Die Zwangswirtschaft der Kriegszeit.

Seite

## E. Die staatlich gebundene Syndikatswirtschaft der Nachkriegszeit.



## F. Die nationalsozialistische Wirtschaftsführung.



## Anhang.

# Abkürzungen.

| | |
|---|---|
| DKZ. . . . . . . | Deutsche Kohlen-Zeitung, Berlin. |
| GA. . . . . . . . | Generalabkommen zwischen den deutschen bergbaulichen Syndikaten und dem deutschen Kohlenhandel vom 15. Juni 1933 in der Fassung vom 27. Juli 1934; |
| ABGA. . . . . . . | Ausführungsbestimmungen und gemeinschaftliche Erklärung hierzu, beide vom 27. Juli 1934. |
| KartellVO. . . . . | Verordnung gegen Mißbrauch wirtschaftlicher Machtstellungen vom 2. November 1923. |
| KWG. . . . . . . | Gesetz über die Regelung der Kohlenwirtschaft vom 23. März 1919. |
| ABKWG. . . . . . | Ausführungsbestimmungen zum Gesetz über die Regelung der Kohlenwirtschaft vom 21. August 1919. |
| RKR. . . . . . . | Reichskohlenrat. |
| RKV. . . . . . . | Reichskohlenverband. |
| RWM. . . . . . . | Reichswirtschaftsminister. |

Steinkohlensyndikate.

| | |
|---|---|
| ASS. . . . . . . . | Aachener Steinkohlen-Syndikat. |
| NSS. . . . . . . . | Niederschlesisches Steinkohlen-Syndikat. |
| NSäS. . . . . . . | Niedersächsisches Kohlen-Syndikat. |
| OSS. . . . . . . . | Oberschlesisches Steinkohlen-Syndikat. |
| RWKS. . . . . . | Rheinisch-Westfälisches Kohlen-Syndikat. |
| SäSS. . . . . . . | Sächsisches Steinkohlen-Syndikat. |

Braunkohlensyndikate.

| | |
|---|---|
| MBS. . . . . . . | Mitteldeutsches Braunkohlen-Syndikat. |
| OBS. . . . . . . | Ostelbisches Braunkohlen-Syndikat. |
| RBS. . . . . . . | Rheinisches Braunkohlen-Syndikat. |

# Literaturverzeichnis.

## A. Allgemeines.

Becker, Theodor, Die Kartellpolitik der Reichsregierung. Berlin 1935.

von Beckerath, Herbert, Kräfte, Ziele und Gestaltungen in der deutschen Industriewirtschaft. Jena 1924.

— Industrielle Kartellprobleme der Gegenwart. Berlin 1926.

Blödner, Paul, Preis- und Produktionsstabilisierung durch Kartelle. Borna-Leipzig 1934.

Bonikowsky, Hugo, Der Einfluß der industriellen Kartelle auf den Handel in Deutschland. Dissertation, Königsberg i. Pr. Jena 1906/1907.

Braeuer, Walter, Kartell und Konjunktur, der Meinungsstreit in fünf Jahrzehnten. Berlin 1934.

Dahms, A., Grundzüge der Bergwirtschaftslehre. Leipzig 1927.

Deutschland in der Weltwirtschaft. Sammlung der Reden Köhler, Schacht, Goerdeler, Hecker, anläßlich der Eröffnung der Leipziger Frühjahrsmesse 1935. Berlin 1935.

Dobretsberger, Josef, Freie oder gebundene Wirtschaft? München und Leipzig 1932.

Flechtheim, Julius, Kartelle als Produktionsförderer. Berlin 1928.

Fragen der Handelswirtschaft. Schriften der Handels-Hochschule Königsberg i. Pr. Heft 4. Königsberg 1935.

Hövel, Paul, Grundfragen deutscher Wirtschaftspolitik. Berlin 1935.

Hoffmann, Otto, Nutzt die Kartellerfahrungen. Frankfurt a. M. 1933.

Kestner, Fritz, Der Organisationszwang. Berlin 1912.

Kestner-Lehnich, Der Organisationszwang. 2. Auflage. Berlin 1927.

Lampe, Adolf, Der Einzelhandel in der Volkswirtschaft. Berlin 1930.

Liefmann, Robert, Kartelle, Konzerne und Trusts. 8. Auflage. Stuttgart 1930.

Müllensiefen-Dörinkel, Das neue Kartell-, Zwangskartell- und Preisüberwachungsrecht. Berlin 1933.

Ott, Rudolf, Die Stellung des Konzern- und Kartellwesens im nationalen Staat. Berlin 1933.

Schmalenbach, Eugen, Selbstkostenrechnung und Preispolitik. 6. Auflage. Leipzig 1934.

Sombart, Werner, Die Zukunft des Kapitalismus. Berlin 1932.

Tschierschky, S., Kartellpolitik. Berlin 1930.

Weber, Adolf, Das Ende des Kapitalismus? München 1929.

Wiedenfeld, Kurt, Das Persönliche im modernen Unternehmertum. München und Leipzig 1920.

— Gewerbepolitik. Berlin 1927.

— Kartelle und Konzerne. Berlin und Leipzig 1927.

## B. Besonderes.

Bockhoff, Wilhelm, Der Steinkohlenmarkt Deutschlands in den letzten 20 bis 25 Jahren. Altenburg 1913.

Der Centralverband der Kohlenhändler Deutschlands e. V. Sonderdruck. Berlin 1929.

Dietrich, Helmut, Die Kohlenversorgung Süddeutschlands. Leipzig 1930.

Ebner, Georg, Der deutsche Kohlenhandel in seiner Entwicklung von 1880 bis 1907. Dissertation, Erlangen. Borna-Leipzig 1909.

Eckelt, Ernst, Ein Jahr Kartellrechtsprechung zum Generalabkommen. Sonderdruck aus der Deutschen Kohlen-Zeitung. Berlin 1935.

Emmendörfer, Hans, Rationalisierung im Kohlenhandel. Berlin 1926.

Ferdinand, Friedrich, Die Kartelle der Kohlenproduzenten und Händler und die Gegenbewegung der Verbraucher im Rhein-Main-Gebiet. Dissertation, Frankfurt a. M. 1925.

Förster, Wilhelm, Absatzfragen des mitteldeutschen Braunkohlenbergbaus. Freiberg i. Sa. 1927.

Franken, Paul, Die Einwirkung des Rheinischen Braunkohlen-Syndikats auf den Kohlengroßhandel im Vergleich mit der des Rheinisch-Westfälischen Kohlen-Syndikats. Dissertation, Köln 1926.

Hardt, Hans-Joachim, Betrachtungen über das Rheinisch-Westfälische Kohlen-Syndikat als Absatzorgan der Ruhrzechen. Dissertation, Mannheim. Wertheim a. M. 1933.

Hecht, Wendelin, Organisationsformen der deutschen Rohstoffindustrien. Die Kohle. Kempten 1924.

Heinz, Max, Kartellbildungen im mitteldeutschen Braunkohlengebiet. Dissertation, Heidelberg 1919.

Hirsch, Julius, Der moderne Handel, seine Organisation und Formen und die staatliche Binnenhandelspolitik. 2. Auflage. Grundriß der Sozialökonomik (5. Abteilung II. Teil). Tübingen 1925.

Köngeter, Eugen, Das Kohlenwirtschaftsgesetz und der Kohlenhandel. Berlin 1920.

Könitzer, Otto, Der deutsche Kohlenhandel. Dissertation, Frankfurt a. M. 1925.

Kohlenhandelsfragen. Festschrift für Ludwig Wiesinger. Berlin 1925.

Die deutsche Kohlenwirtschaft. Ausschuß zur Untersuchung der Erzeugungs- und Absatzbindungen der deutschen Wirtschaft. Verhandlungen und Berichte des Unterausschusses für Gewerbe, Industrie, Handel und Handwerk (III. Unterausschuß). E. S. Mittler & Sohn, Berlin 1929.

Handbuch der Kohlenwirtschaft. Herausgeber Karl Borchardt. Berlin 1926.

Kontradiktorische Verhandlungen über deutsche Kartelle (Kartellenquete). I. Band: Steinkohlen und Koks. Berlin 1903.

Lohmann, Robert, Die Handelsfrage im Rheinisch-Westfälischen Kohlen-Syndikat von der Gründung bis zur Gegenwart. Dissertation, Bochum 1930.

Loose, Kurt, Vorgeschichte, Gestaltung und Auswirkung des Kohlenwirtschaftsgesetzes vom 23. März 1919. Berlin 1930.

Manno, Ernst, Die Kohlenversorgung Süddeutschlands. Heidelberg 1914.

Pape, Ernst, Der deutsche Braunkohlenhandel unter dem Einfluß der Kartelle. Zeitschrift für die gesamte Staatswissenschaft, 62. Jahrgang S. 234 ff. Tübingen 1906.

Plaut, Louis, Der rechtliche Aufbau der deutschen Kohlenwirtschaft. Dissertation, Halle. Borna-Leipzig 1931.

Poßberg, Hubert, Die neuere Entwicklung des Kohlenmarktes in Deutschland. Berlin 1920.

Schilson, Karl, Der deutsche Kohlenhandel und seine Organisation. Dissertation, Gießen 1924.

Schmalenbach-Kommission. „Gutachten über die gegenwärtige Lage des Rheinisch-Westfälischen Steinkohlenbergbaus", dem Reichswirtschaftsministerium erstattet durch Professor Dr. Schmalenbach, Dr. Baade, Dr. Lufft u. a. Berlin 1928.

— „Gutachten über Ersparnismöglichkeiten in der Produktion und im Absatz ostelbischer und mitteldeutscher Braunkohlenbriketts", dem Reichswirtschaftsministerium erstattet durch Professor Dr. Schmalenbach, Dr. Brecht, Dr. Baade. Berlin 1928.

Sozialisierungskommission. Bericht der Sozialisierungskommission über die Frage der Sozialisierung des Kohlenbergbaus vom 31. Juli 1920. 2. Auflage. Berlin 1920.

Storm, Ernst, Geschichte der deutschen Kohlenwirtschaft von 1913 bis 1926. Berlin 1926.

Thoenes, Walter, Die Zwangssyndikate im Kohlenbergbau und ihre Vorgeschichte. Jena 1921.

Tiegs, Hugo, Deutschlands Steinkohlenhandel mit kurzen Rückblicken auf seine jüngste Vergangenheit. Dissertation, Berlin 1904.

Wiedenfeld, Kurt, Das Rheinisch-Westfälische Kohlen-Syndikat. Bonn 1912.

## C. Berichte, Zeitschriften, Zeitungen, Statistik.

Denkschrift des Centralverbandes der Kohlenhändler Deutschlands e. V., Berlin 1935 (nicht veröffentlicht).

Deutsche Bergwerks-Zeitung, Düsseldorf.

Deutsche Kohlen-Zeitung (DKZ.), Berlin.

Deutscher Groß-, Ein- und Ausfuhrhandel, Monatszeitschrift, Berlin.

Der deutsche Ökonomist, Berlin.

Der deutsche Volkswirt, Berlin.

Der Wirtschaftsdienst, Hamburg.

Die deutsche Volkswirtschaft, Berlin.

Die Wirtschaftskurve, Frankfurt.

Frankfurter Zeitung, Frankfurt a. M.

Generalabkommen zwischen den deutschen bergbaulichen Syndikaten und dem deutschen Kohlenhandel. Kommentierte Ausgabe. Berlin 1934.

Geschäftsberichte verschiedener Gesellschaften:

des Reichskohlenrates und Reichskohlenverbandes,
des Rheinisch-Westfälischen Kohlen-Syndikates,
des Rheinischen Braunkohlen-Syndikates,
des Mitteldeutschen Braunkohlen-Syndikates,
der Harpener Bergbau-AG., Dortmund

und anderer Bergwerksgesellschaften; insbesondere die Geschäftsberichte des „Centralverband der Kohlenhändler Deutschlands e. V.", Berlin.

Gesellschaftsverträge verschiedener Syndikate.

Kartell-Rundschau, Berlin.

Kauf- und Lieferungsbedingungen verschiedener Syndikate.

Statistisches Jahrbuch für das Deutsche Reich. Herausgegeben vom Statistischen Reichsamt.

52. Jahrgang, 1933. Berlin 1933.
53. Jahrgang, 1934. Berlin 1934.

Taschenbücher für den Berliner Kohlenhandel. Berlin 1933 und folgende Jahre.

Zeitschrift für handelswissenschaftliche Forschung. Leipzig.

# Vorwort.

**Die Aufgabe der Arbeit.**

Das Wirtschaftsgeschehen der letzten fünfzig Jahre war in seiner Entwicklung grundsätzlichen Veränderungen unterworfen, die nicht nur völlige Wandlungen der Wirtschafts f o r m e n darstellen — diese sind ja letzten Endes erst Folgeerscheinungen einer veränderten Wirtschafts a u f f a s s u n g —, sondern mehr noch der Ausdruck geänderter Staats- und Lebensführung sind. Diese verschiedengestaltige Entwicklung weniger Jahrzehnte, die sich in dem unaufhaltsamen Zuge zur starken Gebundenheit auf dem Gebiete des Erwerbslebens auswirkte und im Bergbau seit dem Beginn der industriellen Produktion, also seit den siebziger Jahren des vorigen Jahrhunderts, bemerkbar ist, war neben den Schwankungen der Weltwirtschaft und des binnenländischen Marktes, neben Kriegs- und Zwangswirtschaft in starkem Maße von wirtschaftspolitischen Lebensanschauungen beeinflußt. Sie kommt in der Marktgestaltung des deutschen Kohlenhandels besonders deutlich zur Geltung. Die Gründe liegen vornehmlich in der Natur der Ware Kohle und in der Bedeutung, die ihr im deutschen Wirtschaftsraum zukommt. Dabei mußte der Handel im Drange des Geschehens zunächst von ihm betroffen werden, denn er ist in unserer modernen Wirtschaft mehr denn je ein führendes Glied des gesamten Wirtschaftsablaufes geworden. Daher reizte seine Entwicklung von der freizügigen zur gebundenen Marktversorgung geradezu zur untersuchenden Gegenüberstellung von Marktformen, die in diesem besonderen Handelszweige während der Vorkriegszeit, in den Kriegsjahren und der Nachkriegszeit bestanden.

**Der Inhalt der Arbeit.**

Wenn im Zuge der Betrachtungen Entwicklungsrichtungen wirtschaftspolitischer Natur und für den Kohlenbergbau und seinen Handel bedeutsame Tatsachen besprochen werden mußten, die teilweise zu den Grundfragen volkswirtschaftlichen Wissens überhaupt gehören und im einzelnen aus der Geschichte der Kohlenwirtschaft bekannt sein werden, so geschah das, um die gestellte Aufgabe in geschlossenem Ganzen folgerichtig durchzuführen. Zwar kommt es nur auf die Herausstellung wesentlicher Entwicklungsmerkmale innerhalb der Gesamtrichtung an, während rein zeitbedingte Ereignisse gar nicht oder nur flüchtig der Erwähnung bedürfen. Soll aber der Gang von der freizügigen Gestaltung bis zur gebundenen Marktversorgung der Kohlenwirtschaft, bis zum heutigen Tage, verfolgt werden, dann muß auf die bewegenden Anschauungen und wirtschaftlichen Antriebskräfte schon der Vorkriegszeit in grundlegender Weise eingegangen werden, denn erst deren Kenntnis führt zur verständnisvollen Würdigung der gewaltigen Umstellung in den letzten Jahrzehnten.

# Einleitung.

**Der Begriffsinhalt des Kohlenhandels.**

Kohlenhandel ist die Güterübertragung von Brennstoffen im Marktverkehr, deren Aufgabe — der berufsmäßig ausgeübte Verkauf der Kohle — von einem besonderen Handelsstande durchgeführt wird. Der Begriff umfaßt also den Vorgang des Warenumschlags und, insbesondere im Sinne dieser Arbeit, die gewerbsmäßige Tätigkeit des Kohlenhandelsstandes. Mit ihr hängt die berufliche Durchgliederung dieses Handelsgebietes zusammen, die ihre organisatorische Prägung in den Händlerkartellen der verschiedenen Handelsstufen und in ihrer Zusammenfassung in einem Spitzenkartell findet.

Im Gange der Entwicklung von der ungebundenen zu jener Marktversorgung, deren Ablauf sich nach mehr oder weniger strengen Richtlinien freiwilliger oder staatlicher Bindung zu vollziehen hat, sind Handelstätigkeit schlechthin und Verbandsbildung nicht voneinander zu trennen. Sie bedingen einander. Jede wirtschaftliche Tätigkeit strebt schließlich nach Organisation, ja ist heute ohne planvolle Durchdenkung, Lenkung und Ausführung unmöglich, ob sie nun im Einzelbetriebe ausgeübt wird oder einen ganzen Berufsstand betrifft. Je mehr also unsere moderne Wirtschaft ihres freizügigen Rahmens entkleidet und zum einheitlich aufgebauten Ganzen wird, um so inniger muß auch die Verschmelzung von Handelstätigkeit und der sie durchdringenden berufsständischen Organisation sein. Daher setzt sich diese Darstellung zum Ziel, Aufgaben und Entwicklungen beider Teile als einer Einheit zu schildern. Sie stellt den Versuch dar, den deutschen Kohlenhandel als Träger des Brennstoffmarktes zu betrachten, seine Organisationen als gemeinschaftliche Instrumente für zielbewußte Handelsführung und als Schutzgebilde gegen wirtschaftliche Verdrängung zu kennzeichnen und darzustellen, welchen wesentlichen Einfluß die Wandlungen der wirtschaftspolitischen Anschauungen und Notwendigkeiten auf deren Gestaltung gehabt haben.

**Die freie Wirtschaft.**

Die Lehren des ökonomischen Liberalismus und der auf ihnen ruhende Güteraustausch ließen der Entfaltung der unternehmerischen Fähigkeiten breitesten Raum. Sie forderten vom Staat nichts anderes als die polizeiliche Überwachung des Wirtschaftsablaufes und verwehrten ihm jeden darüber hinausgehenden Eingriff. Der Gang der Wirtschaft spielte sich nach den Grundsätzen völliger Gewerbefreiheit ab, die staatliche Beeinflussung oder privatwirtschaftliche Korporationsbildung nicht kannte. Diese freie Wirtschaft wurde auf dem Markt der Kohle schon vor der Jahrhundertwende abgelöst durch

**die freiwillig gebundene Syndikatswirtschaft,**

die zwar die rechtliche Selbstbestimmung des privaten Unternehmertums wahrte, aber die wirtschaftliche Tatmacht eigener Mitglieder und fremder Marktangehöriger zum Teil erheblich einschränkte. Die Bewegung ging aus von der Produktion, wirkte weiter auf den Großhandel und brachte es im Einzelhandel zunächst nur zu Ansätzen gemeinschaftlicher Bindung.

**Die Zwangswirtschaft.**

Der Weltkrieg 1914/18 brachte die Zwangsbewirtschaftung aller lebens- und kriegsnotwendigen Güter mit sich. Jetzt war der freizügigen Bestimmung der Wirtschaft durch den privaten Unternehmer der Boden entzogen. Alle Kräfte mußten, zusammengefaßt und hoheitlich geleitet, in den Dienst der Kriegswirtschaft gestellt werden, so daß weder in der bergbaulichen Produktion noch im Kohlenhandel Platz für die eigentlichen Aufgaben freier Marktversorgung war.

**Die staatlich gebundene Syndikatswirtschaft.**

Der völligen Freiheit im Gewerbe,

die ihm die wirtschaftliche Entschlußkraft überließ,

der anschließenden wirtschaftlichen Korporationsbildung freiwilliger Richtung,

mit der die Produktionskartelle in die Selbstbestimmungssphäre des Handels eingriffen, und

der sich hieran anknüpfenden Zwangswirtschaft,

die allerdings kein organisches Glied auf dem Entwicklungswege zur gebundenen Marktversorgung ist, folgte eine Zeit rechtlicher und wirtschaftlicher Gebundenheit des gesamten Kohlenmarktes und seiner Träger. Jetzt waren Produktion und Handel beide in ihrer Wirtschaftsfreiheit beschnitten. Die Sozialisierungsbestrebungen der Nachkriegszeit führten 1919 durch den Erlaß des Kohlenwirtschaftsgesetzes (KWG.) und seiner Nebenbestimmungen zur staatlich gebundenen Syndikatswirtschaft, in der Aufsicht und Kontrolle über den gesamten Marktablauf beim Staat lagen.

**Die nationalsozialistische Gemeinwirtschaft.**

Das Jahr 1933 brachte dann den Umschwung unseres Staatswesens und damit den Anfang des Wirtschaftsaufbaues im Sinne nationalsozialistischer Gedankenführung. Ihr erstes Streben gilt der Sicherung geordneten Marktablaufes, um den nationalen Wirtschaftsaufbau nicht durch unerwünschte Störungsmomente zu hindern. Ihr Ziel ist weiter die Voranstellung des Persönlichkeitswertes, so daß der unternehmerischen Tätigkeit im Rahmen staatlicher Wirtschaftsführung wieder entscheidende Bedeutung beizulegen ist. Die Loslösung des Menschen und seiner Wirtschaft vom nur eigennützigen Denken und der Einsatz der Persönlichkeit zur ausschließlichen Gedanken- und Tatherrschaft des Gemeinwohls bestimmen die pflichtgebundene Gemeinwirtschaft, die das Einzelhandeln mit dem Gemeinwohl verbindet. Sie schaltet den falschen Wettbewerb aus und wird zur Grundlage des Leistungswettbewerbs.

In dem Gedanken einer pflichtgebundenen Ordnung zur Erreichung wirtschaftlicher Höchstleistungen gipfelt die ganze Wirtschaftsbewegung unserer deutschen Neuzeit. Ihm haben sich alle Formen unseres Wirtschaftskörpers unterzuordnen und einzugliedern. Er ist in weittragendem Maße auf die Organisation des deutschen Kohlenhandels von Einfluß gewesen, die sich durch den Abschluß des „Generalabkommens" vom 15. Juni 1933 (GA.) als eine der ersten Marktorganisationen des Handelswesens und in führender Weise nach diesem Grundsatze gestaltet.

# Erster Hauptteil.

# Die Wesenserscheinungen des Kohlenmarktes.

---

**Die Beziehungen zwischen Kohlenproduktion und Kohlenhandel.**

Im ersten Hauptteil dieser Arbeit werden die Wesenserscheinungen des Kohlenmarktes, Aufgaben, Arbeitsweise und Formen des Kohlenbergbaus und des Kohlenhandels dargestellt, um die Grundlage zu gewinnen, von der aus im zweiten Hauptteil die Entwicklungsgeschichte des Kohlenhandels zu betrachten ist. Wenn dabei zunächst die Kohlenproduktion behandelt wird, so ist das nötig, um zum Verständnis jener Belange des Bergbaues beizutragen, auf die der Kohlenhandel Rücksicht zu nehmen hat. Von der bergbaulichen Produktion erhält er seine Ware, auf die Eigenart ihrer Erzeugungsbedingungen hat er sich einzustellen, mit ihrem Geschick ist er aufs innigste verbunden. Die Gemeinschaftsbildungen, die sie hervorgerufen hat, wirken sich unmittelbar auf seine Gestaltungsformen aus. Daher ist es unerläßlich, auf die dem Handel vorgeschaltete Wirtschaftsstufe einzugehen.

## A. Der Kohlenbergbau.

### I. Die Bedeutung der Kohle für die deutsche Wirtschaft.

**Die Kohle und der deutsche Industriestaat.**

Durch die Entwicklung der Technik ist die Kohle zur Grundlage unserer deutschen Wirtschaft geworden. Es gibt kaum ein Erzeugnis der Industrie und sonstiger Gewerbearbeit, bei dessen Herstellung sie nicht mitgewirkt hätte. Entweder dient sie ihnen als Ausgangsmaterial oder ist Kraft-, Hilfs- oder Heizstoff. Sie gibt dem Haushalt die in unseren Klimazonen notwendige künstliche Wärme, und der letzte Verbraucher bezahlt die Kohle nicht nur als Brennstoff für seine häusliche Feuerstätte, sondern in jedem Bedarfsartikel des täglichen Lebens als Kostenanteil, der in ihm den Aufwand für Kohlenbeschaffung darstellt. Kein anderer Werkstoff der Welt hat bisher und vornehmlich in entwickelten Kulturstaaten eine so alles erfassende Bedeutung für das Dasein des Menschen wie dieser. Das gilt in besonderer Betonung für Deutschlands Wirtschaft, deren industrieller Aufbau ohne das Vorhandensein genügender Kohlenvorräte unmöglich gewesen wäre, und erhellt die Bedeutung, die dem Handel als dem vermittelnden Marktorgan der Kohlenwirtschaft beizumessen ist.

## II. Der Kohlenbergbau in seiner Abhängigkeit von der Konjunktur.

### Die Wirkungen der Kapitalintensität des modernen Großbetriebes.

> „Seitdem mit Hilfe von Koks Eisen erzeugt werden kann und seit der Erfindung der Dampfmaschine ist alle industrielle Entwicklung so eng mit der Kohlenwirtschaft verbunden, daß viele Jahrzehnte hindurch der Kohlenverbrauch geradezu als Gradmesser ihres Anstieges betrachtet werden konnte.“ [1]

Wenn das als Gesamturteil zutrifft, so wird doch die Zuverlässigkeit dieses „Gradmessers“ abgeschwächt, wenn er den Wirtschafts*abstieg* verzeichnen soll; denn die Schwerindustrie kann sich aus Gründen hoher Kapitalintensität ihres Aufbaus nicht leicht den Konjunkturschwankungen anpassen. Diese Tatsache hängt mit der Entwicklung des Kohlenbergbaus zum Großbetriebe zusammen. Je größer ein solcher Betrieb ist, desto mehr steigen in der Regel die fixen Kostenanteile, denn der Ausbau einer einzigen Grube erfordert gewaltige

[1] „Die deutsche Kohlenwirtschaft“, Ausschuß zur Untersuchung der Erzeugungs- und Absatzbedingungen der deutschen Wirtschaft, S. 4 (im folgenden „Die deutsche Kohlenwirtschaft“ abgekürzt).

Kapitalmassen, deren Dienst im Laufe der Jahre regelmäßig aufgebracht werden muß. Ein kapitalintensiver Betrieb kann daher seine Erzeugung in Zeiten fallender Konjunktur (also nach unten hin) gewöhnlich nur bis zu einer bestimmten Grenze, der Degressionsschwelle,[2]) einschränken, so daß die Bewegung innerhalb der Industrie zur verstärkten Anlage starrer Mittel die (infolge der Naturgebundenheit des Bergbaus ohnehin schon bestehende) Unelastizität des Betriebes noch erhöht und zu möglichst voller und gleichmäßiger Beschäftigung zwingt. Deswegen stehen hier Rentabilität und Absatz in besonders engem Zusammenhang. In einer Sachverständigenaussage anläßlich der deutschen Wirtschaftsenquete 1928,[3]) die von den gedrückten Preisen für oberschlesische Steinkohle spricht, heißt es beispielsweise:

> „Täglich wird von den Gruben versichert: Wenn wir einen glatten Absatz unserer Förderung haben, spielen diese Preise nachher keine Rolle, denn die Selbstkosten ermäßigen sich durch die glatte Förderung um soviel, wie es auf die gesamte Menge im Durchschnitt pro Tonne ausmacht."

Da die Bedarfsansprüche der Wirtschaft nach Brennstoffen diesem betrieblichen (und durch Fehlinvestitionen oft unnötig gesteigerten) Erfordernis der Montanindustrie weder nach der Gesamtmenge noch in zeitlicher Regelmäßigkeit entsprechen, ist die Spanne zwischen tatsächlicher Beschäftigung und idealer Produktionskapazität im Bergbau besonders weit. Das schon deswegen, weil die Produktionsstätten der Kohle in ihrer Eigenschaft als Grund- und Schlüsselindustrien unseres Industriestaates das Auf und Ab des gesamten Wirtschaftslaufes nachdrücklichst zu spüren bekommen.

**Der Bedarf industrieller Verbraucher.**

Industrie, Verkehr und Kleingewerbe sind die Hauptabnehmer des Kohlenbergbaus (bis zu 75 v. H.).[4]) Jeder Rückschlag und

---

[2]) Vergl. Schmalenbach, Selbstkostenrechnung und Preispolitik S. 37 ff., 92 ff.

[3]) „Die deutsche Kohlenwirtschaft", a. a. O. S. 408.

[4]) Deutschlands Kohlenverbrauch betrug (umgerechnet auf Steinkohlenwert):

schon der leiseste Aufschwung der Konjunktur machen sich daher in der Arbeitslage des Kohlenbergbaus sofort bemerkbar. Sind beispielsweise auf den Export eingestellte Industriebetriebe wegen Rückgangs der Ausfuhr gezwungen, die Tore ihrer Fabriken zu schließen, dann wirkt deren Geschick auf die Kohlengruben ein, die mit den Abnehmern ihren Absatz verlieren. Eine gewisse Kompensation von Absatzverlusten (verbesserte Wärmetechnik) kann in der Schaffung eines breiteren Marktes und in bisher unbekannten Verwendungsmöglichkeiten (Gasfernversorgung und Kohleverflüssigung) liegen, wie denn überhaupt die Entwicklung der Technik und die Bedarfsänderungen der Wirtschaft, über die Wellenbewegung aller Konjunkturen hinaus, immer neue Bewegung auch in den Kohlenmarkt hineinbringen. So spiegelt sich die wirtschaftliche Gesamtlage in ungefährer Kurvengleichheit in der Beschäftigung des Kohlenbergbaus wider.

**Der Hausbrandabsatz.**

Wenn auch die vom industriellen Verbrauch ausgehenden Marktschwankungen offenbar von wesentlich größerer Bedeutung sind, einmal wegen des weit höheren Bezugsanteiles am Brennstoffabsatz (etwa 75 v. H.), zum anderen infolge der stärkeren Sprunghaftigkeit seines Bedarfes (der absolute Absatzverlust bei sinkender Konjunktur beträgt ein Vielfaches des Verlustes im Hausbrandgeschäft, vergl. Fußnote 4), so zeigt doch der Kampf der einzelnen Bergbaureviere untereinander um die Sicherung einer möglichst hohen Beteiligungsquote an

---

1929:

| | | | |
|---|---|---|---|
| Industrie usw. . . . . . . . | 128,5 Millionen Tonnen | = | 73,6 v. H. |
| Hausbrand . . . . . . . . | 46,1 Millionen Tonnen | = | 26,4 v. H. |
| Zusammen . . . | 174,6 Millionen Tonnen | = | 100 v. H. |

1933:

| | | | |
|---|---|---|---|
| Industrie usw. . . . . . . . | 85,1 Millionen Tonnen | = | 69,8 v. H. |
| Hausbrand . . . . . . . . | 36,8 Millionen Tonnen | = | 30,2 v. H. |
| Zusammen . . . | 121,9 Millionen Tonnen | = | 100 v. H. |

Der Bedarf industrieller Verbraucher sank während der Vergleichszeit um 43 Millionen Tonnen = 33,7 v. H., der Hausbrand um etwas mehr als 9 Millionen Tonnen = 19,6 v. H.

(Die Zahlenangaben sind entnommen der DKZ. Nr. 22 vom 30. Oktober 1934 S. 672.)

der Deckung des Hausbrandbedarfes die Wichtigkeit, die man ihm beilegt. Er stellt eine verhältnismäßig beständige Absatzreserve dar, die sich insbesondere die Braunkohlenindustrie zu sichern vermochte. Zwar unterliegt der Hausbrandabsatz den Witterungsschwankungen der Jahreszeiten; durch Gewährung von Preisabschlägen während der Sommermonate, den Abschluß besonderer Lieferungsverträge [5]) und die Lagerhaltung des Kohlenhandels kann man jedoch eine gewisse Regelmäßigkeit in der Ablieferung der Mengen erreichen. Ja, in manchem Syndikatsrevier ist nun, vornehmlich bei milden Wintern, der Sommerabsatz größer als der Winterabsatz (z. B. MBS.).

Allerdings hat die Kaufkraft der Bevölkerung für den Bezug dieser lebensnotwendigen Massenware, die doch als Heizmaterial eigentlich zu den „unelastischen" Bedarfsgütern gehört, entscheidende Bedeutung. Die letzten Jahre leidvoller Arbeitslosigkeit haben bewiesen, in welchem großen Umfange der Kauf von Kohle, deren genügendes Vorhandensein im Familienhaushalt unentbehrlich erscheint, nachlassen kann, über alle denkbaren Grenzen starren Bedarfes des Lebensunterhaltes hinaus: der Hausbrandverbrauch sank von 1929 bis 1933 um rund 20 v. H.[4])

**Der Kohlenbergbau als Ausdruck und Ansatzpunkt wirtschaftlicher Konjunkturen.**

Die Beschäftigungslage der Kohlenproduktion läßt sich daher mit Berechtigung als ein Barometer des Wirtschaftslaufes bezeichnen, an dessen Stand auch der Stand der Wirtschaft ganz allgemein gemessen werden kann. Betriebseinschränkungen oder Stillegungen von Zechen, Einschieben von Feierschichten oder Entlassungen von Arbeitskräften, große Haldenbestände und geringe Wagenstellung durch die Reichbahn stellen die hauptsächlichsten bergbaulichen Merkmale beispielsweise einer schlechten Konjunktur dar. Diese besondere Konjunkturabhängigkeit macht die Kohlenproduktion zu einem der feinstnervigen Wirtschaftszweige. Aber sie empfängt nicht nur, sondern gibt Auswirkungen von sich aus weiter. Denn da von

[5]) Die Kauf- und Lieferungsbedingungen sämtlicher Syndikate legen den Beziehern die Verpflichtung auf, den Abruf der gekauften Mengen gleichmäßig auf die einzelnen Monate zu verteilen. Vergl. auch die Ausführungen zu B II 1 unter „Die Beeinflussung . . . des Mengenausgleichs durch die Produktion" (S. 47).

ihr bei bewußter Wirtschaftsführung und angemessener Preisbildung belebende Wellen des Aufschwunges bis in die entlegensten Winkel vordringen (während sie im anderen Falle Ursprung verhängnisvoller Störungen im gesamten Wirtschaftsablauf zu sein vermag), ist es nur natürlich, daß das Marktgeschehen der Brennstoffwirtschaft mit der Abkehr von der liberalistischen Auffassung und mit dem Vordringen wirtschaftsplanenden Gedankengutes in den Mittelpunkt staatlicher Wirtschaftspolitik gerückt wurde.

## III. Die Kartellierung im Bergbau.

### 1. Entwicklung, Begriff und Wesen der Kartellorganisationen.

#### Der allgemeine Entwicklungsgang.

In der Frühzeit des kapitalistischen Wirtschaftssystems herrschte die uneingeschränkte freie Konkurrenz. Güterherstellung und Güterabsatz erfolgten ohne jede überlokale Regelung, wurden geleitet nach freiem Ermessen der Unternehmer. Das brachte für den Bergbau große Nachteile in dem Augenblick mit sich, in dem die industrielle Produktion über die Aufnahmefähigkeit des Marktes hinausging. Zwar verleiht die Eigenschaft der Kohle als spezifisches Schwergut der liefernden Grube in ihrem engeren Absatzradius einen Preisschutz. Sofern sie aber, unterstützt durch die Entwicklung von Verkehr und Technik, auf den breiteren Markt drängt, stößt sie auf heftigsten Wettbewerb ihrer Nachbargruben und Nachbarbezirke, die unter dem Druck der gestiegenen Kapitalintensität ebenfalls zum Absatz um jeden Preis gezwungen sind. Mangels allgemeinen Marktüberblickes der einzelnen Werke entstanden im Kampf um den Kunden starke Preisunterbietungen, zumal die Aufnahmefähigkeit des Marktes trotz der schnellen Entwicklung unserer Industrie mit der Steigerung der Kohlenförderung nicht Schritt halten konnte; der Markt war bald übersättigt. Da die Kohle zuweilen nur zum Selbstkostenpreise, nicht selten unter ihm verkauft werden konnte, und da Zusammenbrüche von Unternehmungen oft die zwangsläufige Folge dieses Preiskampfes waren, entstanden im Bergbau zahlreiche und bedeutende Verluste. Sie konnten nur durch die

Beseitigung oder wenigstens Milderung der ruinösen Konkurrenzkämpfe abgewandt werden, um die Verschleuderung großer Werte zu verhindern, um die sprunghaften Marktschwankungen mit ihren Krisenerschütterungen auch für die übrige Wirtschaft zu verlangsamen oder ganz auszugleichen und um damit eine finanzielle Besserstellung der einzelnen Unternehmungen zu erzielen.

Gewiß hat man zunächst nicht an einen allgemeinen volkswirtschaftlichen, sondern nur an den eigenen Nutzen gedacht, als an die organisatorische Regelung von Gütererzeugung und Güterabsatz herangegangen wurde. Die Wirkung allgemeinwirtschaftlicher Natur blieb aber nicht aus, und Sachverständiger Langendorf gibt dem anläßlich der Wirtschaftsenquete 1928 [6]) mit den Worten Ausdruck:

> „Es wäre ein Unglück für den gesamten deutschen Bergbau, wenn wir eine syndikatslose Zeit bekämen, wo der Wettbewerb der einzelnen Gewinnungsstätten wieder einsetzen würde."

**Zusammenfassung der Gründe für die Kartellierung.**

Steigerung der Kapitalintensität (und damit der fixen Kosten), vornehmlich aus ihr entspringende Überproduktion und daraus wiederum entstehende Preisschleudereien ließen also dem Bergbau zu seiner Gesundung nur den Weg gegenseitiger Verständigung offen. Der tiefere Grund zur Kartellierung liegt daher in der betrieblichen Struktur des Kohlenbergbaus, in der Entwicklung zum Großbetrieb, wie das die Geschichte des Kartellwesens allein schon durch die Tatsache ihres Beginnes zum Ausdruck bringt, der in die Zeit der wachsenden Industrialisierung Deutschlands, in die zweite Hälfte des vorigen Jahrhunderts fällt.

**Die Voraussetzungen der Kartellbildung.**

Die wesentlichsten Voraussetzungen jeder Kartellierung waren im Kohlenbergbau gegeben:

Er hatte mit hohen Betriebskosten zu rechnen und war daher den Schwankungen des Marktes mit der Folge dauernder Unrentabilität ausgesetzt, solange Überproduktion und Preiskampf anhielten.

---

6) „Die deutsche Kohlenwirtschaft", a. a. O. S. 400.

Es handelte sich bei ihm um eine räumlich konzentrierte und dem Umfang nach begrenzte Industrie, die nicht dauernden Zustrom erhalten konnte; denn die Totalität einer Organisation ist Vorbedingung für durchgreifende Regelungen, weil jede Zersplitterung ihre Durchführung zum Scheitern bringen muß.

Das Erzeugnis „Kohle" stellt eine in Stoff und Wert etwa gleichartige Ware dar.[7]) Verkauf und Preisfestsetzung eines Massengutes lassen sich aber immer leichter nach einheitlichen Richtlinien vollziehen, denn einheitliche Preise bedingen einheitliche Qualitäten. Gerade dieser Umstand hat der Kohlenwirtschaft schon in frühen Jahren zur Durchbildung straff organisierter Syndikate verholfen, wie denn umgekehrt Industriezweige mit vielgestaltigen Endprodukten selten oder erst spät zum Aufbau von Kartellformen höherer Ordnung gelangen.

**Der Inhalt des Kartellbegriffes.**

Es sind hier nicht die in der umfangreichen Literatur über die Kartelle aufgestellten Begriffsbestimmungen miteinander zu vergleichen und auf ihre Richtigkeit hin zu untersuchen. Nicht das wissensgeschichtliche Werden des Kartellbegriffes ist zu entwickeln. Hier kommt es vielmehr darauf an, die Entwicklungskräfte, die auf die Bildung der Unternehmerzusammenschlüsse einwirkten, darzulegen und insbesondere zu zeigen, welche wirtschaftlichen Formen diese Verbände gerade in der deutschen Kohlenwirtschaft angenommen, welche Einflüsse und Gegenmaßnahmen durch den Staat als obrigkeitliches Organ, durch Handel und Verbraucherschaft sie ausgelöst haben.

Versucht man unter diesem Gesichtswinkel die Meinungen der Wissenschaftler auf einen gemeinsamen Nenner zu bringen, so ließe sich sagen, daß

> ein Kartell ein auf Vertrag beruhender horizontaler Zusammenschluß selbständig bleibender Unternehmer des gleichen Gewerbes ist, der die Sicherung und möglichst weitgehende Erhöhung des Wirtschaftserfolges jedes einzelnen Mitgliedes verfolgt, ursprünglich durch willkürliche Regelung und mit dem Ziele weitgehender Beherrschung

---

[7]) Vergl. Fußnote 192.

des Marktes. Seine Waffe ist die durch das gemeinsame Vorgehen gewonnene Macht.[8])

Der innere Aufbau der Mitgliedswerke und ihre rechtliche Selbständigkeit werden also von dieser Bindung unmittelbar gar nicht berührt, die marktpolitische geht aber mit dem Grade verstärkter Aufgabenübertragung auf das Kartell über. Es regelt lediglich die Bedingungen des Auftretens nach außen, nach dem Markte hin.[9]) In welchem Ausmaße das bei den verschiedenen Kartellformen geschieht, zeigt folgende Einteilung:

**Die Formen der Kartellorganisationen.**

**a) Kartelle niederer Ordnung[10])**

stellen die unteren Stufen kartellwirtschaftlicher Bindung dar. Natürlich kommen sie selten in reiner Form vor, stellen vielmehr lediglich Typen der Entwicklung dar.

**Konditionenverbände**

entziehen die Nebenabreden des Kaufvertrages, Zahlungs- und Lieferungsbedingungen durch einheitliche Festsetzung der Selbstbestimmungssphäre der einzelnen Werke. Ihr Entstehen ist auf besondere Wettbewerbsformen der Konkurrenten zurückzuführen, die ihre Abnehmer durch besondere Lieferungsvorteile (Verlängerung von Zahlungsfristen, Gewährung von Rückvergütungen und Gewichtszugaben, Provisionen und Rabatten) an sich zu fesseln versuchen. Auch auf dem Kohlenmarkt führte z. B. die Tatsache, daß mancher Kreditgrossist seine Kunden auf Kosten der Lieferanten (die mit der Bezahlung ihrer Rechnungen warten mußten) finanzierte, zu den ersten losen Konventionen zwischen den Zechenbesitzern, die Zahlungsfristen verkürzten und allgemeine Lieferungsbedingungen festlegten.[11])

**Preiskartelle**

gehen in dem Bestreben, die Absatzbedingungen aller Werke einander anzugleichen, weiter. Die Mindestlinie, auf die man

---

[8]) Diese Begriffsbestimmung nähert sich jener von Tschierschky, Kartellpolitik S. 3, am meisten an. Über Grundsätze der Kartellierung im Kohlenhandel vergl. B V (S. 69).

[9]) Nach Wiedenfeld, Gewerbepolitik S. 17.

[10]) Einteilung nach Liefmann, Kartelle, Konzerne und Trusts S. 41 ff.

sich bei Festsetzung der (Mindest-) Preise gewöhnlich einigen muß, wird bestimmt durch die Kosten des unrentabelsten Betriebes, da er nur dann, wenn ihm deren Abgeltung gewährleistet wird, im Anschluß an das Kartell einen Vorteil erblicken kann. Als Beispiele können die vielen „Preiskonventionen" (Bochum, Essen, Dortmund) [12]) als Vorläufer des späteren RWKS. genannt werden. In Mitteldeutschland entstanden 1890 je eine Rohkohlen-, Brikett- und Naßpreßsteinvereinigung für das sächsisch-thüringische Gebiet.

Nun genügten häufig solche Beschränkungen der freien Konkurrenz nicht, denn erhöhte Produktion tendiert immer zur Preisunterbietung, die reine Preiskartelle nicht zu verhindern vermochten. (Das hat sich in den genannten vorsyndikatlichen Kartellbildungen des Mitteldeutschen und Rheinischen Kohlenbergbaues deutlich gezeigt.) [13]) So entstanden zu gleicher Zeit

**Produktionskartelle,**

zunächst als sogenannte „Förderkonventionen", die ihre Mitglieder zu bestimmten Einschränkungen ihrer Produktion verpflichteten, die aber der quotenpolitischen Mengenaufteilung auch die preispolitische Verständigung hinzufügten. Beispiele: der 1904 gegründete „Verkaufsverein Sächsischer Braunkohlenwerke" und der 1907 gegründete „Verkaufsverein Thüringischer Braunkohlenwerke", die beide gleichzeitig Mitglied der „Preisvereinigung Mitteldeutscher Braunkohlenwerke" waren; die 1884 gegründete Vereinigung der Koksanstalten und Fettkohlenzechen, aus der sich die Westfälische Koksvereinigung entwickelte, die 1890 wiederum im Westfälischen Koks-Syndikat zu Bochum aufging.

**Gebietskartelle**

sind eine weitere Form, mit der die absatzmäßige Anteilswahrung der Mitgliederzechen erreicht werden soll. Man will die Konkurrenz unter ihnen (oder, wie besonders in der Kohlenwirtschaft,

---

[11]) Über die Entwicklung beispielsweise im Ruhrbezirk vergl. Wiedenfeld, Das Rheinisch-Westfälische Kohlensyndikat S. 18 ff.

[12]) 1879 für Gaskohlen, 1881 für Gasflammkohlen, die „Kokskohlenvereinigung des Dortmunder Bezirks" in ihren Anfängen. Vergl. Wiedenfeld, Das Rheinisch-Westfälische Kohlensyndikat S. 20 ff.

[13]) Vergl. Heinz, Kartellbildungen im mitteldeutschen Braunkohlengebiet S. 82 ff.

unter den Abnehmergesellschaften) in verstärktem Umfange durch Zuweisung bestimmter Marktgebiete ausschalten.[14])

Unter Übernahme aller bisher geschilderten Funktionen entstehen in entwicklungsbestimmter, zwangsläufiger Folge

### b) Kartelle höherer Ordnung.

Sie sind also ebenso Konditionskartelle wie auch Preis- und Produktionskartelle. Hinzu tritt bei ihnen aber die Aufgabe des gemeinsamen Verkaufs durch das Vertriebskartell, denn alle kartellwirtschaftliche Politik hat letzten Endes ihren Angelpunkt in der Absatzlage. Wenn nämlich als ursprüngliche Aufgabe der Marktverbände die Erzielung ausreichender Erlöse bezeichnet wurde, so konnte das schließlich doch nur durch eine straff organisierte Absatzleitung geschehen. So stellen

**Verteilungskartelle**

eine besondere, höher entwickelte Form der Zusammenschlußbewegung dar, die die Abwicklung des Absatzprozesses besonderen Verkaufsstellen, den Syndikaten, übertragen. Sie fassen alle mit diesem Prozeß zusammenhängenden Aufgaben in sich zusammen, übernehmen den gesamten Verkauf und weisen die Bestellungen den Werken ihren Anteilen entsprechend zu. Schon bei der 1888 gegründeten Verkaufsabteilung der Gelsenkirchner Bergwerksgesellschaft und dem 1890 entstandenen Westfälischen Koks-Syndikat handelt es sich um solche Verteilungskartelle. Die Struktur der bergbaulichen Großbetriebe und ihre starke Marktabhängigkeit haben dann, wie in kaum einem anderen Industriezweige, derartige straffe Formen der Regelung von Produktion und Absatz (RWKS., RBS. usw.) geschaffen;[15]) die Kohlenindustrie ist am schnellsten den Weg vom Kartell niederer Ordnung zum festen Verkaufssyndikat gegangen.[16])

---

[14]) Über Beispielsfälle unterrichtet C II 2, insbesondere der Abschnitt § 1: Das Rheinisch-Westfälische Steinkohlenrevier (S. 82).

[15]) Ähnlich nur in der Eisen- und Stahlindustrie, auch das Tonrohrkartell, das Zwangssyndikat im Kalibergbau.

[16]) Darüber vergl. den Zweiten Hauptteil; Sonderfälle (OSS., MBS.) und die Zwangssyndizierung auf Grund des KWG. von 1919 werden dort in den Abschnitten C II 2, E II 1 behandelt.

**Das Kartell als Wirtschaftsmacht.**

Mit dieser Durchgliederung des Marktverkehrs löst sich das Kartell aus der Abhängigkeit, in der sich bisher das einzelne Werk seinen Abnehmern gegenüber befand. Durch Regelung der Förderung, um sie der Nachfrage anzupassen, durch Bestimmung der Absatzrichtung und durch möglichst weitgehende Preisbeeinflussung versucht es seinen Mitgliedern eine ausreichende und ausgeglichene Beschäftigung zu sichern. Es gewinnt infolgedessen einen größeren Marktüberblick über die Gesamtnachfrage, mit dessen Hilfe es die Ausspielung eines Angebotes gegen das andere [17]) mit der Folge dauernder Preisminderung unterbindet, und wird zum allein zuständigen Anbieter für alle Werke. Durch immer umfangreichere Einbeziehung der Handelstätigkeit in seinen Bereich [18]) und häufig durch Einflußnahme auf das Transportgeschäft [19]) wird das Kartell in fortschreitendem Maße zur umspannenden Wirtschaftsmacht. Vornehmlich Zentralisierung und Kontrollierung des Absatzes als natürliche Abrundung seines Arbeitsbereichs schienen der Erreichung dieses Zieles besonders dienlich zu sein. Ihnen wurde also besondere Beachtung geschenkt. Das ging so weit, daß sich der Bergbau bei der Warenverteilung nicht mehr ausschließlich eines besonderen Bindegliedes, des Handelsstandes, bediente, sondern durch den Aufbau eines eigenen Handelssystems bis in die untersten Marktstufen des Verteilungsprozesses hineingriff.[20])

Es ist verständlich, daß die wirtschaftliche Ausbreitung der Kartellbetätigung und vornehmlich die Einflußnahme auf die Preisbildung das stärkste Mißtrauen der Öffentlichkeit erregte.

> „Gelegenheit zur Verletzung der Allgemeininteressen scheint auf den ersten Blick genug gegeben, wenn man die

---

[17]) Vergl. C I 3: Die marktwirtschaftliche Tätigkeit des Handels (S. 76).

[18]) Die großen „Kohlenhandelsgesellschaften" des RWKS., die vielen „Werkhandelsgesellschaften" des MBS. (vergl. die Abhandlungen C II 2, S. 86, und E III 2, S. 149).

[19]) Dessen Abwicklung ist mit dem Standortsproblem des Kohlenbergbaus auf innigste verknüpft und drängt daher zur unmittelbaren Betätigung auf dem Gebiet des Verkehrswesens (vergl. die Ausführungen unter B III 5, S. 67).

[20]) Vergl. insbesondere E III 2: Das Vordringen des Produktionshandels (S. 149).

Möglichkeiten vollkommener Machtausnutzung sich vergegenwärtigt." [21])

Die Preispolitik der Kartelle, betrachtet als Gesamtheit aller mittelbar oder unmittelbar auf die Preisgestaltung einwirkenden Maßnahmen, stand darum seit jeher im Brennpunkt der öffentlichen Erörterungen.

## 2. Die Preispolitik der Kartelle.

**Der ungesteuerte Marktpreis.**

Die Preisbewegung der Vorkriegszeit war, als einheitliche Linie gesehen, nach oben gerichtet. Dieser allgemeinen Aufwärtsbewegung der Warenpreise schloß sich die Entwicklung der Kohlenpreise an, nur schlagen bis zur bewußten Preisgestaltung durch die Kartellorganisationen etwa in den neunziger Jahren des 19. Jahrhunderts die Preisspitzen nach oben und unten kräftiger aus. Die Stürze waren schärfer, die Steigerungen lebhafter als bei den allgemeinen Warenpreisen.

**Der Kartellpreis.**

Als nach ihrer Gründung die industriellen Kartellorganisationen die Preisbewegungen zu bestimmen trachteten, begann die Preislinie im Gestaltungswandel der Konjunkturen flacher zu verlaufen; denn da das Ziel der kartellbestimmten Preispolitik die Sicherung gleichmäßiger Beschäftigung und gleichmäßiger Erlöse während aller Jahre war, folgte man der Politik einer nur mäßigen Preissteigerung in Zeiten aufsteigender Wirtschaftsentwicklung, während die Kartellpreise umgekehrt in Perioden wirtschaftlichen Niederganges nicht im selben Maße fielen, wie die allgemeine Preisbewegung sank. Die Anwendung des Kirdorfschen Prinzips, benannt nach dem langjährigen Vorsitzenden des Rheinisch-Westfälischen Kohlensyndikats, verfolgte eine

„Preispolitik der mittleren Linie".

Sie sollte einerseits in Anpassung an die Marktverhältnisse Preiserhöhungen während guter Konjunktur angemessen, aber keinesfalls übertrieben und nicht im Verhältnis zur sonstigen übersteigerten Preishausse mitnehmen, um den Aufschwung

---

[21]) Wiedenfeld, Das Rheinisch-Westfälische Kohlensyndikat S. 94.

nicht zu früh abzustoppen, während die Preise andererseits in Zeiten der Depression nicht zu stark gesenkt werden sollten, um überreizte Preisabschläge auch in anderen Industriezweigen zu verhindern und schädliche Auswirkungen auf die Gesamtwirtschaft nach Möglichkeit zu mindern. Man sah gerade in dieser Mäßigung während beider Konjunkturausschläge die Gewähr für das Anhalten der aufsteigenden Wirtschaftslage.

**Aufriß des Preisproblems.**

Während nun das eine — eine mäßige Preishöhe in Aufschwungszeiten — gerne und widerspruchslos hingenommen wurde, löste das andere — das Abbremsen des Preisniederganges — heftigste Angriffe aus, die sachlicher Untersuchung und gerechter Beurteilung nicht immer standzuhalten vermochten. Die Kartellenquete im Jahre 1902/03 bringt immer wieder die Klage, daß die Kohlensyndikate die Preise infolge der monopolartigen Stellung aus dem Rahmen der allgemeinen Preisentwicklung herausheben. Gewiß sind Kartelle gebildet worden, um die Preise auf der vollen Höhe der Produktionskosten zu halten, ihre Preispolitik ist daher zum mindesten eine Preiserhaltungspolitik. Wenn auch nach unserer heutigen Wirtschaftsauffassung und nach den Erfahrungen der wirtschaftlichen Vergangenheit die Verfolgung dieses Zieles, trotz aller die Weltmarkt-Preisschwankungen glättenden Vorzüge, eine unerwünschte Starrheit in den Wirtschaftskreislauf bringt und auf die Dauer die Politik der Konjunkturbelebung und der Auflockerung unserer Wirtschaft durchkreuzt,[22]) so ist die Einigung über die Preisfrage doch zu schwierig, um ein so einseitiges Urteil vorbehaltlos abgeben zu können.

**Kritik an der Preispolitik der Kartelle.**

Die früheren Kritiker der Preisgestaltung übersahen oft oder bagatellisierten die immerhin anzuerkennende Tatsache, daß die mäßige Preispolitik der Kartelle jede Übersteigerung des Preisverlaufs in Zeiten guter Konjunktur vermieden hatte.[23])

---

[22]) Vergl. F II 2: Die Preisgestaltung, S. 178.

[23]) Zur Statistik sei verwiesen auf: Poßberg, Die neuere Entwicklung des Kohlenmarktes in Deutschland S. 33 ff.; Bockhoff, Der Steinkohlenmarkt Deutschlands S. 44 ff.

Sie werteten jede preispolitische Maßnahme der Unternehmerverbände als eine Vergewaltigung des Marktes. Das RWKS. selbst sagt: [24])

„Man findet es ganz in der Ordnung, daß das Syndikat in den Jahren aufsteigender Konjunktur sich weitgehender Mäßigung in der Ausnutzung der Marktlage befleißigt...; es gab vielleicht sogar sachlich Denkende, welche diese Politik der Mäßigung und der Stetigkeit dem Syndikat als Verdienst anrechneten — nur verlange man von dieser Sachlichkeit nicht, daß sie auch dann sich bewähre, wenn in Befolgung seiner stetigen Preispolitik das Syndikat sich verpflichtet und berechtigt fühlt, dem Markt durch Ruhe und Festigkeit eine Stütze zu geben in dem kritischen Augenblick, wo die Welle des Aufschwungs den Gipfel überschritten hat und in überstürztem Abfluß dem Markt das Gepräge haltloser Verwirrung zu geben droht. Maßhalten, schön, solange es sich bei aufsteigender Preisbewegung betätigt, wehe aber dem Syndikat, wenn es auch in umgekehrter Richtung maßhalten will."

So schlüssig diese Beweisführung auch ist, es liegt der Gedanke nahe, daß die Preispolitik jene Wirkung, die sie anstrebt, keineswegs hat, ja im Gegenteil die Konjunkturausschläge gar noch versteift: sie wird in günstigen Konjunkturen zwar Preise erzielen, die nicht höher liegen als in Aufschwungszeiten bei freier Konkurrenz, während sich aber die Preise in Depressionszeiten wesentlich über dem Stande befinden können, der sich in restlos freier Wirtschaft herauszubilden pflegt. Das sei hier nur angedeutet.[25])

---

[24]) Bericht des RWKS. über das Geschäftsjahr 1907, S. 21. Vergl. zu dieser Frage auch Wiedenfeld, Das Rheinisch-Westfälische Kohlensyndikat S. 125 ff.

[25]) Zu dieser Frage wird verwiesen auf: Wiedenfeld, Das Rheinisch-Westfälische Kohlensyndikat S. 113; Braeuer, Kartell und Konjunktur, der Meinungsstreit in fünf Jahrzehnten, S. 66 (stützt sich auf eine Reihe namhafter Fachwissenschaftler, z. B. Wagenführ, Schmalenbach, Lederer, Löwe); Bonikowsky, Der Einfluß der industriellen Kartelle auf den Handel in Deutschland S. 22; Ott, Die Stellung des Konzern- und Kartellwesens im nationalen Staat S. 23; Hardt, Betrachtungen über das Rheinisch-Westfälische Kohlensyndikat als Absatzorgan der Ruhrzechen S. 40.

Grundsätzlich bejahend beurteilt Wiedenfeld[26]) die Preispolitik der Syndikate als

„genau das, was das volkswirtschaftliche Interesse fordert. Ist in der Aufschwungszeit die Produktionskraft der Verarbeiter übermäßig gesteigert worden und dadurch die Krise herbeigeführt, so gilt es, das Gleichgewicht wiederherzustellen und die widerstandsschwächsten Betriebe wieder auszumerzen. Was die Syndikate für ihre Mitglieder durch eine planmäßige Beschränkung der Produktionsgrößen in solchen Zeiten herbeiführen, wird von ihnen indirekt auch den nichtsyndizierten Verarbeitungsstadien aufgezwungen."

(Über die Auswirkungen der kartellwirtschaftlichen Marktbetätigung auf den Konjunkturablauf ist im folgenden Abschnitt 3 noch einiges zu sagen.)

**Die Kostenrechnung als Grundlage „angemessener" Preisbildung.**

So trifft es wohl zu, daß sich die kohlenwirtschaftlichen Unternehmerkartelle von einer Übertreibung ihrer preispolitischen Forderungen ferngehalten haben.[23]) Man konnte ihnen, solange die Konjunkturpsychose der Aufstiegsperioden in den Kohlenpreisen rechnerisch nicht zum Ausdruck gelangte, eine angemessene Ausgleichsmöglichkeit während des Aufschwunges zubilligen. Schließlich muß jede Forderung nach „Angemessenheit" der Preise ihren Maßstab doch mindestens von den tatsächlichen Gestehungskosten des Erzeugungsbetriebes herleiten. Da nun deren einheitliche Errechnung im Kohlenbergbau auf außerordentliche Schwierigkeiten stößt, wird schon letztinstanzlichen, wieviel mehr noch allgemein gehaltenen Urteilsbildungen, die meist reinem Verbraucherinteresse entstammen, der Charakter der Ungenauigkeit verliehen.

Durchschnittskosten aller Werke lassen sich nicht errechnen, weil die Lage- und Abbauverhältnisse der einzelnen Gruben

---

[26]) Wiedenfeld, Kartelle und Konzerne S. 40; ähnlich bei Liefmann a. a. O. S. 138; Ebner, Der deutsche Kohlenhandel in seiner Entwicklung von 1880 bis 1907 S. 50 und 66; so auch in Kontradiktorische Verhandlungen über deutsche Kartelle (Kartellenquete), I. Band: Steinkohle und Koks, S. 364, Sachverständigenaussage. (Der Band ist im folgenden „Kartellenquete 1903" abgekürzt.)

und Reviere nach ihren natürlichen Gegebenheiten außerordentlich differieren. Das Schmalenbach-Gutachten über die Lage des Rheinisch-Westfälischen Steinkohlenbergbaus von 1928 zeigt, in welchem Ausmaße die Meinungen der Sachverständigen über wesentliche Kostenfragen auseinandergehen.

**Rechtfertigung kartellbestimmter Preisbemessung.**

Es mag also in der Ansicht breiter Verbrauchermassen, daß die Kohlenpreise überhöht seien, noch ein Teil jener Anschauung spuken, die in den niedrigen Preisen der preisungebundenen Zeit den natürlichen Preisstand sieht, ohne zu bedenken oder zu verstehen, daß die Erreichung industrieller Gestehungskosten und die Verhinderung volkswirtschaftlicher Werteverschleuderung (mit den ihnen folgenden Zusammenbrüchen von Kohlenwirtschaftsunternehmungen) erst durch allgemeine Preisregelung möglich war, die zunächst eine Preiserhöhung mit sich bringen mußte. Über die „Angemessenheit“ des Kartellpreises und über die Preispolitik beim Absatz kartellgebundener Ware überhaupt ein allgemeines Urteil zu fällen ist jedenfalls sehr schwierig. Darauf soll bei Behandlung des Preisproblems unserer jüngsten Zeit noch eingegangen werden.[27])

## 3. Die volkswirtschaftlichen Auswirkungen der Kartellbetätigung.

**Die marktwirtschaftliche Einflußnahme.**

Den wesentlichsten Ausfluß der kartellpolitischen Maßnahmen auf die Gesamtwirtschaft stellt die planmäßige Regelung der Güterproduktion und ihre Abstellung auf die Bedarfsansprüche dar, so daß der Beschäftigungsverlauf für die Kartellmitglieder und auch die übrige Wirtschaft den Charakter größerer Stetigkeit erhält. Es wird ferner die übermäßige Ausbeutung (Raubbau) jener Kohlenfelder verhütet, die sich mit verhältnismäßig geringen Kosten abbauen lassen, was beim Charakter der Kohle als deutsches Nationalgut im Interesse der ganzen Wirtschaft liegt. Gleichzeitig bewahrt die Verhinderung oder wenigstens Mäßigung jeder übersteigerten und marktschädigenden Produktionsausweitung schwächere Betriebe vor ihrem Zusammenbruch (deren Ausmerzung ist allerdings nicht

---

[27]) Siehe F II: Der Staat und das Kartellwesen (S. 174).

immer unerwünscht), ohne doch grundsätzlich zu einer Existenzgarantie oder zu einer Renteneinrichtung der Werkseigner zu werden.

**Der Anreiz zur Erzielung besserer Produktionsverhältnisse.**

Da ihnen nämlich keine Gewinne garantiert, sondern lediglich feste Preise in Aussicht gestellt werden, versiegt die Unternehmerinitiative, das Streben nach Erhöhung der wirtschaftlichen Nutzung keineswegs. Der Gewinn des Werkes errechnet sich erst aus der Spanne zwischen Gestehungskosten und Syndikatserlös, so daß der Anreiz zur Erzielung besserer Produktionsverhältnisse und damit eines Kostenvorsprunges nach wie vor besteht, ja nicht selten zur übertrieben fortschrittlichen Rationalisierung mit ihren nachteiligen Folgen der Überinvestition geführt hat. Dabei besteht bei gleichbleibender Übersättigung des Marktes, trotz aller Preisbindungen eines Syndikates, ein die Erlöse drückender Konkurrenzkampf zwischen den einzelnen Syndikaten und zwischen dem deutschen und dem ausländischen Kohlenbergbau. Eine Preisgarantie kann daher von vornherein keinem Werk gegeben werden, und trotz des Kartellschutzes konnten Stillegungen konkurrenzunfähiger Betriebe nicht immer vermieden werden, weil sie ihre Kosten dem Kartellpreis nicht anzupassen vermochten. Das zwang die Gruben ständig, bessere Gewinnungsmethoden anzustreben.

**Marktbetätigung der Kartelle und Konjunkturablauf.**

Die Bedeutung, die den Marktverbänden des Kohlenbergbaus in ihrer Einwirkung auf den Konjunkturablauf zukommt, ist hier wiederholt unterstrichen worden. Eben dieser Bedeutung wegen verstummte die Kritik nicht. Immer wieder glaubte sie feststellen zu können, daß die Kartellbetätigung volkswirtschaftlich schädigende Auswirkungen mit sich bringe, ja daß die Kartelle gänzlich ungeeignet seien, ihre eigentlichen Funktionen in Wirklichkeit zu erfüllen, d. h. eine dauernde Anpassung der Produktion an den Bedarf herbeizuführen.[28]) Derartige Behauptungen sind jedoch in dieser Verallgemeinerung ganz gewiß nicht zutreffend. Nach Beckerath[29])

[28]) Vergl. Braeuer a. a. O. S. 33.

[29]) v. Beckerath, Industrielle Kartellprobleme der Gegenwart S. 19.

„hatten die wenigen Untersuchungen ... das Ergebnis gehabt, daß eine eindeutig volkswirtschaftlich nachteilige Wirkung der Kartellpolitik auf die Produktions- und Preisgestaltung ... nicht zu konstatieren war".

Und Weber [30]) urteilt über die konjunkturausgleichende Wirkung der Kartellpolitik:

„Die Frage nach dem wirklichen Verhältnis von Kartell und Konjunktur können wir auf Grund unserer Untersuchungen damit beantworten, daß die Kartelle zwar nicht in der Lage sind, die Krisen zu beseitigen, wohl aber zu mildern, indem sie den Warenabsatz und die Preise günstig beeinflussen."

Die tatsächliche Entwicklung hat denn auch gezeigt, daß praktische Erfolge dieser Marktpolitik nicht ausgeblieben sind. Sie verlieh der abnehmenden Industrie infolge ihrer verhältnismäßig stetigen Preisentwicklung eine feste Kalkulationsbasis, denn ein stetiger Kohlenmarkt wirkt auch beruhigend auf die abnehmende Industrie ein. Sie sparte ferner viel unnütze Frachtkosten, da das Syndikat Gruben, die dem Verbrauchsort am nächsten lagen, mit dem Versand betraute; auch erwirkte sie durch ihren Zug zu gleichmäßiger Beschäftigung dem Arbeiter zeitlich gesicherte Arbeitsstätten, so daß er der Ungewißheit und Unruhe mehr und mehr enthoben wurde, die angesichts des heftigen Auf und Nieder der konjunkturellen und damit betrieblichen Beschäftigung in ihm entstehen mußten.

## 4. Die Stellung des Staates zur Kartellpolitik.

**Die Stellung des Staates zur Kohlenwirtschaft.**

Die Geschichte unserer Kohlenwirtschaft weist klassische Beispielsfälle staatlicher Beeinflussung auf, denn ein Gebiet der Marktversorgung, dem, wie diesem, entscheidende Bedeutung für Wirtschaft und Lebenshaltung des Volkes zukommt, konnte sich unmöglich der öffentlichen Aufmerksamkeit und damit staatlicher Betreuung entziehen. Alles, was an Gedanken und Maßnahmen an den Weg der Kohle aus der Grube zum Rost geknüpft ist, hat die ordnende (oder wenigstens von einer

---

[30]) Weber, Das Ende des Kapitalismus? S. 72; ebenso Wiedenfeld, Gewerbepolitik S. 146 und Kartelle und Konzerne S. 39.

Ordnungsabsicht geleitete) Hand des Gesetzgebers verspüren müssen. In welchem Umfange hierbei politische Zielsetzung, Weltanschauung und wirtschaftliche Erwägung maßgebend waren, wird in sachlicher Betrachtung an den Auswirkungen zu beurteilen sein.

**Forderung nach staatlichem Eingriff in das Kartellwesen.**

> „Kartelle sind freie Vereinbarungen zwischen selbständig bleibenden Unternehmern derselben Art zum Zweck monopolistischer Beherrschung des Marktes“

definiert Liefmann [31]) und gab damit einer politischen und wirtschaftsrevolutionären Propaganda ungewollt das wissenschaftlich fundierte Stichwort zur polemischen Begründung ihrer Forderungen nach staatlichem Eingriff; denn die öffentliche Meinung verstand (oder wollte verstehen) unter „monopolistischer Marktbeherrschung“ ausschließlich eine mißbräuchliche Machtanwendung. Man wünschte das Eingreifen des Staates: [32])

1. durch Aufsichts- und Mitwirkungsrechte bei Geschäftsführung und Preisfestsetzung. Auf diese Weise sollten nach dem Vorbild des Kalisyndikates die großen privatwirtschaftlichen Zusammenschlüsse in öffentlich-rechtliche umgewandelt werden. Man forderte sogar den Staatskollektivismus, die Überführung des Kohlenbergbaus durch Enteignung in staatlichen Besitz; [33])
2. durch Einwirkung des Staates auf die Preispolitik als Mitglied oder Außenseiter der Kartellorganisationen.[34]) Das blieb im wesentlichen ohne sichtbaren Erfolg, denn die dem Staat zur Verfügung stehenden Besitzanteile waren zu gering, als daß die angestrebte Wirkung erreicht

---

[31]) Liefmann a. a. O. S. 10.

[32]) Nach Kestner, Der Organisationszwang S. 381 ff., Thoenes, Die Zwangssyndikate im Kohlenbergbau und ihre Vorgeschichte S. 18 ff., Tiegs, Deucschlands Steinkohlenhandel mit kurzen Rückblicken auf seine jüngste Vergangenheit S. 56 ff.

[33]) Vergl. hierzu E II (S. 128).

[34]) So suchte der Fiskus durch Ausdehnung des eigenen Felderbesitzes seinen Machtbereich zu stärken. Beispielsweise löste die beabsichtigte Verstaatlichung der Grube „Hibernia“ den erbittertsten Widerstand der Syndikatswerke aus, die sie denn auch durch Gegenkäufe von Aktienpaketen vereiteln konnten.

werden konnte. Erst die mit obrigkeitlichem Zwange ausgerüstete Kriegswirtschaft setzte den Staat in die Lage, beispielsweise den ihm gehörenden geringen Prozentsatz an der Gesamtfördermenge des RWKS. zum zwingenden Bestandteil aller Einigungsbestrebungen dieses Syndikatsgebildes zu machen;

3. weiter durch behördliche Festsetzung der Preise, die aber in der Vorkriegszeit nirgends (sondern erst durch den Erlaß des KWG.) durchgeführt wurde; durch Einwirkung mittels Frachtpolitik und stärkeren Einkaufs ausländischer Kohle;
4. endlich durch zwangsweise Auflösung sämtlicher Kartellbindungen und damit Wiederherstellung des freien Marktes.

**Der staatliche Eingriff in das Kartellwesen des Kohlenbergbaus.**

Die Anfang dieses Jahrhunderts angestellte Kartellenquete sollte die Auswüchse untersuchen, die sich durch die Einwirkungen der Kartelle auf die Marktgestaltung herausgebildet hatten. Wenn auch Pape [35]) meinte:

> „Weil man den Eingriff des Gesetzgebers fürchtet, sucht man der Syndikatspolitik durch allerlei Phrasen über volkswirtschaftliche Aufgaben ein Mäntelchen umzuhängen",

so kam sie doch zu einem die Kartelle im wesentlichen entlastenden Ergebnis, und erst das Jahr 1919 bescherte der deutschen Wirtschaft das KWG., das die staatliche Leitung und Beaufsichtigung von Aufbau und Wirken des Bergbaus verankerte.

Stand bis dahin die Eigenschaft der Kartelle als selbständig wirkende Machtverbände betont im Vordergrund, so ist damit ein starker Wandel in ihrem Verhältnis zum Staat eingetreten. Das typische Kartell früherer Zeiten hatte, der damaligen Wirtschaftsauffassung folgend, letzten Endes doch den höchsten privatwirtschaftlichen Nutzen seiner Mitglieder zum Ziele, den es auch gegen den Staat durchzusetzen bestrebt war. Solange sich der Staat aber (befangen in den Wirtschaftslehren jener Zeit und daher unter Verzicht auf seine Hoheitsrechte) der privaten Eingriffe in die Marktgestaltung lediglich durch

[35]) Pape, Der deutsche Braunkohlenhandel unter dem Einfluß der Kartelle S. 249.

Gegenüberstellung eigener Unternehmungen zu erwehren versuchte, war die einheitliche Ausrichtung der ganzen Volkswirtschaft auf gemeinwirtschaftliche Grundsätze unmöglich. Das wurde anders mit Erlaß des KWG. Die bergbaulichen Syndikate üben zwar noch Macht aus, aber keine eigene, sondern vom Staat übertragene. Die auf ihr beruhenden Zwangsmittel dienen der scharfen Überwachung der Kartellgeschäftsführung.

**Der neue Staat und die Kartellpolitik.**

Die weitere Entwicklungsrichtung des Verhältnisses zwischen Staat und Kartellen wird von dem bedingungslosen Führungsanspruch des Staates über die Wirtschaft gekennzeichnet. Was die bisherigen Bestimmungen erstrebten,[36] soll jetzt tatsächlich durchgeführt werden. Der liberalistische Begriff „Nachtwächterstaat" ist nun erst und endgültig zur historischen Erinnerung geworden, denn jetzt will der Staat die Wirtschaft führen, ohne doch selbst zu wirtschaften. Er will sie mit seinem Gedankengut durchdringen, durch Leitung und Überwachung für die Verwirklichung seiner Grundsätze sorgen, um vorbeugend Gefahren nicht erst eintreten zu lassen und Fehler zu vermeiden, in die sich die vom ungeplanten Zusammenspiel aller Einzelkräfte abhängige freie Wirtschaft begeben würde. Die Einstellung unseres nationalsozialistischen Staates zum Kartellwesen geht aus folgenden Ausführungen Dr. Schachts [37]) hervor:

> „Jedermann weiß, daß die freie Konkurrenz Nachteile und Vorzüge hat, daß die Kartelle und Preisbindungen Nachteile und Vorzüge haben, aber um solche Selbstverständlichkeiten der Theorie geht es heute nicht. Es geht um höchst praktische Dinge, zum Beispiel darum, daß es mit dem Gesamtwohl unvereinbar ist, wenn sich die Preispolitik eines Kartells auf der Betriebsrechnung des schlechtest geleiteten Betriebes aufbaut. Es geht nicht an, daß tüchtige, fleißige, nüchterne und sparsame Unter-

---

[36]) Das privatwirtschaftliche Kartellinteresse blieb trotz der zahlreichen staatlichen Kontrollen in Wahrheit herrschend; nach v. Beckerath, Industrielle Kartellprobleme der Gegenwart S. 36.

[37]) Aus einer Rede des Reichsbankpräsidenten und kommissarischen Wirtschaftsministers Dr. Schacht (abgedruckt in „Deutsche Bergwerkszeitung" Nr. 55 vom 6. März 1935 S. 11).

> nehmer durch kartellmäßige Bindungen, durch Bedrohung mit Ehrengerichtsentscheidungen und dergleichen zu unwirtschaftlichem Arbeiten gezwungen und damit um die verdienten Früchte ihrer Anstrengungen gebracht werden und die ihnen sonst zufallende Absatzsteigerung unterbunden wird. Man kann nicht ohne Schaden für das Gemeinwohl den Fleißigen bestrafen und den Faulen prämiieren wollen."

Man lehnt das Kartellwesen nicht grundsätzlich ab, sondern bestätigt oder fördert sogar das, was in ihm gut ist und zum Aufbau unserer nationalen Wirtschaft nicht entbehrt werden kann. Kartelle sollen fortan niemals Nutznießer des Marktes, sondern Diener des Staates und der Gemeinwirtschaft sein.[38])

## IV. Die bergbaulichen Kartelle und ihre Verflechtung mit dem Wirtschaftsraum.

### Die bergbaulichen Kartelle in ihrer Bindung an die Kohlenfundorte.

Es ist nur natürlich, daß sich die Kartelle der Kohlenwirtschaft nach Namen und Umfang gliedern in die Gebiete der großen mineralischen Lagerstätten. Die Geschichte der bergbaulichen Kartellentwicklung zeigt, daß der Zusammenschluß von Werksbesitzern seine geographische Grenze fand im geologisch bestimmten Raum, und erst die Neuzeit mit ihrem Streben nach nationalwirtschaftlicher Marktsicherung und planvoller Marktlenkung führt zu der Bewegung, wirtschaftliche Räume zum Großraum zu verbinden. Die Möglichkeit der Gründung eines alle deutschen Bergbausyndikate umfassenden „Deutschen Reichkohlensyndikates" ist im Zuge der vorgesehenen wirtschaftlichen Neuordnung bereits untersucht worden.

Zunächst jedenfalls hat die Entwicklung in Deutschlands Kohlenbergbau zur Schließung des Marktringes noch in keinem straffen Einheitsorgan ihren Abschluß gefunden. Das vom KWG. eingesetzte Syndikat der Syndikate, der Reichskohlenverband (RKV.), mit der ihm vorgesetzten Behörde des Reichs-

---

[38]) Näheres über die Neuregelung der deutschen Kohlenwirtschaft ausgeführt S. 174: Der Staat und das Kartellwesen.

kohlenrates (RKR.) ist im wesentlichen nur eine behördliche Aufsichtsinstanz.

**Die Kohlenvorkommen als Grundlage der Entstehung von Wirtschaftsräumen.**

Es bestehen also heute in deutlicher räumlicher Scheidung fest in sich gefügte Kartellorganisationen, die die Namen der Wirtschaftsräume tragen, deren Entfaltung ohne die geologischen Grundlagen der Kohlenindustrie meist undenkbar ist.

„Der Kohlenbergbau hat in einem Umfange wie sonst kein Industriezweig andere Industrien angezogen",[39])

denn als Massengut trägt die Kohle einen hohen Transportwiderstand in sich, der zur Zusammenballung der Industrien an den Gewinnungsstätten der Kohle führte. So wurden manche Namen,

z. B. das „Rheinisch-Westfälische Kohlenbecken",

ausgedrückt auch in der Benennung der ihnen entsprechenden Kohlensyndikate,

z. B. „Rheinisch-Westfälisches Kohlensyndikat",

zum Begriff eines geschlossenen industriellen Wirtschaftsraumes,

z. B. „Rheinisch-Westfälischer Industriebezirk",

die andere sich um die Fundstätten der Kohle rankende Industrie gleichsam vertretend.

**Die Verflechtung von Kohlenvorkommen, Kohlensyndikaten, Wirtschaftsräumen.**

Die Steinkohlenbezirke[40]) Deutschlands zerfallen in:

1. das Niederrheinisch-Westfälische oder Ruhrbecken; seine Zechen sind im „Rheinisch-Westfälischen Kohlen-Syndikat" (RWKS.) zusammengeschlossen und sind Sinnbild des industriellen „Ruhrgebietes";
2. das oberschlesische Becken, dem das „Oberschlesische Steinkohlen-Syndikat" (OSS.) entspricht. Hier hat sich der oberschlesische Industriebezirk herausgebildet;

---

[39]) „Die deutsche Kohlenwirtschaft", a. a. O. S. 4.

[40]) Über die Gründungshergänge der Syndikate vergl. S. 81 ff., 128 ff.

3. das Saarbecken, das die vornehmlich im Staatsbesitz befindlichen Gruben umfaßt, die zum Mittelpunkt des industriellen Saargebietes geworden sind und 1935 nach seiner Rückgliederung in das Deutsche Reich der Verwaltung des RWKS. eingegliedert wurden;
4. das Aachener Becken, das geologisch zum Ruhrbecken gehört, infolge räumlicher Entfernung jedoch ein eigenes Kartellgebilde, das „Aachener Steinkohlen-Syndikat" (ASS.), hervorrief. (Es ist seit 1933/34 im RWKS. aufgegangen.) Die Kohle ist ein Hauptträger auch dieses Wirtschaftsgebietes;
5. das Sächsische Becken, dessen Vorkommen von den Werken des „Sächsischen Steinkohlen-Syndikates (SäSS.) ausgebeutet werden. Die Verwertung dieser Kohlenfunde für den sächsischen Industriebezirk ist zwar nicht entscheidend, aber doch von Bedeutung;
6. das Niederschlesische oder Waldenburger Becken, das seine Kohleproduktion ohne größere Interessenstreitigkeiten im „Niederschlesischen Steinkohlen-Syndikat" (NSS.) syndizieren konnte, denn bei geringer Ausdehnung bestanden einfache Besitzverhältnisse; so trägt es auch kein wesentlich zu nennendes Industriegebiet auf sich.
7. Von eng begrenztem und örtlich zersplittertem Umfange sind die Vorkommen des niedersächsischen Revieres; sie sind im „Niedersächsischen Kohlen-Syndikat" (NSäS.) zusammengefaßt.

Die Braunkohlenbezirke[40]) gliedern sich in:

8. die Kohlenvorkommen des mitteldeutschen Wirtschaftsraumes westlich der Elbe. Sie sind innerhalb ausgedehnter Flächen in nicht miteinander zusammenhängenden Feldern zersplittert. Die Werke fanden ihre gemeinsame organisatorische Form erst spät im „Mitteldeutschen Braunkohlen-Syndikat" (MBS.).
9. Ähnliches gilt für das Gebiet der ostelbischen Braunkohlenvorkommen, zusammengefaßt im „Ostelbischen Braunkohlen-Syndikat" (OBS.).
10. Das „Rheinische Braunkohlen-Syndikat" (RBS.) vereinigt alle Werke des Villebeckens einschließlich der Rand-

gebiete; sein Vorkommen ist, im Gegensatz zu den anderen Braunkohlengebieten, von einheitlicher geologischer Formation. Auch hier äußert sich die andere Industriezweige magnetisch anziehende Kraft eines rohstofforientierten Standortes.

11. Das „Bayrische Kohlen-Syndikat" umfaßt geringe Vorkommen von Pechkohle, Stein- und Braunkohle, die von allgemeinwirtschaftlich untergeordneter Bedeutung sind.

## B. Der Kohlenhandel.[41]

### I. Wert und Sinn zweckvoller Handelsgestaltung.

**Die Warenverteilung als Bestandteil volkswirtschaftlicher Werterzeugung.**

Für den Wohlstand eines Volkes ist die größtmögliche Ausnutzung der ihm gegebenen Mittel grundlegende Voraussetzung. Die Schaffung von Produktionswerten schlechthin ist aber nicht ausschließlich maßgebend, es kommt auch auf den zweckmäßigen Einsatz planvoll durchdachter Warenverteilung an. Der Tätigkeit und Organisation des Kohlenhandels als dem Verteilergliede eines der wichtigsten Grundstoffe wirtschaftlichen Lebens kommt daher besondere Bedeutung zu.

**Zweckvolle Durchbildung der Handelsorganisation als Voraussetzung des Wirtschaftsaufstieges.**

Um so mehr muß das Gesagte für unser heutiges Deutschland Geltung haben, als wir uns am schwer erkämpften Anfang eines mühevoll erreichbaren Wirtschaftsaufstiegs befinden, der den verlorengegangenen Wohlstand des Volkes und damit die Erhöhung des Lebensstandards jedes einzelnen zurückerobern soll. Es unterliegt gar keinem Zweifel, daß die Verteilung der Ware Kohle hierbei eine wichtige Stellung einnimmt, zumal der Einschuß von Kohle in dem Wert jedes Erzeugnisses als Kostenfaktor enthalten ist. Die für deren Verteilung aufgewandten Handelsspannen müssen daher ungünstig auf die Höhe der geschaffenen Güterwerte der Nation wirken, wenn

---

[41]) Zur Statistik sei verwiesen auf S. 163 ff.: Die Überfüllung des Berufsstandes.

sie durch ungesunde Gestaltung und Aufblähung des Verteilungsapparates unnötig gesteigert werden. Das Ziel jeder bewußten Wirtschaftsordnung wird infolgedessen auch die zweckmäßige Gestaltung der Handelstätigkeit und ein möglicher Abbau der Verteilungskosten ohne störenden Eingriff in die volkswirtschaftlich notwendige Handelssphäre sein müssen.

## II. Die Aufgaben der Handelstätigkeit.

**Die Überwindung der Spannungsmomente im Warenverteilungsprozeß.**

Die Aufgabe der Güterübertragung im Wirtschaftsverkehr wird von einem besonderen Gewerbe, dem Handelsgewerbe, ausgeübt. Sie besteht in regelmäßig durchgeführtem Ankauf und anschließender Veräußerung von Wirtschaftsgütern. Der Kohlenhandel im besonderen hat vornehmlich drei im Warenverteilungsprozeß der Kohlenwirtschaft selbst begründete Spannungsmomente zu überwinden:

1. die räumliche Trennung zwischen Warenangebot und -nachfrage. Mit diesem Spannungsmoment sind Verkehrsfragen, die Verknüpfung mit dem Transportgewerbe verbunden, und mit ihm hängt insbesondere die Funktion des Kohlenhandels als Lagerhalter an allen Verbrauchsstätten zusammen, um dadurch deren räumliche Abstände von den Erzeugungszentren des Bergbaus auf ein Mindestmaß zurückzuführen;
2. die zeitliche Trennung zwischen Warenangebot und -nachfrage. Sie ist (ebenfalls durch die Lagerhaltung) einmal im Interesse der Erzeugung zu überwinden, die auf möglichst gleichmäßige Beschäftigung angewiesen ist, während andererseits die Deckung stoßweise auftretenden Bedarfs gesichert werden muß;
3. die finanzielle Überbrückung zwischen der Zeit der Übernahme der Ware vom Lieferer und der Abgabe an den Verbraucher (und darüber hinaus). Sie soll der Produktion regelmäßige Zahlungseingänge sichern und der Konsumtion die notwendig werdende Deckung ihres Brennstoffbedarfes ermöglichen.

Da die Aufgaben der Überwindung räumlicher und zeitlicher Trennung gemeinsam (und in vorwiegendem Maße) durch die Lagerhaltung des Kohlenhandels gelöst werden sollen, erfolgt deren Behandlung einheitlich durch die Zusammenfassung im Begriff des Mengenausgleichs.

## 1. Der Mengenausgleich.

**Der Kohlenhandel als Träger des mengenmäßigen Marktausgleiches.**

Neben den eigentlichen Erfordernissen jeder Handelstätigkeit, der Feststellung bestmöglicher Bedarfsversorgung und der Suche nach neuen Absatzwegen und -plätzen, obliegt dem Kohlenhandel eine besondere Aufgabe, die aus den klimatischen Verhältnissen unserer Breitengrade herrührt. Sie bringen mit ihren erheblichen und lange anhaltenden Witterungsschwankungen große Unterschiede zwischen den Zeiten überdurchschnittlicher Nachfrage und denen überwiegenden Angebotes mit sich, die zu glätten und auszugleichen sind. Denn einerseits kann sich die von natürlichen Abbauverhältnissen abhängige Kohlenproduktion infolge der Größe und Schwerfälligkeit ihres Apparates nicht leicht beweglich den bedeutenden Bedarfsschwankungen und Konjunkturstößen anpassen; zur Vermeidung hoher Umstellungskosten und im Interesse ihrer Belegschaften bedarf sie gleichmäßiger Produktion. Andererseits aber ist es nicht die Aufgabe der industriellen und häuslichen Abnehmerschaft, Brennstoffe auch in Zeiten eigener Bedarfslücken abzunehmen, um sie bei gesteigertem Verbrauchsanspruch zu verwenden; sie wünscht Brennstoffanfuhr nach auftretendem Bedarf. Den mengenmäßigen Marktausgleich hat vielmehr der Kohlenhandel zu übernehmen, und zwar vorwiegend der Einzelhandel, da der Großhandel die Ware normalerweise nicht in Besitz nimmt, sondern von der Zeche unmittelbar zum Abnehmer leitet, sofern sie nicht gerade in Hafenstädten seine Lager- oder Umschlagsplätze berührt.

**Der Einzelhandel: Das Erfordernis der Lagerhaltung.**

Die Heranführung der Ware an den Verbraucher und die jederzeitige Bereithaltung von Vorratsmengen im ganzen Lande zwecks rechtzeitiger Versorgungsregelung der Bevölkerung verlangt die ausreichende Lagerhaltung des Einzelhandels. Der

Centralverband der Kohlenhändler berichtet nach dem strengen Winter 1928/29: [42])

> „Das Erfordernis der Lagerhaltung ist während des letzten Winters in besondere Erscheinung getreten. Da haben auch diejenigen, welche die Betonung dieser Notwendigkeit durch den Kohlenhandel immer nur als taktisches Mittel zur Erzielung höherer Preise angeführt haben, an diese volkswirtschaftlich notwendige Funktion des Kohlenhandels glauben müssen. Da hat man ... dem Kohlenhandel im Gegenteil sogar vorgeworfen, daß er diese Funktion nicht in ausreichendem Maße erfüllt habe."

Heute ist das Vorhandensein ausreichender Lagermöglichkeiten zur Vorbedingung der Führung von Kohleneinzelhandelsbetrieben gemacht worden,[43]) die die unerläßliche Notwendigkeit der Lagerhaltung dokumentiert.

**Der Großhandel: Die Wichtigkeit seiner Stapelplätze.**

Aber auch der Kohlengroßhandel beteiligt sich an der Erfüllung der beschriebenen Aufgabe. Für ihn sind die Stapelplätze an Wasserstraßen die großartige Lagereinrichtung. Ist rechtzeitige, billige und genügende Heranschaffung von Kohlenmengen nicht anders erreichbar, weil bei anhaltendem Frost die Flußläufe nicht schiffbar (oder Lieferungen wegen Einfrierens der Gruben unmöglich) sind, oder weil Bahntransporte infolge großer Tarifunterschiede oder gespannter Verkehrslage weder empfehlenswert noch möglich erscheinen, dann sind die Lagermengen der Kohlenschuppen und Stapelplätze des Großhandels die notwendigen Vorratsventile. Das erwies sich in so manchem strengen Winter (z. B. dem des Jahres 1928/29) und zu Beginn des Weltkrieges, dessen Anlaufsperiode mit Hilfe der Kohlenvorräte auf den Verbrauchs- und Stapelplätzen in Deutschland verhältnismäßig reibungslos überwunden werden konnte.

Für das großräumige und stark gewerbliche S ü d d e u t s c h l a n d, das keine bedeutenden eigenen Kohlenvorkommen besitzt und einen Hauptteil seines Bedarfes über das Verkehrsnetz der Wasserstraßen bezieht, sind solche Lagereinrichtungen

[42]) Geschäftsbericht des Centralverbandes der Kohlenhändler Deutschlands e. V. 1928/29 S. 5.

[43]) Vergl. S. 185 ff.: Inhalt und Wesen des Generalabkommens.

von besonderer Bedeutung. In den großen Hafen- und Umschlagplätzen (Mannheim!) wurden umfangreiche Vorratseinrichtungen unter Führung der Industrie selbst geschaffen.[44]) In Ostdeutschland (Oderhäfen, Havelplätze) waren die Großhandelsfirmen Oberschlesiens durch ihre Reedereien („schwimmende Vorratslager") und durch Übernahme von Konsignationsschiffsladungen [45]) für den Ausgleich von Vorratsspitzen von großem Wert.

**Die Beeinflussung und teilweise Übernahme des Mengenausgleichs durch die Produktion.**

So stellt die Marktstufe des Kohlenhandels gleichsam das Füllbecken dar, das überschüssige Mengen zunächst aufzunehmen hat, um sie in günstiger Verkaufslage abzugeben. Wenn das nicht immer im vom Bergbau gewünschten Umfange geschehen kann, dessen Haldenbestände ganz ungeheuer zunehmen können und hohe Kosten erfordern, so liegt das wohl weniger an der „Lagerscheu" des Handels, die man ihm zuweilen vorwirft, sondern an den außerordentlich starken Verbrauchsschwankungen der Wirtschaft und den Zahlungsbedingungen der Syndikate selbst, deren Anforderungen der Handel im Rahmen seiner heute geschwächten Kapitalkraft nicht restlos zu entsprechen vermag. Schon aus diesem Grunde hat der Bergbau größtes Interesse an der Erhaltung eines gesunden Kohlenhandelsstandes, dem er nach eigener Aussage in Anerkennung seiner wichtigen Funktion angemessene Verdienste [46]) nicht vorenthält.

> „Wir sind im Laufe der Zeit bei der Festsetzung der Rabattsätze immer mehr in die Höhe gegangen, weil wir gesehen haben, daß der Großhandel mit dem Rabattsatz ... nicht auskam und finanziell faul wurde. Der Handel muß

---

[44]) Vergl. hierzu S. 67: Das Verkehrswesen, Kohlengroßhandel und Kohlenbergbau.

[45]) Vergl. Sachverständigenaussage in „Die deutsche Kohlenwirtschaft" S. 411.

[46]) Seit dem Erlaß des KWG. ist das der Industrie nicht mehr in unbeschränktem Maße möglich. Der Großhandelsrabatt ist als feste Größe gleich im Syndikatspreise enthalten und kann je nach abgenommener Menge nur innerhalb dieser Grenze variieren. Außerdem kann eine gewisse Bevorzugung des Syndikatshandels vor dem freien Handel in der Tatsache erblickt werden, daß die Produktion jenem auf jeden Fall den Höchstrabatt zukommen läßt, unabhängig von der bezogenen Menge, z. B. beim OBS.

seine Spesen und sein Risiko decken, muß seine Zinsen haben und einen entsprechenden Gewinn, wenn er existieren will und Lust und Freude haben soll." [47])

Insbesondere aber durch Gewährung von Preisnachlässen in den absatzflauen Sommermonaten, durch Ausschüttung von Gleichmäßigkeitsprämien (auf die geringsten in einem Monat des Kohlenwirtschaftsjahres bezogenen Mengen), durch Verpflichtung der Abnehmer auf Einhaltung gleichmäßig über das ganze Jahr verteilter Abrufe und ähnliche Maßnahmen [48]) versuchen die Syndikate auch von ihrer Seite aus die ununterbrochen laufende Beschäftigung der Werke zu sichern. So ist es zu verstehen, daß sie, nicht zuletzt aus diesem Grunde, in die Handelssphäre selbst eindrangen, um stärkeren Einfluß auf die Einlagerungsmöglichkeiten zu gewinnen,[49]) und daß sie die Bestimmung des Preises schon früh der Beeinflussung durch Händlerkreise entzogen haben. Denn solange die Preisbestimmung der Mitwirkung des freien Handels unterlag, stand nicht die gleichlaufende Beschäftigung der Werke und ihre Erlösspanne im Vordergrund, sondern die Ausnutzung und möglichst spekulative Verwertung der Konjunkturen im Verdienstinteresse des Handels.[50]) Daraus ergaben sich Überspitzungen der Marktlage, große Preisschwankungen, verstärkte Unregelmäßigkeit in der Abforderung der Ware und unerwünschte Erschütterungen mit allen ungesunden Erscheinungen. Seit langem ist daher insbesondere der Großhandel seines Amtes als Preisbildner enthoben und der Mengenausgleich auf die geschilderte Weise in ruhigere Bahnen zu lenken versucht worden.

#### Die Rückübertragung der Aufgabe des Mengenausgleiches auf den Kohlenhandel.

Zwar dürften nach Ansicht des Verfassers in einer vom Staate gesteuerten Wirtschaft sich frei entwickelnde, kurzwellige Konjunkturschwankungen, die bei freier Marktbildung zu ent-

---

[47]) Sachverständigenaussage in „Die deutsche Kohlenwirtschaft" S. 444.

[48]) Vergl. die Kauf- und Lieferungsbedingungen und Preisbestimmungen beispielsweise des RBS., des MBS. usw.

[49]) Vergl. S. 151/152.

[50]) Vergl. S. 76 ff.: Die marktwirtschaftliche Tätigkeit des Handels.

stehen pflegen, nicht mehr auftreten. Aber schon zum Ausgleich der in der Kohlewirtschaft auch weiterhin auftretenden Witterungskonjunkturen werden diese Maßnahmen der Syndikate an Bedeutung nicht verlieren. Da ein Ausgleich der Konjunkturschwankungen im Interesse der Gesamtwirtschaft liegt, verlangt Blödner [51]) finanzielle Unterstützung von Lagerproduktion und Lagerhandel, dessen Kosten als Folge eines gemeinnützigen Vorgehens vom Staat zu tragen seien. Diese Forderung indessen dürfte vom Staat als zu weit gehende Betreuung der Wirtschaft betrachtet werden und daher keine Erfüllung finden. Der Weg, den Kohlenhandel wieder zum vollgültigen Stoßdämpfer gegen Konjunkturschwankungen und jahreszeitliche Bedarfsballungen werden zu lassen, wird vielmehr ganz zweifelsohne über seine finanzielle Erstarkung (Mengenrabatt, Erweiterung des Arbeitsbereiches) gehen müssen. Es ist die typische Funktion der Handelsarbeit, die Last dieses Wagnisses, die sich seit der Nachkriegszeit zum großen Teil auf die Schultern der Industrie gelegt hat, ihr abzunehmen und auf die eigenen Schultern zu nehmen.

**Das „Sortenproblem".**

In das Gebiet des Mengenausgleichs gehört auch die Aufgabe, den Sortenanfall der Produktion und die Wünsche der Verbraucher nach Lieferung bestimmter, ihren Zwecken entsprechender Korngrößen in Übereinstimmung zu bringen. Da die geförderten Kohlensorten Kuppelprodukte darstellen, die nach den natürlichen Gegebenheiten anfallen, läßt sich das Verhältnis der geförderten Mengen nicht willkürlich ändern. Den notwendigen Ausgleich zwischen Förderung und Bedarf streben die Syndikate dadurch an, daß sie die Kohlenpreise weniger nach der für die einzelnen Sorten aufgewendeten Arbeit oder nach ihrer Güte bemessen, als vielmehr nach dem Grade der Nachfrage, die für die verschiedenen Sorten herrscht. Sie bedürfen hierzu aber dennoch der besonderen Mithilfe einer fachkundigen Händlerschaft, was in Ausführungen des Enqueteberichtes ausdrücklich betont wird.[52])

---

[51]) Blödner, Preis- und Produktionsstabilisierung durch Kartelle S. 105/06.

[52]) „Die deutsche Kohlenwirtschaft" S. 96.

## 2. Der Wertausgleich.

Der im vorigen Abschnitt dargestellten Tätigkeit ist eine ebenso notwendige zweite Arbeit des Kohlenhandels verbunden: die Aufgabe des Wertausgleiches. Es gilt die Schwankungen zwischen Erzeugung und Bedarf auch in finanzieller Hinsicht durch sofortige Zahlung an den Lieferanten (Produktionsfinanzierung) bezw. durch Kreditgewährung an den Abnehmer (Absatzfinanzierung) auszugleichen.

**Die Produktionsfinanzierung.**

Der Kohlengroßhandel hat die von der Produktion geförderten Mengen, auf deren Gegenwert sie nicht lange warten kann, üblicherweise zu finanzieren, denn die Kosten des Bergbaus setzen sich oft zu 60 bis 70 v. H. aus Lohnbestandteilen zusammen. Diese bedürfen sofortiger Auszahlung, während der Produktion, die ihr Kapital in kostspieligen Anlagen festgelegt hat, nicht so viel flüssige Mittel zur Verfügung stehen. Hier hat der Handel helfend einzuspringen, und zwar früher durch Vorauszahlungen, Kautionshinterlegungen, Nachnahmelieferungen und noch heute besonders durch Einhaltung kurzfristiger Zahlungsbedingungen (Einräumung eines Zahlungszieles von höchstens 10, 15 usw. Tagen). Da aber Zwischen-, Einzelhandel und Verbraucherschaft nicht immer sofort zahlen können, nimmt der Großhandel die oft drückenden, aber produktionswirtschaftlich erforderlichen Zahlungsbedingungen auf sich, ohne sie seinen Abnehmern in gleich harter Weise aufzuerlegen. Er stellt damit gleichsam eine Auffangorganisation in kreditwirtschaftlichem Sinne dar. Diese Stellung als wirtschaftlich notwendiger Kreditträger nach beiden Seiten hin hat den Großhandel in der Frühzeit bergwirtschaftlicher Entwicklung stark gemacht. Damals noch war die Produktion ausschließlich auf seine Kapitalkraft angewiesen, denn ihr Kapital entstammte zunächst dem eigenen Vermögen und war daher begrenzt. Schon in dem Augenblick aber, in dem die in Konditionsverbänden vereinigte Industrie den Abnehmern eigene Lieferungs- und Zahlungsbedingungen als Bestandteile des Kaufvertrages auferlegte, mußte der Handel jene Macht, die ihm bisher seine starke Stellung verschafft hatte, als selbstverständliche Abnahmeverpflichtung zum Opfer bringen.[53]) Er

[53]) Vergl. S. 84: Die Festlegung der Bezugsbedingungen.

hatte pünktlich zu zahlen, ohne das als Druckmittel benutzen und einen Vorteil dagegen aushandeln zu können. Und in dem Maße, in dem die Neubildung von Kapital zur wirksamen Durchblutung der Wirtschaftsgestaltung führte, in dem das hochentwickelte Bankwesen selbst den größten Finanzbedarf der Industrie zu befriedigen vermochte und

„die Entwicklung der Aktiengesellschaften in sehr erheblichem Maße jene Schranken niedergebrochen" [54])

hatten, war es mit dem finanziellen Machtbereich des Handels nach der Produktionsseite hin restlos zu Ende. Denn nachdem der Bergbau seine persönlichen Mittel durch die anonyme Kapitalmarktbeteiligung ersetzt und erweitert hatte, konnte der Großhandel in Umkehrung der bisherigen Lage seine Selbständigkeit nicht mehr erhalten.

„Gerade im modernsten Handel zeigt sich, daß das Kapital in der Wirklichkeit ein ebensolcher „Passivposten" ist wie in der Buchhaltung".[55])

Man war nicht mehr überall auf den Großhandel als wertausgleichenden Produktionshelfer angewiesen, man half umgekehrt ihm häufig aus, und so ist in vielen Syndikatsrevieren eine gewisse Lockerung der herrschenden Zahlungsstrenge eingetreten; die kurzen Zahlungsfristen stehen nicht selten nur auf dem Papier. Außerdem mag auch die Gründung von Produktions-Handelsgesellschaften, die oft längere Zahlungsziele eingeräumt erhielten, eine gleichmäßige Behandlung aller Handelsformen (eigener und freier) zur Folge gehabt haben, und damit eine Ausweitung der Kreditspannen. Von einer allgemeinen Produktionsfinanzierung der Montanindustrie durch den Handel kann daher heute nicht gesprochen werden. Es verlangen eigentlich nur RWKS. und RBS. vom Kohlengroßhandel nachdrücklichst die Einhaltung ihrer Zahlungsvorschriften, die dieser nicht ebenso seinen Abnehmern auferlegen kann. (Außerdem muß er den genannten Syndikaten durch Stellung von Bürgschaften Sicherheiten leisten, um überhaupt beliefert zu werden.) Je stärker also, wie es den Anschein hat, die Syndikatsstraffung, um so schärfer auch die Zahlungsbedingungen. Wo

[54]) Wiedenfeld, „Der Handel in der Volkswirtschaft" in „Kohlenhandelsfragen", Festschrift für Ludwig Wiesinger, S. 11.

[55]) Hirsch a. a. O. S. 187.

ein festes Verkaufssyndikat den Absatz kontrolliert, besteht es bis auf den heutigen Tag hinunter bis zum Zwischenhandel auf der Einhaltung seiner Zahlungsfristen; wo sich ein lockeres Syndikatsgefüge aufbaut, tritt auch eine kreditmäßige Lockerung seiner Lieferbestimmungen zutage. Dabei kann sich die eigenartige Sachlage ergeben, daß die in dem einen (loseren) Syndikat zusammengeschlossene Industrie die des anderen (strafferen) auf dem Umweg über den von beiden Syndikaten beziehenden Handel zum Teil finanziert.

**Die Absatzfinanzierung.**

Um der Bevölkerung in einem Augenblicke Kohle zu liefern, in dem sie sie dringend benötigt, aber noch nicht bezahlen kann, hat der Handel neben der Finanzierung seiner Lagermengen den Abnehmern die Ware auf bestimmte Zeit zu kreditieren. Er ist der dauernde Bankier seiner Kunden, der Großhandel für die kleineren Firmen, diese wiederum für die Verbraucher.

> „Die Kapitalkraft ist die am meisten werbende Kraft, die wir haben ... Es wird heute ganz allgemein länger gepumpt als vor dem Kriege".[56])

Bei übermäßiger Ausnutzung des Zahlungszieles, die in der Nachkriegszeit bis dahin nicht gekannte Formen annahm, ist der Kohleneinzelhandel mit seiner Kapitalkraft schnell am Ende; denn seine Kundschaft nimmt immer noch längeren Kredit in Anspruch, als ihm selbst gewöhnlich von seinen Lieferanten gewährt wird. Daher müssen Großhandel und Produktion oft und zwangsläufig durch großzügige Stundung oder kapitalmäßige Beteiligung helfen, und hier ist der entscheidende Ansatzpunkt für die Abhängigkeit von der Erzeugung, in die sie heute den Handel zu bringen vermag.

**Die Notwendigkeit finanzieller Gesundung des Handelsstandes.**

Die Notwendigkeit finanzieller Überbrückung zwischen der Zeit der Kohlenlieferung und der Abgabe an den Verbraucher (bezw. zwischen der Zeit der entsprechenden Zahlungen) beleuchtet die wichtige Stellung, die einem wirtschaftsgesunden Handelsstande als dem Träger der Marktversorgung und hoher Kreditrisiken zukommt. In dem Maße allerdings, in dem sich der Bergbau durch kapitalmäßige Fundierung und durch kartell-

[56]) Sachverständigenaussage in „Die deutsche Kohlenwirtschaft" S. 409.

mäßige Erstarkung aus der Umklammerung des Großhandelskapitals befreien konnte, in dem er die Handelsgestaltung durch eigene oder stark beeinflußte Handelsfirmen selbst kontrolliert (und in dem eine starke finanzielle Belastung des Handels durch gesunkene Zahlungskraft und -moral der kleinen Händler und der Käuferschaft eingetreten ist), verschwamm die reinliche funktionelle Scheidung des Wertausgleiches zwischen Produktion und Handel. Gerade in der Kohlenwirtschaft stehen beide in so inniger kapitalmäßiger Verflechtung, gibt oft die Kreditspirale im Geschäftsverkehr von Stufe zu Stufe elastisch nach, daß der Wertausgleich nicht mehr zum ausschließlichen und eigentlichen Aufgabenbereich der Handelstätigkeit gehört. Früher hat der Handel diese Funktion zweifellos in größerem Umfange und mit stärkerer Einflußgewalt ausgeübt. Er war damals tatsächlich Kapitaldiener des Kohlenmarktes. Heute trägt das Montankapital den Wertausgleich beider Richtungen (Produktions s e l b s t finanzierung und Absatzfinanzierung) in weitgehendem Maße.

Es wird langewährender, sorgsamster Marktpflege bedürfen, um einen selbständigen und finanzgesunden Handel als selbstverantwortliches Verteilerglied wieder der Rangstufe ehemaliger Aufgabenerfüllung (wenigstens der Absatzfinanzierung aus eigener Kraft) einzufügen und ihn auch stark für die Finanzierung der Kapitalbedürfnisse des Kohlenbergbaues zu machen. Denn es unterliegt gar keinem Zweifel und wird in der folgenden Darstellung noch ausführlicher begründet,[57]) daß aus der pflichtgebundenen Tätigkeit eigenverantwortlicher Persönlichkeiten menschlich und daraus folgend betrieblich und volkswirtschaftlich wertvollere Fähigkeiten zu lösen sind als aus jener der reinen Unternehmungsverwalter. Das kommt auch in der Entwicklung unserer neuen Zeit als gesetzgeberische Zielsetzung, als Bewegung zur Auflockerung von Gesellschaftskomplexen und zur Gründung selbstgeführter Unternehmungseinheiten zum Ausdruck.[58]) Die kapitalmäßige Erstarkung des Handelsstandes wird eine der großen Voraussetzungen dieser weiteren Entwicklung sein.

---

57) Insbesondere in den Abschnitten F III (S. 181 ff.) und F IV (S. 197 ff.).

58) Gesetz über die Umwandlung von Kapitalgesellschaften vom 5. Juli 1934 nebst Durchführungsverordnung vom 14. Dezember 1934.

## III. Die Einteilung und die Bedeutung des Kohlenhandelsstandes.

### 1. Die Stufenteilung.

**Die Arbeitsteilung im Handelsstande.**

Während der Kohlenhandel in seinen Anfängen die Funktion des Mittlers zwischen Erzeugung und Verbrauch noch in einer Hand vereinigte — er stand mit dem Produzenten auf der einen Seite und mit den industriellen und Hausbrandabnehmern auf der anderen in unmittelbarer Verbindung —, trat mit dem Wachsen der geförderten Kohlenmenge, mit der Ausdehnung des Verbrauches und des Absatzgebietes, mit dem ganzen Aufschwung der Technik und dem Ausbau des Verkehrswesens eine tiefgreifende Veränderung und grundsätzliche Spaltung im Aufbau des Handelsstandes ein. Die Arbeitsteilung ist mit der in sich immer vielfältiger gegliederten Volkswirtschaft mitgewachsen, denn die Arbeit, die früher von einer Stelle geleistet werden konnte, war mit den gesteigerten Marktaufgaben nur mehr von mehreren zu bewältigen. Sie schien dem arbeitenden Menschen allein in ihrer Spezialisierung auf bestimmte Teilgebiete den erstrebten Erfolg zu gewährleisten. Wie sich z. B. aus dem Kolonialwarengeschäft der arteigene Handel mit nur einer Warengattung ausgliedert (Branchenteilung),[59] so sondern sich innerhalb desselben Berufszweiges die reinen Großhandelsgeschäfte von den ausgesprochenen Einzelhandelsgeschäften aus. Die Handlungen schalten sich also hintereinander (Stufenteilung).[59] Für die entsprechende Einteilung im Kohlenhandel gibt es verschiedene Merkmale:

Verbrauchergruppen,
Liefermenge und Arbeitsgebiet.

**Die Einteilung des Kohlenhandels nach Verbrauchergruppen.**

Die Gesamtheit der Kohlenverbraucher zerfällt in zwei wesentlich verschiedene Gruppen:

„1. die Kohlenverbraucher des Hausbrandes, des Kleingewerbes (dem auch die Verbrauchermengen kleinerer Industrieunternehmungen zuzurechnen sind), der Landwirtschaft und

---

[59]) Nach Hirsch a. a. O. S. 1.

2. die Verbraucher vornehmlich industrieller Betriebe und des Verkehrsgewerbes, bei denen auf den einzelnen Verbraucher verhältnismäßig große, zum Teil sehr große Mengen entfallen".[60])

Diesem Bilde entsprechen die Handelstypen der Kohlenwirtschaft:

1. Der Großhandel, der direkt zwischen Produktionsstätten und Wiederverkäufern oder großen industriellen Unternehmen vermittelt; man bezeichnet ihn auch als „Großhandel erster Hand", weil er die Ware als erster Abnehmer von den Syndikaten (aus erster Hand) erhält.

1a. Der Zwischenhandel, der als eine Untergruppe im Rahmen des Großhandels, als mittlerer Großhandel (Großhandel zweiter Hand), die Verbindung zwischen dem syndikatsunmittelbaren Handel erster Hand und den niederen Absatzfeldern herstellt.

Die Beziehungen und Abgrenzungen zwischen Großhandel erster Hand und Großhandel zweiter Hand (Zwischenhandel), die gewöhnlich gemeinsam unter dem bloßen Oberbegriff „Großhandel" verstanden werden, sind zu verdeutlichen an dem Geschäftsverkehr der gesamten Großhandelssphäre, der sich abspielt zwischen

1. Produktion und Großhandel,
2. Produktion und Großverbraucher,
3. Großhandel und Zwischenhandel,
4. Großhandel und Einzelhandel,
5. Zwischenhandel und Einzelhandel,
6. Großhandel und Großverbraucher,
7. Zwischenhandel und Großverbraucher.[61])

Als Unterscheidungsmerkmal ergibt sich hieraus im wesentlichen, daß der Zwischenhandel (nach unten hin) zwar alle Geschäfte tätigen kann, die auch der eigentliche Großhandel (erster Hand) abschließt:

---

[60]) „Die deutsche Kohlenwirtschaft" S. 96.

[61]) Aus „Handbuch der Kohlenwirtschaft", Aufsatz „Der deutsche Kohlenhandel" von Borchardt und Piltz, S. 441.

mit Großverbrauchern,
mit einer anderen Unternehmung des Zwischenhandels (er kann also aus zwei, zuweilen drei Stufen bestehen),
mit dem Einzelhandel.

Er kann aber niemals unmittelbar von den Syndikaten beziehen, bleibt infolgedessen (nach oben hin) immer „Großhandel zweiter Hand".

2. Der Einzelhandel, der von Groß- und Zwischenhandel beziehen kann, und dessen Aufgabe in erster Linie die Bedarfsdeckung häuslicher Feuerstätten und des Kleingewerbes ist.

**Die Einteilung des Kohlenhandels nach Liefermenge und Arbeitsgebiet.**

Innerhalb der normalen Verteilungskette

vom Syndikat
zum Großhändler ersten Grades,
zum Zwischenhändler,
zum Einzelhändler,
zum Verbraucher

werden sowohl die verkauften Mengen von Stufe zu Stufe kleiner als auch die den betreffenden Verteilungsgliedern zukommenden Arbeitsgebiete. Denn so wie das OBS. seine Kohle nur schiffs- oder waggonweise nach seinem ganzen deutschen Absatzgebiet liefert, betreut eine Großhandelsfirma die bedeutendere Kundschaft eines häufig fest umgrenzten Bezirks ebenfalls waggonweise (z. B. der „Brikettvertrieb Osten"-Königsberg für Ostpreußen) und bedient sich dabei des Zwischenhandels in mehreren Städten als folgendem Absatzglied, während der Einzelhändler Müller in Insterburg nur fuhren- oder zentnerweise in seinem Wohnort oder nach dessen unmittelbarer Nähe verkauft. Wenn auch diese scharfe Trennung in einige Handelstypen dem Bilde der Wirtschaftspraxis nicht genau entspricht,[62]) so kennzeichnet sie doch Aufgaben und Bedeutung, die jedem Glied dieser Stufenleiter in seinem Arbeitsbereich zukommen. Sie versinnbildlicht das ganze Umsatzgefälle, das sich innerhalb der Verteilungsorganisation auch des Kohlenhandels ergibt.

[62]) Überschneidungen und Vermischungen führen zur Aufhebung der Stufenteilung, wie beispielsweise das größere „Platzgeschäft" größerer Städte oft Zwischenhandels- und Einzelhandelsfunktionen gemeinsam ausübt (vergl. S. 63).

## 2. Der Großhandel (Großhandel erster Hand).

**Der Großhandel als organisches Marktglied.**

Die arbeitsteilige Wirtschaft auf mittelständischer Basis, die das Ziel unserer heutigen Volkswirtschaft darstellt, ist ohne die organische Eingliederung einer gesunden Großhandelstätigkeit undenkbar. Aus mehrfachen Gründen haben aber seit langem von allen Seiten Angriffe auf den Bestand dieser Handelsstufe eingesetzt, denen es tatsächlich gelungen ist, einen Teil ihrer Funktionen abzuzweigen.

**Bestrebungen zur Übernahme des Großhandels durch die Erzeugerseite.**

Von Erzeugerseite aus geschah dieses Vordringen nicht ausschließlich aus eigennützigen Absichten (um sich einen Teil des Handelsnutzens zu sichern), sondern entsprang namentlich dem Bestreben, den Markt durch Herausstellung eigener Handelsfirmen zu kontrollieren. Gewiß haben beide Motive mitgespielt. Sie führten dazu, daß

1. der freie Großhandel, der sein Geschäft ohne kapitalmäßige Bindung an industrielle Interessen betreibt, immer mehr verdrängt wurde durch
2. die Syndikatshandelsgesellschaften, das sind als Unternehmungen selbständige Vertriebsgesellschaften eines Syndikats, an denen es maßgeblich oder ausschließlich beteiligt ist, und durch
3. die Werkshandelsgesellschaften; sie wurden von Grubenunternehmungen oder ganzen Zechengruppen gegründet, um die Verbindung mit dem Markt aufrechtzuerhalten,

> „wenn nicht durch die Konstruktion des Syndikates (Mitteldeutschland) die Werkshandelsgesellschaften schon bei Gründung des Syndikates, das nicht mit Verkaufsorganisationen belastet werden sollte, die gegebene Absatzorganisation der Werke waren“.[63])

Damit wurde die eigentliche Großhandelstätigkeit selbst nicht ausgeschaltet oder überflüssig: sie wurde von produktionshörigen Organen übernommen, die für die Montanindustrie,

---

[63]) Borchardt und Piltz in „Der deutsche Kohlenhandel“ im Handbuch der Kohlenwirtschaft S. 442.

äußerlich betrachtet, „Großhändler“ sind. Die Bewegung hat inzwischen ihren im wesentlichen erfolgreichen Abschluß gefunden, denn der freie Großhandel ist selten (z. B. im Küstengebiet) zum unmittelbaren Verkehr mit den Syndikaten zugelassen, sondern beim Bezug auf die mit einem Händlermonopol ausgerüsteten Syndikatshandelsgesellschaften angewiesen und damit auf die Stufe des „Großhandels zweiter Hand“, des Zwischenhandels, herabgedrückt worden. Großhandel ersten Grades sind heute ganz vorwiegend die Syndikats- und Werkshandelsgesellschaften.[64])

**Die Bewegung zur Ausschaltung des Großhandels von der Verbraucherseite.**

Entgegen dieser auf Übernahme der Großhandelsarbeit gerichteten Bewegung entstand von Verbraucherseite aus (landwirtschaftliche und gewerbliche Genossenschaften, Konsumvereine)[65]) der Zug zur völligen Ausschaltung des Großhandels, des Handels ganz allgemein, damit begründet, daß das besondere Wohl des Konsumenten die Überspringung aller angeblich überflüssigen und verteuernden Verteilungsstufen verlange. Daß es überhaupt zu einer solchen Auffassung kommen konnte, liegt in der besonderen und in ihrer Notwendigkeit dem oberflächlichen Betrachter nicht sofort erkenntlichen Eigenart der Großhandelsfunktion. Der Großhandel schien ja eine nützliche Aufgabe gar nicht zu erfüllen — und darin spukte noch die alte physiokratische Idee von der Sterilität des Handels —,[66]) da er eine sichtbare und nennenswerte Veränderung am Gut nicht vornahm und im Verteilungsprozeß überhaupt eine selten sichtbare Rolle spielte.

[64]) Ohne Ausnahme ist das der Fall bei R W K S. und M B S. Über die eigenartige Gestaltung des Großhandelsverkehrs im O S S. unterrichtet auf S. 95 der Abschnitt „Das Oberschlesische Steinkohlenrevier“ Die Satzungen des O B S. bemessen den Anteil des freien Handels auf rund 30 v H., während er im „händlerfreundlichen“ RBS. mit etwa 65 v H beteiligt sein dürfte. (Vergl. hierzu auf S. 108 den Abschnitt „Das Rheinische Braunkohlenrevier“ ) Daß umgekehrt der Handel in den Bergbau eindrang, sei hier nur erwähnt; Näheres auf S. 81 unter C II 2 und auf S. 128 unter E II 1 über den Kartellaufbau von OSS., MBS. und OBS.

[65]) Näher ausgeführt auf S. 115: „Die Verbrauchervereinigungen als Gegner des Handelsstandes“, S. 156: „Das Vordringen der Verbrauchervereinigungen“.

[66]) Günther: „Der Handel in der heutigen deutschen Wirtschaft“, aus „Fragen der Handelswirtschaft Eine Vortragsreihe der Handelshochschule in Königsberg i. Pr“ S. 8.

**Rechtfertigung der Großhandelstätigkeit.**

„Daß der Großhandel so wenig gekannt und so sehr verkannt ist, hat seinen hauptsächlichen Grund darin, daß seine Arbeit sich mehr oder weniger unter dem Ausschluß der großen Öffentlichkeit abspielt. Was weiß die große Masse vom Großhandel, und was sieht sie vom Großhandel. Man kann sagen: So gut wie nichts! Der Fabrikant macht sich mit rauchenden Schloten bemerkbar und der Einzelhändler mit prächtigen, glitzernden Schaufenstern. Mag sein, daß ein aufmerksamer Beobachter an großen Stapelplätzen das Ein- und Ausladen und Lagern von Warenmengen bestaunt; aber auch das wird ihn kaum über den Sinn und Wert des Großhandels aufklären, geschweige denn ihm die Lebenswichtigkeit und Lebensnotwendigkeit des Großhandels klarmachen. Der Großhandel kann seine Leistungen nicht zur Schau stellen, er kann die Leistungen des Werbens, Marktsuchens, Lagerhaltens und der Kreditgewährung nicht materialisieren."[67])

Er ist aber für eine bedürfnislebendige und ausgleichende Marktversorgung unentbehrlich, und es wird in dieser Arbeit noch genug Gelegenheit sein, das zu beweisen.[68]) Loose[69]) schreibt mit ausführlicher Begründung:

„Der Handel ist unentbehrlich; seine Beseitigung lag weder im Interesse des Konsums noch des Syndikates, das nicht allein alle Bedürfnisse befriedigen, das sich nicht in die Verbraucherschichten einfühlen und deren unzähligen Wünschen anpassen konnte. Die Verzinsung von Riesenhalden und die Stillegung von Betrieben belehrte auch die Syndikatsfreundlichsten. Sie besannen sich darauf, daß der Handel bei genügend großem Kohlenangebote immer wieder die Absatzrichtung verschob; sie erkannten, daß seine Kundenbearbeitung den Syndikatshandelsgesellschaften mit ihrem Millionenbetriebe fremd war. Der

---

[67]) v. Sellner, „Aufgaben und Forderungen des Großhandels" in „Deutscher Groß-, Ein- und Ausfuhrhandel" Heft 7 vom 15. April 1935.

[68]) Z. B. die Ausführungen auf S. 68: „Der Handelsstand als Erziehungsschule" und auf S. 162: „Die Rechtfertigung der Handelstätigkeit".

[69]) Loose, Vorgeschichte, Gestaltung und Auswirkung des Kohlenwirtschaftsgesetzes vom 23. März 1919, S. 150.

Kaufmann war durch den Bergassessor nicht zu ersetzen. Nur enge Fühlung zwischen dem Verbraucher und dem Produzenten durch Vermittlung rühriger gewissenhafter Händler konnte den Ausgleich im Absatz stark begehrter Sorten und Minderqualitäten einspielen. ... Diese Elemente verliehen dem Handel seine Wesenseigentümlichkeiten und wiesen ihm seine Stellung in der deutschen Volkswirtschaft an: umlaufendes Kapital, Land- und Menschenkenntnis sowie ausgeprägte Beweglichkeit. Die Schärfe und Anwendbarkeit dieser „Waffen" dürfte auch seinen Befreiungskampf entscheiden."

### 3. Der Zwischenhandel (Großhandel zweiter Hand).

**Die Angriffe gegen den Zwischenhandel als unnötigem Verteilergliede.**

Gegen den Zwischenhandel als Unterstufe des Großhandels[70]) richteten sich als Sammelbegriff die meisten Angriffe der Öffentlichkeit. Sie betrachtete ihn als ein Instrument der Verteuerung der Ware, das keine Gegenleistung vollzog. Dabei wirkt es jedoch mit seiner Tätigkeit nicht ohne weiteres verteuernd; denn wenn es schon während der Vorkriegszeit für geringe Bruchwertanteile des Warenwertes tätig sein konnte, die dem Umfang seiner Arbeitsleistung und des zu tragenden Kreditrisikos entsprachen, so ist heute im Kohlenhandel jede Möglichkeit preiserhöhenden Kettenhandels, dessen Anwendung vornehmlich während der Kriegszeit sein Ansehen erschüttert hatte, unterbunden. Heute gibt es bei festgesetzten Syndikatspreisen einen in ihnen enthaltenen Gesamtnutzen, in den sich als feste Größe alle Stufen des Großhandels zu teilen haben. Das ist eine Auswirkung des KWG., das den verlängernden Weg über mehrere Großhandelsglieder durch Bestimmung eines festen Nutzens bewußt ausschalten wollte.[71])

**Rechtfertigung der Zwischenhandelstätigkeit.**

Wenn auch der mittlere Großhandel seine Zwischenhandelsgeschäfte verhältnismäßig frei betreibt, ja wenn sie auch häufig die einzige Betätigungsmöglichkeit noch s e l b s t ä n d i g

---

[70]) Es können sich, wie schon erwähnt, zwei, zuweilen gar drei Zwischenhandelsfirmen hintereinanderschalten.

[71]) Vergl. T h o e n e s a. a. O. S. 160 ff.

arbeitender Großhandelsfirmen sind, so ist dieses Feld doch immer mehr eingeengt worden. Gewiß, der Handel zweiter Hand ist da nicht zu entbehren, wo es um die Aufschließung neuer Marktgebiete geht, wo in meist schwer und von zentralen Stellen unmöglich zu bearbeitenden provinzlichen Bezirken gute Lokalkenntnis vorhanden sein muß und die Unübersichtlichkeit des Marktes individuelle Arbeit verlangt.[72]) Auf dem persönlichen Konnex beruht hier die ganze Verbindung, aus der heraus auch die Kreditwürdigkeit des Kunden besser als von einem größeren Verkaufs-„Büro" abgeschätzt werden kann. Aber der Produktionshandel hat auch im Vordringen vor dieser Stufe nicht haltgemacht, obwohl eine kleinere, bewegliche Unternehmungseinheit den Erfordernissen dieses Marktgebietes offensichtlich besser zu entsprechen vermag.[73]) Das meint auch folgende (in ihrer Formulierung vielleicht etwas übersteigerte) Sachverständigenaussage anläßlich der Wirtschaftsenquete 1928:[74])

> „Von alters her steckt der Handel in den letzten Kanälen der Verbraucherkreise in seinem Bezirk und kennt deren Bedürfnisse, während eine große Gesellschaft den eigentlichen Handel in diesem Sinne doch nicht durchführen kann, weil sie sich gezwungenermaßen auf die Produktion einstellen muß und von Syndikat und Zechen dauernd die Forderung hört: Die Syndikatsgesellschaften sind für uns da und nicht für den Konsumenten. Dadurch wird es den Syndikatshandelsgesellschaften unmöglich gemacht, zwischen dem Syndikat und den Konsumenten zu vermitteln und auszugleichen, also die Arbeit zu leisten, von der der Handel zum Teil seine volkswirtschaftliche Berechtigung entlehnt."

Die stark gegliederten Bedarfszüge des weiträumigen Marktes verlangen eben seine stufenmäßige Erfassung und damit den Einbau auch des Zwischenhandels in die Marktorganisation. Daß ihm seine Tätigkeit auch vom Großhandel ersten Grades bestritten wird, geht aus der (auf S. 55/56 unter „Die Stufenteilung" gebrachten) Arbeitsgliederung hervor: Die „Erste

---

72) Nach Borchardt und Piltz a. a. O. S. 443.
73) Vergl. auf S. 149 ff.: „Das Vordringen des Produktionshandels".
74) „Die deutsche Kohlenwirtschaft" S. 426.

Hand" liefert auch an die Abnehmer der „Zweiten Hand", weil sie den gesamten Großhandelsnutzen unter möglichster Vermeidung von Kettengeschäften gerne alleine aufzehren möchte.[73])

### 4. Der Einzelhandel.

#### Die Erfordernisse und die Bedeutung der Einzelhandelstätigkeit.

Der Einzelhandel befaßt sich mit dem Absatz an den letzten Verbraucher (soweit dieser nicht als „Großverbraucher" vom Großhandel bedient wird). Die Aufgaben, die der ihm vorgeschaltete Großhandel im großen auszuüben hat, hat er im kleinen zu erfüllen.

> „Stets soll er dem Bedarf folgen, sachlich, räumlich und zeitlich.
>
> Sachlich, indem er sich allen Wandlungen des Bedarfs anschmiegt, sie möglichst frühzeitig erkennt und alsbald nach rückwärts, zur Industrie hin, signalisiert.
>
> Räumlich, indem er zur Weckung und Befriedigung des Bedarfs dem Abnehmer folgt bis in die Vorstadt, auf das Dorf...
>
> Zeitlich, indem er zur Deckung des Bedarfs den Einkauf, die Lagerung und Konservierung, den Verkauf der Ware übernimmt, vielfach noch den Transport zum Abnehmer, und zur Aufgabe der Finanzierung des Umschlages bis zum Verkaufe tritt oft noch die Finanzierung weit über diesen Augenblick hinaus, die Gewährung von Verbraucherkredit in vielen Formen."[75])

Möglichst umfangreiche und nach Sorten mannigfaltige Lagerung (wodurch infolge übermäßiger Grusbildung große Verluste entstehen können), sorgfältige Behandlung der Ware und ihre Zufuhr in den Haushalt, monatelange, in der Zeit der Arbeitslosigkeit zuweilen jahrelange Kreditgewährung, Verkauf an die Bevölkerung in kleinsten und allerkleinsten Mengen,[76]) das sind die wesentlichsten Merkmale der Arbeitsweise des Lokalhandels der Kohle. Da er in innigster Fühlung-

[75]) Hirsch a a O S. 222.

[76]) „Ausklingeln" oder „Ausrufen" der Kohle, in den überspitzten und heute verbotenen Formen des Tütenverkaufs und des Hausierhandels (vergl. die Abhandlungen über das Generalabkommen am Schluß dieser Arbeit)

nahme mit den Kleinverbrauchern steht, die ihm ihre Klagen über Bedienungsschwierigkeiten vortragen, muß er auch über eine gewisse technische Ausbildung und Erfahrung verfügen. In einer Eingabe des Centralverbandes [77]) heißt es:

„Der Kohlenhandel ist Sachwalter der Industrie- und Hausbrandverbraucher. Er preist ihnen nicht wahllos irgendeinen Brennstoff an, sondern er liefert ihnen die Kohle, die sich vorteilhaft in ihrem Betrieb oder in ihren Öfen verwenden läßt. Er ist also nicht allein Händler, sondern auch Feuerungstechniker und Wärmewirtschaftler,[78]) er ist nicht ausschließlich Kaufmann, sondern, wenn auch im eigensten Interesse, ein uneigennütziger Berater seiner Abnehmer."

**Die Unterteilung des Kohleneinzelhandels.**

Über die reinlich geschiedene Bezeichnung der Geschäfte des Kohleneinzelhandels besteht (vornehmlich in Praktikerkreisen, die den sonst anerkannten Begriff „Einzelhandel" noch nicht viel gebrauchen) keine einheitliche Auffassung. Borchardt [79]) weist innerhalb des Oberbegriffs des Kohleneinzelhandels dem

1. Kohlenplatzhandel als dem Handel an einem Orte, an einem „Platze", das Erkennungsmerkmal des Lager-„Platzes" (Lagerraumes) zu. Man hat ihm also jene Firmen zuzurechnen, die einen Lagerplatz besitzen und aus seinem Bestand überwiegend an Verbraucher in der nächsten Umgebung liefern. Da er der eigentliche Vertreter der unteren Verteilerstufe ist, wird der Einzelhandel gewöhnlich ganz allgemein mit „Platzhandel" bezeichnet. Er kann, in größerem Umfange betrieben, als Mischform zwischen Groß- und Einzelhandel auftreten, wenn nämlich seine Einrichtungen sowohl auf den Kohlenvertrieb nach weiteren Entfernungen [80]) als auf das Groß- und Klein-

---

[77]) Eingabe des Centralverbandes vom 5. September 1929, nach seinem Geschäftsbericht vom Jahre 1929/30 S. 17 ff.

[78]) Der Überschwang der Ausdrucksweise mag interessenpolitischer Zielsetzung entsprechen.

[79]) Borchardt und Piltz a. a. O. S. 443.

[80]) Waggonweiser „Streckenhandel". An sich gehört aber das „Streckengeschäft" in das Gebiet des Großhandels (vergl. „Die deutsche Kohlenwirtschaft" S. 96).

geschäft am eigenen Wohnsitz eingestellt sind. Von ihm ist zu scheiden der

2. Kleinhandel, der keine Lagerplatzeinrichtungen besitzt, sondern als „Ladenhandel" geringe Mengen von Ware in Kellerlokalitäten unterhält. Von seiner zwangsmäßigen Eingliederung in den Platzhandel (Erteilung der Kohlenhändlerkarte nur beim Vorhandensein von Lagerräumen) handelt der Abschnitt F III 3: „Inhalt und Wesen des Generalabkommens" (S. 185). Von der Bezeichnung „Kleinhandel" ist man heute abgekommen.

3. Der Hausierhandel (Straßenhandel) als Gewerbe im Umherziehen war in

> „solchen Gebieten stark entwickelt, in denen vor den Toren großer Städte Produktionsgebiete gelagert sind. Hier besteht für den Hausierhändler die Möglichkeit, direkt zur Grube zu fahren, um dann, nachdem er die Ware in die Stadt transportiert hat, dieselbe durch Ausrufen dem Verbraucher anzubieten." [79])

Aber darüber hinaus in fast allen größeren Städten kaufte der Hausierhandel lediglich die täglich benötigten Mengen vom Platzhandel, um sie ohne Lagerhaltung in kleinen Posten an die Kundschaft abzusetzen. Man bemüht sich heute, wie schon erwähnt, ihn aus Gründen der Erstarkung des eigentlichen Kohleneinzelhandels auszumerzen.

4. Der Landabsatzhandel ist eine ähnliche Sonderform des Kohlenhandels, der mit den Zechen enge zusammenarbeitet und deren nächste Umgebung (selbst mit einfachsten Zufuhrmitteln) versorgt. Der Verkauf von Brennstoffen im „Landabsatz" gewinnt durch das Anwachsen des Autofuhrwesens große Bedeutung, namentlich im mitteldeutschen Wirtschaftsraum, denn infolge der räumlichen Zerstreutheit der Gruben ist das mit Lastfuhrzeugen zu beliefernde Versorgungsgebiet besonders umfangreich. Das erhöht natürlich Aktionsfähigkeit und Verdienstmöglichkeiten des mitteldeutschen Braunkohlenreviers, dessen Werke daher den Landabsatzhandel unterstützen bezw. durch Unterfirmen oder gar selbst betreiben.[81])

---

[81]) Vergl. hierzu die Ausführungen über die Transportverbundenheit der Kohlenwirtschaft im folgenden Abschnitt 5 (S. 66).

Dadurch wird wiederum der ansässige Kohlenhandel in seinem Wirkungsbereich geschädigt. Die Bemühungen um eine Lösung dieses Interessenstreits sind bis heute nur zum Teil erfolgreich gewesen (z. B. im Bereich des OBS.).[82])

## 5. Die Hilfsgewerbe.

### Die Ausgliederung des Kohlenhandels aus der Vermischung mit anderen Gewerben.

Die Branchenteilung hat dazu geführt, daß die Kohlenhändler in starkem Maße reine Kohlenhandelsgeschäfte ausüben.[83]) Wo in großen Verbrauchszentren, in zugänglicheren Absatzgebieten die Marktbeobachtung schon eines einzigen Artikels genug Aufmerksamkeit und Werbearbeit erforderte, bildeten sich ausgesprochene Kohlenhandelsfirmen heraus; dort ist die Ausgliederung von Hilfs- und Nebengewerben häufig ganz erfolgt. Damit kommen diesen Firmen alle Vorteile der Spezialisierung zugute: genauere Sachkenntnis verbunden mit pfleglicherer Lagerung und Behandlung der Ware, schärfere Marktbeobachtung und gewöhnlich niedrigere Kosten, da Arbeitskräfte, stehendes Kapital und Fuhrpark (auf einen größeren Abnehmerkreis eingestellt) besser ausgenutzt werden können.

### Die Notwendigkeit der Führung von Hilfsgeschäften.

Wo hingegen, besonders in ländlichen Bezirken mit geringerem Absatz, der aus dem Kohlenverkauf springende Erlös nicht genügt, um den Lebensunterhalt zu sichern, müssen andere Gewerbe als Verdienstquellen hinzutreten, um Arbeitskraft und Zeit auszunutzen und gemeinsam mit dem Kohlenhandel (ohne wesentlichen Mehraufwand und zur Umlegung der allgemeinen Kosten auf eine Mehrzahl von Arbeitsvorgängen) unter einer Firma betrieben zu werden. Größe und Lage des Verkaufsgebietes sind für derartige Verbindungen, die oft auch örtlichem Bedarf entsprechen, bestimmend. Man führt als „Landhändler" den Kohlenhandel zusammen mit landwirtschaftlichen oder Gastwirtsbetrieben, mit Lebensmittel-, Eisen- und Gerätehandel, mit einem Lotteriebüro, mit Autotankstellen usf.

---

[82]) Näher ausgeführt unter F III 3 (S. 185).

[83]) Vergl. hierzu die statistischen Angaben im Abschnitt E III 4 (S. 163 ff.).

„Der katastrophale Rückgang, den der Kohlenhandel in den letzten Jahren erlitten, hatte ... als natürliche Folge, daß ... zahlreiche Kohlenhandlungen, deren Existenzgrundlage sich infolge der Überfüllung des Berufes und der Verminderung des Brennstoffbedarfs bedrohlich verengerte, sich systematisch auf irgendwelchen Nebenerwerb umstellen. So hat die Not der Zeit vielen Kollegen den Gedanken nahegebracht, ihre in erster Linie für den Kohlenvertrieb geschaffenen Lagereinrichtungen beim Vertrieb von Benzol usw., durch Anlage von Tankstellen oder durch Errichtung von Mietgaragen für Kraftwagen usw. gewinnbringend auszugestalten.“ [84])

**Die Transportverbundenheit des Kohleneinzelhandels.**

Ganz besonders macht sich eine starke Transportverbundenheit des Brennstoffhandels geltend. Das Fuhrgeschäft wird fast durchweg von ihm selbst besorgt, und zur Ausnutzung des Fuhrparkes und wegen der Ähnlichkeit der Lagerungsverhältnisse wurde auch der Vertrieb von Baumaterialien mit dem Kohlenhandel verschmolzen. Hier nämlich ergänzen einander der saisonmäßig bedingte Kohlenhandel einerseits und der Baustoffhandel auf der anderen Seite, insofern für den Handel mit Baumaterialien die Hauptarbeit in der Sommerzeit liegt und der Kohlenverkauf vornehmlich als Wintergeschäft betrieben wird. Hirsch [85]) berichtet auch vom süddeutschen Kartoffelaufkauf, der der „Tonnagebilanz“ wegen zugleich noch den Verkauf von Bau- und Brennmaterial übernimmt. Kohlen-, Holz-, Kartoffel-, Baumaterialien- und Düngemittelhandel kommen in dieser Verflechtung namentlich in provinzlichen Gebieten immer wieder vor (während in größeren Städten das Firmenschild „Bau- und Brennmaterialienhandlung“ oft genug nicht mehr als ein dekoratives Schaustück ist, übernommen aus früherer Zeit). Das in diesem Sinne gewerbeverbindende Transportgeschäft erklärt die Tatsache, daß sich im Platzgeschäft bei verstärkter Ausübung des Hilfsgewerbes einerseits Fuhrbetriebe zu Kohlenhandlungen entwickelten, während sich umgekehrt

---

[84]) Emmendörfer, „Rationalisierung im Kohlenhandel“ S. 24, zum folgenden S. 26.

[85]) Hirsch a. a. O. S. 192.

auch Kohlenhandelsgesellschaften zu Transportunternehmungen auswuchsen.

**Das Verkehrswesen, Kohlengroßhandel und Kohlenbergbau.**

Ebenso deutlich werden diese Zusammenhänge im Bereiche vornehmlich jenes Großhandels, der an schiffbaren Flußläufen große Umschlagseinrichtungen geschaffen, Lagerplätze und Transporteinrichtungen gebaut oder sich durch Verbindung mit Reedereifirmen angegliedert hat.[86]) Da die Heranschaffung größter Mengen Kohlen ein Hand-in-Hand-Arbeiten zweier Gewerbe, des Handels und des Verkehrswesens, erforderte, und da die Sicherung rechtzeitiger Belieferung auf billigem Wege in beider Verbindung lag, blieb sie auch nicht aus. Hinzu trat das Erfordernis, große technische Anlagen (Umschlagshäfen, Lagereinrichtungen, Brech- und Siebanlagen; in Mannheim, Mainz, Wesseling, Cosel, Berlin) zur Bewältigung des Umschlages zu erbauen, was größeren Kapitalbedarf hervorrief, den es wiederum nur dann zu decken verlohnte, wenn Kohlen- und Fluß-Frachtgeschäft zur gleichbleibenden Ausnutzung der Umschlagskapazität einander ergänzten. Nicht zuletzt auch dieses Umstandes wegen wurden die rheinischen Zechenreedereien, die also gleichzeitig Reeder und Grubenbesitzer waren,[87]) zu treibenden Kräften bei der Gründung der süddeutschen Großhandelsfirma des RWKS., des ,,Kohlenkontors" (Rheinische Kohlenhandel- und Reedereigesellschaft m. b. H., Mühlheim-Ruhr"), und damit wurden vermittels des eingesetzten Schiffsparkes Produktion, Verkehrswesen und Handelsglied gemeinsam beherrscht und kontrolliert. Ähnliches trifft zu für die Gruppe Friedländer-Fuld beim Vertrieb oberschlesischer Erzeugnisse und für die ,,Vereinigungsgesellschaft" des RBS.[88]) Es fließen hier letzten Endes aus der Nutzung eigenen Schiffsraumes und aus der Tätigkeit eigener Handelsgesellschaften Erlöse an Frachten und Teile der Handelsspannen an den Bergbau selbst zurück.

---

[86]) Vergl die früheren Ausführungen auf S 46. ,,Der Großhandel Die Wichtigkeit seiner Stapelplätze"

[87]) Math Stinnes, Franz Haniel & Co , Bergbau- und Schiffahrts-Aktiengesellschaft vorm. Gebr Kannengießer, Hugo Stinnes.

[88]) Vergl hierzu S. 108 unter ,,Das Rheinische Braunkohlenrevier".

## IV. Der Handelsstand als Erziehungsschule für die unternehmerische Persönlichkeit.

### Die kaufmännisch bildenden Eigenschaften der Handelstätigkeit.

Der Handelsstand ist seit jeher die Geburtsstätte beweglicher Kräfte gewesen, eine Pflanzschule für kaufmännische Erziehung, aus der sich jede Industrie, so manche Verwaltung und alle Riesenunternehmungen einmal ihre Leiter und Mitarbeiter geholt haben. Neben seinem Kapitalbesitz bezeichnet Wiedenfeld [89]) die Kenntnis der Bezugs- und Absatzmöglichkeiten und seine Beweglichkeit als die drei hervorragenden Wesenseigentümlichkeiten, die dem Handel seine überragende Stellung in der Volkswirtschaft zuweisen. Das Abwägen von Möglichkeiten, das Auffinden neuer und besserer Absatzkanäle, das Wagen und Berechnen, Ertragen von Verlusten und Hoffen auf neuen Gewinn bringen einen Menschentypus hervor, der, ausgestattet mit offenem Blick für alles Tatsächliche und geneigt zum verantwortungsbewußten, kühnen Zugriff auf neue Möglichkeiten, pulsierendes Blut in die Adern der Wirtschaft bringt. Die bewegliche Einstellung auf Menschen und Marktlage, die den gewünschten schnellen Überblick über Zusammenhänge und Auswirkungen erst ermöglicht, sind die grundlegenden Vorbedingungen für den wirtschaftlichen Erfolg des händlerischen Unternehmens.

### Die Erziehungsarbeit des Handelsstandes als Voraussetzung einer gesunden Zukunft.

Man klagte bislang über den Mangel an Wirtschaftsführern, und man weiß, daß dieser Mangel zurückzuführen ist auf die großbetriebliche Entwicklung unserer Wirtschaftsgebilde, die dem lernenden Kaufmann die Möglichkeit selbsterzieherischer Arbeit in einem eigenen Aufgabenbereich nehmen. Es fehlt hier der mit sichtbarer Verantwortung ausgestattete Tätigkeitskreis, in dem sich die werdenden Fähigkeiten zur Entfaltung und Anerkennung bringen können. Die Heranbildung einer Vielzahl verantwortungsfreudiger Wirtschafter ist daher vorwiegend im Klein-

---

[89]) Wiedenfeld in „Kohlenhandelsfragen", Festschrift für Ludwig Wiesinger S. 10 ff.,

oder Mittelbetriebe möglich, und sie ist vor allem in den Wirtschaftsgliedern des Handelswesens erreichbar.

In den Wirtschaftsuntersuchungen[90]) heißt es wörtlich:

> „Als notwendige Bedingung für eine gesunde Zukunft sehe ich den freien Handel an. Es fehlt den Zechenhandelsgesellschaften die Beweglichkeit ... und leider fehlt vollständig der Nachwuchs im Handel, speziell in der Verkaufstätigkeit, und das vermisse ich sehr. Je mehr Syndikate wir bekommen und je syndikatsmäßiger die Sache bis zum letzten Verbraucher aufgezogen wird, desto mehr wird man in Deutschland diese Klasse von Menschen, die uns mit großgemacht haben, auf die Dauer vermissen."

## V. Die Kartellierung im Kohlenhandel.

**Handelskartelle als Abwehrformen.**

Es ist verständlich, daß es der Handel als Nährboden mittelständlerischen Volkstums, als ein Arbeitszweig von so großer wirtschaftlicher Bedeutung als seine dringendste Aufgabe ansehen mußte, Formen organisatorischer Zusammenfassung zu schaffen seit ihm der (im zweiten Hauptteil näher darzustellende) Kampf um seine Anerkennung, um die Einordnung in das Gesamtleben einer großen Volksgemeinschaft und um die Reinhaltung seiner eigenen Reihen aufgezwungen wurde.

> „Ihren äußeren Ausdruck fand diese Entwicklung darin, daß sich die Organisationen desselben Wirtschaftszweiges zu Gruppen und schließlich zu Spitzenverbänden zusammenschlossen." [91])

Kartelle, als die sich die Verbände des Kohlenhandels darstellen, brauchen also durchaus nicht nur Zusammenschlüsse von Interessenten zum Zwecke der Ausschaltung des Wettbewerbs zu sein, sondern können ebenso Schutzgemeinschaften zum Zwecke der Abwehr wirtschaftlicher Gegenkräfte bilden.

---

[90]) Sachverständigenaussage in „Die deutsche Kohlenwirtschaft" S. 408.

[91]) Nach „Deutscher Groß-, Ein- und Ausfuhrhandel" Heft 9 vom 15. Mai 1935, aus einer Rede von Professor Dr. Lüer: „Bedeutung und Organisation des Handels" S. 114.

**Die Kartellpolitik als Zentralproblem des Kohlenhandels.**

Für den Kohlenhandel besitzt das Kartellproblem einen ganz besonderen Sinn, ja die Kartellpolitik ist heute zum Zentralproblem insbesondere des Kohlen p l a t z handels geworden. Das hängt mit der wirtschafts- und rechtsgeschichtlichen Entwicklung der deutschen Kohlenwirtschaft zusammen.[92] Wenn Überflutung des Berufsstandes und andauernder Verfall der Ortshandelspreise (nachdem bereits Produktion und Großhandel in Zusammenschlüssen vereinigt waren) im Platzhandel der V o r k r i e g s z e i t zur Preis- und Bedingungskartellierung getrieben hatten,[93] so führten die Vorschriften des KWG. und seiner Nebenbestimmungen [94] den Einzelhandel der N a c h k r i e g s z e i t in eine so eigenartige Sonderstellung innerhalb des Bereichs des deutschen Handelswesens hinein, daß sein Weg von der freizügigen zur gebundenen Marktversorgung als vorwiegend von diesen Gesetzesbestimmungen veranlaßt bezeichnet werden kann:

Berufsüberfüllung und Preisniedergang,
die gegen Gesetze und Verordnungen bekämpft werden mußten,[95]

Ausschaltungsbestrebungen, Verdrängungs- und Einengungsversuche,
vom Gesetzgeber, von der Produktion und von der Verbraucherschaft veranlaßt,[96]

drängten die Organisationen des Kohlenhandels notwendig auf das Gebiet des Kartellwesens,[97] d. h. zum Abschluß von Verträgen und Vereinbarungen, die nach dem Wortlaut des Gesetzestextes

---

[92]) Vergl. S. 142: „Die Handelsgestaltung".

[93]) Vergl. S. 112: „Die Ausweitung des Berufsstandes".

[94]) Sie setzten den Einkaufspreis = Reichskohlenverbandspreis für den Platzhandel fest, überließen aber den Verkaufspreis dem freien Marktverkehr (vergl. S. 142: „Die Handelsgestaltung").

[95]) Vergl. S. 143: „Marktlage und Preisbemessung"
und S. 163: „Die Überfüllung des Berufsstandes".

[96]) Vergl. S. 149: „Das Vordringen des Produktionshandels"
und S. 156: „Das Vordringen der Verbrauchervereinigungen".

[97]) Vergl. S. 167: „Die Handelskartellierung".

„Verpflichtungen über die Handhabung ... des Absatzes, die Anwendung von Geschäftsbedingungen, die Art der Preisfestsetzung oder die Forderung von Preisen enthalten." [98])

Unter diese Bestimmung ist der „Ausschließlichkeitsvertrag" des Kohlenhandels (Arbeitsgemeinschaftsverträge zwischen Groß- und Einzelhandel) einzuordnen, ein zu besonderer Bedeutung gelangtes Organisationsmittel marktregelnder Art, das in den Nachkriegsjahren zu territorialer Bedeutung gelangt war, aber erst durch den Abschluß des Generalabkommens praktische Geltung für das ganze deutsche Reichsgebiet [99]) erhalten konnte, nachdem sich seit der nationalsozialistischen Machtübernahme eine geänderte Rechtsauffassung von der volkswirtschaftlichen Wichtigkeit solcher Marktregelungen durchgesetzt hatte.

[98]) § 1 der Kartellverordnung vom 2. November 1923.

[99]) Vergl. S. 181: „Das Generalabkommen als Marktregel des Kohlenhandels".

# Zweiter Hauptteil.

# Die Entwicklungsgeschichte des Kohlenhandels.

**Die Aufgabe.**

Während der erste Teil dieser Arbeit das Ziel verfolgt, als grundlegende Einführung die Wesenserscheinungen des deutschen Kohlenmarktes, Aufgaben und Aufbau des Kohlenbergbaus und des Kohlenhandels in ihren wechselseitigen Auswirkungen in den Rahmen des eigentlichen (auf das Marktgeschehen einer längeren Zeitspanne abgestellten) Problems einzuspannen, setzt jetzt die entwicklungsgeschichtliche Betrachtung, die Darstellung und Beurteilung jener Vorgänge ein, die den Weg des Kohlenhandels von der freizügigen zur gebundenen Marktversorgung kennzeichnen.

## C. Die Wirtschaft der Vorkriegszeit.

### I. Die freie Wirtschaft.

#### 1. Die Grundsätze dieser Wirtschaftsform.

**Die liberalistische Wirtschaftsauffassung.**

Der Beginn der industriellen Entwicklung des Bergbaus fällt in die Zeit der liberalistischen Wirtschaftsgestaltung. Sie wird beherrscht von dem Grundgedanken, daß die freie Initiative des in seiner Bestimmungsgewalt unbeschränkten Unternehmers der wertvollste Grundteil wirtschaftlicher Entwicklung überhaupt ist. Der Unternehmer hat, bei Voranstellung des Grundsatzes freien Eigentums, die volle Verantwortung für sein Handeln zu übernehmen, gekennzeichnet in der kapitalistischen Wirtschaftsrechnung, die seine freie Entschlußkraft ausschließlich (und ohne Rücksicht auf andere, staatliche und völkische Gesichtspunkte) dem einen Ziele des Gewinnstrebens unterordnet. Das aber ist nur ohne staatliche Bevormundung durchzuführen. Daher gestand man dem Staate allein die sich aus dem spöttischen und programmatischen Begriff „Nachtwächterstaat" ergebenden Aufgaben zu. Währungsfragen und Rechtsüberwachung, politische und polizeiliche Sicherheitsmaßnahmen durfte und sollte er lösen und regeln, aber nicht in bewußter Wirtschaftsführung, sondern in überwachender Funktion. Im Leben der Wirtschaft selbst hatte sich der Staat als lediglich politisches Organ jeglichen Eingriffes in seinen Ablauf zu enthalten.

Von diesem freien Spiel der Kräfte erwartete man die Lösung der wirtschaftlichen Spannungsmomente, erhoffte man wohlfeile und umfassende Bedarfsbefriedigung, ein Optimum an volkswirtschaftlicher Nützlichkeit. Aus dem ethischen Imperativ des Individuums, aus dem freien Wettbewerb aller Einzelkräfte gegeneinander sollte sich zum Segen der gesamten Menschheit die wirtschaftliche „Harmonie" ergeben. Die Lehre von der Harmonie, die als mechanische Folge der läuternden und auslesenden Wirtschaftskämpfe endlich eintreten mußte, ist die Grundlage der ganzen liberalistischen Auffassung, die sich in der Form der freien individualistischen Wirtschaft verkörpert. Ihr Ausfluß ist die Gewerbefreiheit, ausgedrückt in den Grundsätzen:

Freiheit der Betriebsart,
Freiheit der Betriebsführung,
Freiheit der Betriebsgröße,
Freiheit des Betriebsortes.[100])

**Der Handel als Anhänger der Freihandelsschule.**

> „Laisser faire, laisser aller, das wählte wohl kein Wirtschaftszweig so entschieden als seinen Lebensgrundsatz wie eben der ... Handel." [100])

Er war immer einer der eifrigsten Verfechter dieser Freihandelslehre, denn er ist nicht (wie beispielsweise die Landwirtschaft und der Bergbau selbst) in seiner Arbeit an den Boden gebunden, ist daher jeder konservativen Wirtschaftsgesinnung abgeneigt. Er konnte ja auch einer der größten Nutznießer der starken Konjunkturschwankungen sein, die in jeder ungesteuerten

---

[100]) Nach Hirsch a. a. O. S. 293/94.

Wirtschaft entstehen, und wenn die notleidende Industrie, gefesselt an ihren unverrückbaren Standort und an ihre gewaltigen Anlagemassen, in Krisenzeiten um deren Bestand bangte und kämpfte, war es dem beweglicheren Handelsstande (wenn auch nicht restlos, so doch) schon leichter möglich,

> „das im Betrieb tätige Kapital bei einem Konjunkturwechsel aus einer unvorteilhaft gewordenen Branche in einen noch zukunftsreichen Zweig hinüberzuwerfen".[101])

Die ganze Wirtschaftsentwicklung liberalistischer Prägung mußte dem anpassungsfähigen Handelsstand ganz besonders zusagen.

## 2. Die Entwicklung des Handels.

### Die Frühzeit der kohlenwirtschaftlichen Entwicklung.

Der Kohlenhandel ist um mehrere Jahrhunderte jünger als der Bergbau selbst,[102]) denn erst seit sich der Bergbau in industrieller Betriebsform abspielt, hat er sich zum Absatz seiner Erzeugnisse der Vermittlung eines eigentlichen Kohlenhandels bedient. Ganz anfänglich lagen die Förderung und der geringe Absatz der Kohle in einer Hand, da die in der wirtschaftlichen Frühzeit ausschließlich im Tagebau (und vorwiegend nur schurfweise) erfolgende Gewinnung ihren Absatz im engsten Umkreise hatte. Er erfolgte, soweit es das Straßenwesen jener Zeit erlaubte, per Achse. Mit der Erschließung auch tiefer gelegener Kohlenfelder und mit wachsender Fördermenge stieg aber gleichzeitig die Arbeitsbeanspruchung des Betriebsleiters, der der Erzeugungsweise und der Erhaltung des im Werke angelegten Kapitals erhöhte Aufmerksamkeit zuwenden mußte. Schon in der Zeit der Manufakturen, in der die Suche nach geeigneten Brennmaterialien bei gleichzeitigem Zurücktreten des Holzes als Feuerungsmittel begann, entwickelte sich ganz natürlich eine arbeitsteilige Tätigkeit. Der Brennstoffabsatz wurde zum Aufgabengebiet eines besonderen Erwerbsstandes, des Kohlenhandels. Sein Wirken spielte sich zunächst in engbegrenzten Bezirken ab, zumal damals noch eine starke Wirtschaftsreglementierung vorherrschte. Das Zunftwesen regelte

---

[101]) W i e d e n f e l d , Das Rheinisch-Westfälische Kohlensyndikat S. 3.

[102]) Vergl. „Aufgaben des Platzhandels" in Deutsche Kohlen-Zeitung 1931 Heft 10 S. 241.

den Kohlenvertrieb durch „Kohleninnungen", man erteilte Verkaufsrechte und bestimmte Preistaxen.

**Das Freiwerden der Kohlenwirtschaft von behördlicher Aufsicht.**

Wenn auch die nun folgende Frühzeit der bergbaulichen Industrieentwicklung unter dem Zeichen des Direktionsprinzips stand, das den gesamten Betriebsablauf (Zulassung, Förderung, Absatz der Gruben, Bemessung der Preise usf.) der Aufsicht königlicher Bergbehörden unterstellte und damit auch das Handelsgeschäft in seiner Bewegungsfreiheit zunächst hemmte, so war der Handel doch schon ein unentbehrliches Zwischenglied im Verteilungsprozeß der Kohlenwirtschaft geworden. Er hatte an entfernteren Orten Kohlenlager eingerichtet und sich Speditionsabteilungen angegliedert, war also bereits zu einer wichtigen Verteilerorganisation geworden. Nachdem dann das sogenannte Miteigentümergesetz von 1851 der öffentlichen Hand wesentliche Aufsichtsrechte nahm und das „Allgemeine Berggesetz für die Preußischen Staaten" von 1865[103]) das Recht der Nutzungsfreiheit bergwirtschaftlichen Besitzes verkündete, gelangte die Gewerbefreiheit im Wirtschaftsbereich des Bergbaus und damit auch des Kohlenhandels zur vollsten Entfaltung. Der diesen Kräften innewohnende Drang zur freien Wirtschaft wird von Dobretsberger[104]) in vier Entwicklungsreihen zusammengefaßt:

„1. das beschleunigte Wachstum der Bevölkerung innerhalb des Wirtschaftsgebietes,
2. die Erschließung neuer Absatzgebiete durch Entdeckungen und Kolonisation,
3. das Aufkommen einer neuen oder die Verbesserung der bisherigen Produktionstechnik,
4. die Ansammlung großer Mengen flüssigen Kapitals, welches nach Anlage sucht".

**Der Beginn der industriellen Wirtschaftsentwicklung.**

Diese Entwicklungsreihen stellen in ihrem Wirken auch und besonders für den Kohlenmarkt die Ansatzpunkte freier Wirtschaftsführung dar:

103) Bezw. das „Allgemeine Berggesetz für das Königreich Sachsen" von 1868 usw.

104) Dobretsberger, Freie oder gebundene Wirtschaft? S. 144.

Mit dem Fortschritt der Technik, mit der Nutzbarmachung der Spannungskraft des Wasserdampfes (die der Kohle steigende Verwertungsmöglichkeiten brachte), als das deutsche Hinterland durch den Ausbau der Landstraßen, des Schiffahrts- und des Eisenbahnverkehrsnetzes aufgeschlossen wurde und ein stärker technisierter Abbau der Kohle einsetzte, kurz: mit dem Anbruch des Zeitalters der modernen industriellen Entwicklung, wuchs auch der Aufgabenkreis des Kohlenhandels, denn in gleichem stürmischen Aufschwung stieg die Zahl der Kohlenverbraucher, erweiterte sich das Verkaufsgebiet.[105]) Jetzt hatte der Produzent seine Aufmerksamkeit und Arbeitskraft ausschließlich der technischen Gestaltung des Produktionsprozesses zu widmen, er konnte sie nicht selbst noch dem Aufsuchen von Absatzkanälen zuwenden. Die Marktbeobachtung und die sich im Handelsleben herausbildenden Verkehrsformen und Kenntnisse verlangten zudem besondere Fertigkeiten. So hat denn die Entwicklung des Kohlenhandels mit der der Produktion gleichen Schritt gehalten; er war der geeignete Mittler zwischen Lieferer und Verbraucher, hatte Verkaufsgelegenheiten auch in ferneren Absatzgebieten aufzuspüren, fand und ebnete mit Hilfe seiner Menschenkenntnis und Kenntnis der Ware und Verwendungsmöglichkeiten erst die Wege für den Verbrauch und setzte im Absatz seine Finanzkraft ein. Die Schwierigkeit und Vielgestaltigkeit seiner Aufgaben kommt in dem Umfange zum Ausdruck, in dem auch er sich in Arbeitsteilung aufzugliedern beginnt.[106])

### 3. Die marktwirtschaftliche Tätigkeit des Handels.

#### Die Ausnutzung und Überspitzung von Konjunkturausschlägen.

Die Tätigkeit des Kohlenhandels jener Zeit trug ein wesentliches Merkmal in sich: das der Ausnutzung und Verschärfung von Konjunkturschwankungen. Das unruhige Element jeder freien Handelsbetätigung (das nun einmal zur spekulativen Ausnutzung der Gefälle wirtschaftlicher Hoch- und Tiefdruckgebiete neigt) hat die ohnehin schon vorhandene Unruhe des Marktes häufig noch verschärft. Denn je nach der Konjunktur sucht das erhöhte Angebot, wenn der Wirtschaftslauf bergab

---

[105]) Vergl. S. 111 ff: „Der Einzelhandel" Abschnitt a (S. 112).
[106]) Vergl. S. 54 ff.: „Die Stufenteilung" und folgende Abschnitte.

geht, an allen Stellen gleichzeitig und zu jedem Preise seinen Absatz und die gestiegene Nachfrage, wenn es bergauf geht, ihre Deckung. Das verschärft die aus dem Konjunkturwandel zu erklärenden Preistendenzen in ihrem Ablauf zusätzlich, führt nach unten zu übermäßigem Preisdruck oder nach oben zur Preisüberhöhung. Zwar sind diese Ursachen und Wirkungen, die in ihrer Folge der Konjunkturlehre und der Praxis wohl bekannt sind, nicht allein der Arbeit des Handels zuzuschreiben. Aber die ungesunden Konjunkturüberspitzungen freier Marktgestaltung abzubremsen hat sich der Handel nie bemüht; ja, man hätte das als einen störenden und mit dem Grundgedanken freier Wirtschaft nicht zu vereinbarenden Eingriff betrachtet. Beherrscht von dem treibenden Gedanken einer materialistischen Weltanschauung, suchte man nur seine spekulativen Gewinnabsichten durchzusetzen. Die gesunde Spekulation ist zwar ein Mittel, sich gegen Preisschwankungen zu sichern. Hier aber wird sie umgekehrt zum nicht immer erwünschten Organ der Preisbildung schlechthin, so daß beim Einkauf weder auf betriebliche Erfordernisse der Produktion noch sonst auf den notwendigen Marktausgleich Rücksicht genommen wird. Man wählte den günstigsten Zeitpunkt für den Einkauf und wartete die Belebungswelle der Wirtschaft ab, um durch Verkauf der Ware zu hohen Preisen eine möglichst hohe Gewinnspanne zu erzielen, an der die Produktion keinen Anteil hatte. Ihr Streben zur Erlangung einigermaßen ausreichender oder gleichmäßiger Erlöse fand keine Berücksichtigung, denn der Großhandel fing alle Preisgewinne ab. Wie er es einerseits verstanden hatte, das Angebot der einen Zeche gegen jenes der anderen auszuspielen und damit die Preise auf niedrigste Stufen (und die Erzeuger auf die Grenzen des Ertrages) zu drücken, so konnte er auch die Preisbildung der Verbraucherseite in seinem Interesse beeinflussen. Er nutzte die Kaufkraft der Käufer voll aus und vermochte die Spanne zwischen Einkaufs- und Verkaufspreis auf diese Weise oft genug zu erweitern. Ein Teil der damaligen Kapitalkraft des Großhandels mag hier seine Wurzel haben.

Gelegentlich ging dieses Treiben unter Ausnutzung der wirtschaftlichen Vormachtstellung des kapitalkräftigen Handels bis zur gewissenlosen Ausbeutung der Zechenbesitzer. Großhändler verkauften zu niedrigeren als der Marktlage angepaßten Preisen, ohne Ware zu besitzen (denn da die Kohle des Charakters der Einzelware entbehrt und vertretbar ist, eignet sie sich zum Objekt des Terminhandels). Der durch zahlreiche ähnliche Scheinverkäufe eintretende Preisrückgang ermöglichte ihnen kurze Zeit darauf das Geschäft, weil der Werksbesitzer im Preise nachgeben mußte, während sich der Handel andernfalls durch bestimmte Lieferungsvorbehalte („soweit noch auf Lager" oder „nach bester Lieferungsfähigkeit") seiner Verpflichtungen entledigte.[108]) Das mit seiner Tätigkeit verbundene Wagnis übertrug er zuweilen durch den Einbau von Baisseklauseln auf die Industrie, indem er zwar zu festen Preisen abschloß, aber die Grube im Falle einer Marktpreissenkung zur Lieferung zum niedrigeren Preise verpflichtete, andernfalls er vom Vertrage zurücktreten durfte. Eine entsprechende Hausseklausel durchzusetzen war dann den Zechenlieferanten bei dem herrschenden Übergewicht des Handels, der nun auf der Einhaltung seiner Verträge bestand, nicht möglich.

Wiedenfeld [109]) bringt alle diese Eigenheiten des damaligen Marktverkehrs folgendermaßen zum Ausdruck:

> „Der selbständige Handel, der nicht für die Verzinsung stehenden Kapitals aufzukommen hat, der mit seinen ewig flüssigen Mitteln den Marktschwankungen ungleich leichter als die Industrie sich anpaßt, wird natürlich für die Abnahme der industriellen Produkte in der Depressionszeit spröde; er läßt sich suchen und bitten, drückt den Fabrikanten ungünstige Lieferungsverträge auf, die sie auf lange Zeit und womöglich noch in neuen Aufschwungsperioden binden, und bringt ihnen auch im persönlichen Verkehr die Abhängigkeit zum Bewußtsein, läßt sie „antichambrieren"."

**Rechtfertigung der Handelstätigkeit aus der liberalistischen Wirtschaftsanschauung.**

Es darf hier jedoch keinesfalls der Eindruck entstehen, als hätten wir es durchweg mit einer Händlerkategorie zu tun, die ihr höchstes Ziel in der möglichen Niederhaltung der Wünsche

---

[108]) Nach Ebner a. a. O. S. 68.

[109]) Wiedenfeld, Gewerbepolitik S. 95.

von Produktions- und Verbraucherseite (selbst unter Beobachtung ehrenrühriger Handelsmethoden) sah, nur um die eigene Gewinnspanne auf Kosten anderer zu vergrößern. Üble Auswüchse können nicht verallgemeinert werden. Zwar haben erst die Produzentenzusammenschlüsse und ihre Verkaufsverbände zur Gesundung des Absatzgeschäftes verholfen, indem sie den Handel seiner Funktion als Preisbildner des Marktes enthoben.[110]) Solange aber nicht ein Kartell die Gewähr für absolut gleichmäßige Behandlung a l l e r Abnehmer bot (ein Vorteil der Kartellierung, der hier besonders deutlich wird), also dafür, daß k e i n e r von ihnen Sondervorteile eingeräumt erhielt, mußte ja jeder Händler befürchten, von seinem Konkurrenten, der möglicherweise günstigere Bezugsbedingungen ausgehandelt hatte, aus dem Rennen geworfen zu werden. Und schließlich übte der Handel, indem er die Preise drückte, nur Grundsätze aus, die der damaligen Wirtschaftsanschauung entsprachen; er war

> „nur ausübender Diener für das Ziel des freien Wettbewerbs. Kraft Gewerbefreiheit s o l l t e ja dem billigsten Arbeiter der Absatz zufallen; im freien Spiel der Kräfte s o l l t e n die tragfähigsten Schultern für alle Risiken in Erzeugung und Absatz herausgefunden werden. ... Der Handel war eines der wichtigsten Organe des freien Wettbewerbs. Er wirkte am eifrigsten dabei mit, daß die Mindertauglichen ausgeschieden, die technisch leistungsfähigsten Herstellerbetriebe immer stärker ausgebaut wurden." [111])

Daß er diese Tätigkeit aus eigennützigen Interessen versah, dient höchstens der Rechtfertigung der liberalistischen Idee. Seine Arbeit beleuchtet eine Wirtschaftsgesinnung, die den rücksichtslosen Preiskampf selbst mit dem Ziele der wirtschaftlichen Vernichtung des Gegners als mit den Grundsätzen kaufmännischer Ehrbarkeit durchaus vereinbar und jeder Förderung für würdig betrachtete. Sie war eine im Wettbewerb geradezu unerläßliche Wirtschaftstaktik.

So ist das Wirken des Handels jener Zeit, das nach unserer heutigen Auffassung zu schnell verurteilt zu werden droht,

---

[110]) Ausgeführt im folgenden Abschnitt II 2: „Produktion und Großhandel im Marktkampf" (S. 81 ff.).

[111]) H i r s c h a. a. O. S. 197.

rein anschauungsbedingt, aus dem Geist des Liberalismus zu begreifen. In den häßlichen und störenden Nebenwirkungen des Spiels der freien Kräfte sah man nur unvermeidliche „Friktionen", Reibungsschwierigkeiten, die die Aufwärtsentwicklung leider mitbringe, die aber bei der Erreichung des vorschwebenden Gesamtideals kein wirklich aufhaltendes Hindernis sein konnten.

## II. Die freiwillig gebundene Syndikatswirtschaft.

### 1. Die Grundsätze dieser Wirtschaftsform.

#### Die Undurchführbarkeit der liberalistischen Wirtschaftsweise.

Die ungebundene privatwirtschaftliche Betätigung brachte, wie schon angedeutet, schwerwiegende volkswirtschaftliche Schäden mit sich. Es zeigte sich, daß die Theorie den Belangen der Praxis keineswegs entsprach. Als sich in der zweiten Hälfte des 19. Jahrhunderts die Grundsätze völliger Konkurrenzfreiheit durchgesetzt und gesetzgeberischen Niederschlag gefunden hatten,[112]) trat eine starke Vermehrung von Bergwerksunternehmungen ein, die ihre Erzeugnisse auf den Markt warfen, was zu einer ungeheuerlichen und ruinösen Preisschleuderei führte. Es konnte sich hier nicht lediglich um „Reibungsschwierigkeiten" im Sinne der liberalistischen Lehre handeln, es mußten die Grundsätze der freien Gewerbetätigkeit selbst falsch sein, und mochten sie noch so sehr den Fortschritt der Wirtschaft in verhältnismäßig kurzer Zeit vorangetragen haben.

So ist

> „das Prinzip des schrankenlosen Wettbewerbs ... in der Wirklichkeit nicht gar lange von ausschlaggebender Kraft gewesen ...; allenthalben machten sich Bestrebungen geltend, an die Stelle des allgemeinen Wettbewerbes die Betonung gemeinsamer Interessen zu setzen, die Wirtschaftsanarchie des Kampfes durch die Organisation der Kämpfer abzulösen." [113])

Die Unternehmer fanden sich in Schutzgebilden zusammen und beseitigten damit die nach der Theorie des Liberalismus

---

[112]) Gewerbeordnung für das Deutsche Reich von 1869, die Berggesetze von 1865 und 1868 (vergl. die Abhandlung auf S. 74 ff: „Die Entwicklung des Handels").

[113]) Wiedenfeld, Das Rheinisch-Westfälische Kohlensyndikat S. 1.

notwendige Vielheit der Wirtschaftsindividuen durch die Einheit des Kartells. Indem man sich in Gruppen verband, schloß man den freien Leistungswettbewerb aus und setzte an seine Stelle den Konkurrenzkampf großer Unternehmergruppen um die wirtschaftliche Macht. Der Liberalismus brachte es also gar nicht fertig, sein Prinzip auf die Dauer aufrechtzuerhalten, und wenn diese Wirtschaftsepoche auch noch seinen Namen trägt, so fiel mit jener grundsätzlichen Einschränkung doch das Grundprinzip jeder Gewerbefreiheit, die absolute Konkurrenzfreiheit.

> „Wo das Kartell siegt, hört die Gewerbefreiheit auf. Die Kräfte welche sie voraussetzt, der Mechanismus, durch welchen sie wirkt, hier existieren und wirken sie nicht mehr." [114])

## 2. Produktion und Großhandel im Marktkampf.

### a) Die Steinkohlenbezirke.

**Das RWKS. als Beispiel kohlenwirtschaftlicher Syndizierung.**

Das RWKS. als älteste und bedeutendste deutsche Verkaufseinrichtung der Kohlenproduktion hat seit seinem Bestehen stärkeren Einfluß auf seine Mitglieder und die ganze Marktgestaltung genommen als alle anderen deutschen Syndikate. Es ist daher erklärlich, daß es in seinem Zusammenhang mit dem Markt als Beispiel kohlenwirtschaftlicher Syndizierung überhaupt angesehen wird, und zwar mit Hinblick auf seine Machterrungenschaften

über die Produktion selbst,
    die ihre Förderung über die Zentrale zu leiten hat,

über den Handel,
    der nur noch in bestimmtem Maße unabhängig ist, und

über die Verbraucherschaft,
    die der Markteinwirkung geschlossener Produzenten- und Händlerkartelle keine geschlossene Front gegenüberzustellen vermochte.

Dabei ist in dieser auf die Handelsentwicklung abgestellten Abhandlung das Erstarken jedes industriellen Kartells aus-

---

[114]) Schmoller in den „Verhandlungen des Vereins für Sozialpolitik" 1894 S. 234 (angeführt bei Kestner a. a. O S. 297).

schließlich von dem Gesichtspunkt der Einwirkung auf Leben und Gestaltung des Handelswesens her zu sehen. Da dessen Aufgaben gerade mit dem Auftreten des RWKS. andere, eingeengt oder nach anderer Richtung verlagert werden, soll hier in erster Linie auf den Handel der Ruhrkohle eingegangen werden. Die Verhältnisse und Entwicklungen in anderen Bergbaurevieren richten sich teilweise nach diesem Beispiele. Soweit sie sich grundlegend von der Rheinland-Westfalens unterscheiden, werden sie besonders dargestellt.

## § 1. Das Rheinisch-Westfälische Steinkohlenrevier.

### aa) Die Kartellierung der Produktion.

**Die Einflußnahme des Industriekartells auf den Marktablauf.**

Durch die rücksichtslose Verwirklichung seiner Spekulationsüberlegungen erschütterte der Großhandel selbst die Grundlagen seiner freien Tätigkeit, denn nun setzte die private Kartellierung der Produzenten seiner freizügigen Preisbestimmbarkeit eine feste Grenze und versetzte damit seiner wirtschaftlichen Vorherrschaft den Todesstoß. Früher ließ der Produzent im Feilschen, selbst wenn er sich ganz des Gewinnes begab, immer noch etwas nach; er mußte ja befürchten, den Auftrag sonst an seine Nachbarzeche zu verlieren. Jetzt war den im Kartell vereinigten Werksbesitzern (von denen jeder allein nur einen kleinen Sektor des riesigen Marktablaufes übersehen konnte) durch ihr Gemeinschaftskontor ein ausschließlicher Überblick über die gesamte Marktlage gegeben, und diese Marktübersicht hat ihnen erst eigentlich ihre Machtstellung im Wirtschaftsleben verschafft.[115]) Früher hatte vorwiegend der Handel sowohl die Mengen ausgeglichen als auch die Werte, indem er Preisforderung und Preisbildung übernahm. Jetzt zieht das Syndikat Mengen- und Preisausgleich in seinen Bereich. Zunächst als Abwehrmaßnahme gegen den die Betriebe gefährdenden Wirtschaftsdruck gedacht („Kartelle sind Kinder der Not“, sagte Kleinwächter) [116]), wird das Kartell zum Mittel der Marktkontrolle, zum Instrument der Marktorganisation, bei dem alle Fäden der Geschäftstätigkeit zusammenlaufen. Das RWKS. war von Anfang an ein Kartell höherer Ordnung nach Liefmannscher Ausdrucksweise, denn es übernahm alle Aufgaben der unternehmerischen Tätigkeit, die bisher im Hinblick auf die Marktgestaltung von jedem Werksmitglied unabhängig ausgeübt worden waren.

**Der Beginn der Zusammenschlußbewegung.**

Die ersten, durch freie Übereinkunft entstandenen Unternehmerzusammenschlüsse konnten eine grundlegende Besserung der geschilderten Marktverhältnisse nicht erzielen. Das lag im wesentlichen daran, daß Förderkonventionen und Preisvereinbarungen,[117] meist jede für sich angewandt (und vor allem nur bezirkliche Verbandszentralen des ganzen Revieres bildend), unabhängig voneinander in Wirksamkeit gesetzt wurden. Sie

> „haben stets nur ein paar Monate ihre Aufgabe einigermaßen erfüllt und sind dann entweder unter dem Interessengegensatz ihrer Mitglieder wieder zusammengebrochen — so die Förderkonventionen — oder aber zu zwanglosen Besprechungsvereinigungen geworden.“ [117]

Völliges Zusammengehen und einheitliche Durchführung der Verkaufstätigkeit wurden zunächst nicht erreicht. Ein erster straffer Zusammenschluß kam erst nach fast zwanzigjähriger Vorarbeit und unter erneut verstärktem Wirtschaftsdruck 1 8 9 3 durch Bildung des „Rheinisch - Westfälischen Kohlen-Syndikates“, mit dem das „Koks-Syndikat“ und der „Briketverkaufsverein“ in den nächsten Jahren verschmolzen wurden, zustande, und damit trat auch bald eine sichtliche Besserung des Kohlenmarktes ein.[118]

---

[115]) Vergl. S. 29 ff.: „Das Kartell als Wirtschaftsmacht“.

[116]) Nach Braeuer a. a. O. S. 6.

[117]) Wiedenfeld, Das Rheinisch-Westfälische Kohlensyndikat S. 18.

[118]) 1 8 9 3 betrug die Förderung

| | | |
|---|---|---|
| der Syndikatszechen . . . . | 33,5 | Millionen Tonnen = 87,7 v. H. |
| der freien Zechen . . . . . . | 4,7 | Millionen Tonnen = 12,3 v. H. |
| Nach den Erneuerungsverhandhandlungen von 1 9 0 5 stand einer Förderung der Syndikatszechen von . . . . . . . . . | 65 | Millionen Tonnen = 98,7 v. H. |
| eine Produktion der freien Zechen von nur . . . . . . . . . . . | 850 | Tausend Tonnen = 1,3 v. H. |

gegenüber. Praktisch waren also alle Gruben des Ruhrrevieres erfaßt.

**Die Festlegung der Bezugsbedingungen.**

Schon die Festigung und Verschärfung der gesamten Bezugsbedingungen, die die Produktion nun vorschrieb, nahmen dem Kohlenhandel einen Teil seiner Machtmittel aus der Hand. Vornehmlich die Verkürzung und die geforderte strikte Einhaltung der Zahlungsfristen verlangte von ihm ohne besondere Gegenleistung die Hergabe seiner Kapitalmacht, sogar ein Mehr von Kapital, das nur die kapitalkräftigsten Firmen aufbringen konnten, um damit allerdings ihren Konkurrenten gegenüber die Vorzugsstellung unmittelbarer Belieferung durch das Syndikat vorauszuhaben. Das brachte eine Scheidung in den Großhandel zwischen finanzkräftigen Handelsunternehmungen und kapitalschwachen, die in die Klasse des Handels zweiter Hand versetzt wurden. Das ist, wie wir schon sahen,[119]) nicht eine Unterscheidung der betreffenden Handelsfirmen nach Rang und Wert, sondern eine Klassifizierung nach der Reihenfolge der Belieferung. Der Handel zweiten Grades wurde keineswegs überflüssig oder weniger wertvoll, denn den Riesengebilden, zu denen sich im Laufe der Syndikatsentwicklung die Verkaufskontore als Handelsfirmen erster Hand auswuchsen, war es unmöglich, die Verbraucheransprüche weiter Marktgebiete zu befriedigen, ohne sich unterverteilender Zwischenglieder zu bedienen.[119])

Hinzu trat durch den Einbau der Exklusivklausel in die Lieferungsbedingungen für den Handel die Verpflichtung, nur vom RWKS. zu kaufen, trat die mengenmäßige Zuweisung bestimmter Kohlensorten und die Anweisung fest umgrenzter Verkaufsbezirke.[120]) (Vergl. im folgenden Absatz bb den Unterabschnitt „Die Bildung der Kohlenhandelsgesellschaften".)

Bald aber trat ganz allgemein eine Lockerung solcher Bestimmungen ein, um dem Kohlenhandel nicht die Möglichkeit

---

[119]) Vergl. die Ausführungen B III 1—3 (S. 54 ff.).

[120]) Diese Verpflichtungen waren vom Großhandel auch dem mit ihm arbeitenden Einzelhandel aufzuerlegen. Durch den Ausbau eines ganzen Systems von Exklusivverträgen und durch die Einräumung von Treurabatten und Umsatzprämien, die den Kunden am ausschließlichen Bezuge interessieren sollen, bemühte und bemüht sich das Syndikat, eine verläßliche Abnehmergefolgschaft heranzuziehen und künstlich „unbestrittenes" Gebiet zu schaffen, das sich allerdings nur durch die Schärfe des Wettbewerbs vom „bestrittenen" Gebiet unterscheidet.

sortenmäßiger Ergänzung seines Lagers im Interesse dienstbereiter Bedarfsversorgung und eigener Wettbewerbsfähigkeit zu verbauen; man ging dazu über,

„neben Ruhrkohle in angemessenem, den bestehenden Verhältnissen entsprechendem Umfange auch andere Erzeugnisse zu liefern, die in den verschiedenen Gebieten seit alters her Fuß gefaßt haben und von den Händlern auf jeden Fall vertrieben werden".[121])

**Die Übernahme der Preisbildung durch Festsetzung von Einkaufs- und Verkaufspreisen.**

Im freien Wettbewerb wird Erhöhung des Umsatzes (zu Lasten anderer Wettbewerber) vorwiegend durch Preisunterbietung erzielt. Die Bestimmung der Einkaufspreise durch das Syndikat als hauptsächlichste Zwecksetzung der Kartellformen [122]) und die Zuweisung fester Absatzbezirke an den Großhandel brachten daher eine Begrenzung des Händlerumsatzes mit sich, der nicht mehr ohne weiteres und wesentlich gesteigert werden konnte. Das genügte aber dem Syndikat noch nicht, denn die Sicherung der Marktstetigkeit konnte so lange nicht wirksam werden, als sich nicht seine Preispolitik bis in die letzten Absatzstufen hinein (bis zum letzten Käufer der Kohle) durchsetzte. So griff es auch in die bisher ausschließlich interne Sphäre des Handels, in die Gewinnbildung ein, indem Handelsspannen (die der Großhandel höchstens nehmen darf und mindestens nehmen muß) festgesetzt wurden, so daß sich die Preise in der Praxis als Festpreise auswirkten: der berühmte Handelskammerparagraph der Syndikatsbedingungen (der zwar nur selten praktische Bedeutung erlangt hat) [123]) bestellte die Handelskammer Essen zum Schiedsrichter, der bei Anrufung festzustellen hatte, ob die Höhe des erzielten Händlergewinnes im Mißverhältnis stand zur aufgewandten Arbeitsleistung und zum eingegangenen Risiko. Denn da der Handel am Einkauf nichts mehr verdienen konnte, stellte sich (besonders in der Hochkonjunktur 1899/1900) die Neigung

---

[121]) Schilson, Der deutsche Kohlenhandel und seine Organisation S. 110.

[122]) Vergl. A, insbesondere Abschnitt 2: „Die Preispolitik der Kartelle" (S. 30 ff.).

[123]) Nach Wiedenfeld, Das Rheinisch-Westfälische Kohlensyndikat S. 30.

ein, sich am Verkauf schadlos zu halten. Das RBS. — um das hier vorwegzunehmen — verpflichtete seine Großhändler geradezu auf die Einhaltung von Festpreisen, die beim Weiterverkauf zu verlangen waren.[124])

So wurde des Handels bisherige Freizügigkeit auch nach der Verkaufsseite hin beschnitten, die Möglichkeit preislicher Wettkämpfe war auf ein Mindestmaß herabgedrückt. Die nächste Folge war die nun einsetzende ungefähre Kurvengleichheit im Verlauf der Durchschnittswerte der geförderten Kohle einerseits und der Handelspreise auf der anderen Seite.[125])

### bb) Die Kartellierung des Großhandels.

**Die Auswirkung der Produktionskartellierung auf die Arbeit des Großhandels.**

Die Kosten der geschilderten Entwicklung hat der Handel zu tragen gehabt. Während noch in den achtziger Jahren jeder Händler die Kohle von jeder Grube und in jeder verfügbaren Sorte nach irgendeinem von ihm bearbeiteten Gebiet beziehen konnte, also völlige Wahlfreiheit besaß, war er durch die festgefügte Ordnung der Produzenten von der Einkaufsseite her in seinen Maßnahmen auf ganz bestimmte Bezugsvorschriften festgelegt. Wollte er weiter Kohle beziehen, mußte er sich auf den Abschluß der Exklusivverträge einlassen, mußte sich auf den Absatz in einem fest umrissenen Bezirk beschränken lassen und war auch hinsichtlich der Einkaufszeit an die Bedingungen des Syndikates gebunden (sie schreiben vor: gleichmäßige Abnahme der Mengen während aller Monate eines Jahres).[126]) War bisher der Handel umworben und die Produktion der schwächere Marktteil, so hatten sich die Verhältnisse jetzt gerade umgekehrt:

> „Der Handel war zum Diener der Produktionsinteressen gemacht worden.“ [123])

---

[124]) Es gab Verkaufspreise für Händler (am niedrigsten), für Genossenschaften, für Private (am höchsten). Vergl. Franken, Die Einwirkung des Rheinischen Braunkohlensyndikates usf. S. 18.

[125]) Vergl. Schilson a. a. O. S. 98/99; Poßberg, Die neuere Entwicklung des Kohlenmarktes in Deutschland S. 37.

[126]) Vergl. S. 45 ff.: „Der Mengenausgleich“.

**Sicherung direkter Belieferung von Großverbrauchern durch die Produktion.**

Doch damit nicht genug, begann sich die Produktion in den Handelsprozeß selbst einzuschalten. Zunächst einmal schloß sie die großen Kunden (Großverbraucher) [127]) vom Geschäftsverkehr mit dem Handel aus und sicherte sich deren unmittelbare Belieferung; doch handelte es sich dabei im Grunde genommen nur um eine Fortsetzung des Geltungskampfes, den die zu Großbetrieben entwickelten Werke im Bereiche des Wirtschaftlichen mit dem Handel schon vorher aufgenommen hatten.

„Die Kartelle der Kohlenwirtschaft, d. h. die Syndikate, haben meist nur Entwicklungsrichtungen verstärkt, die der Großbetrieb als solcher zu beschreiten längst willens gewesen war. Wenn beispielsweise das RWKS. den Kohlenhandel vom Verkehr mit den Großverbrauchern ausschloß, so wurde damit nur formal ausgesprochen, was praktisch für die überwiegend große Mehrzahl dieser Bezüge schon lange vorher bestand." [128])

**Die Bestrebungen der Produktion zur Kontrollierung des Absatzverlaufes.**

Gleichzeitig begann aber der Aufsaugungsprozeß wesentlicher Zweige des Kohlenhandels durch die Produktion, denn zur Beherrschung des Marktes bedurfte man eines Handelsinstrumentes, das nach eigenen Direktiven geleitet werden konnte. Gewiß, Handel mußte sein, aber es mußte und sollte vom Standpunkt der Industrie nicht selbständiger Handel sein. Hinzu traten gewinnpolitische Momente, die es der Produktion erstrebenswert erscheinen ließen, selbst für den Absatz der Erzeugnisse zu sorgen; man wollte teilhaben an den Gewinnen, die dem bisher selbständigen Handel aus seiner Tätigkeit zugeflossen waren.[129]) So wurden durch Gründung eigener oder zusammenfassende Übernahme bereits bestehender selbständiger Händlerfirmen abhängige Verkaufsorganisationen geschaffen, und damit nahm der Eingriff der Produktion in die Sphäre des Handels, die Bewegung zur Verdrängung der selbständigen Händlerschaft, ihren Anfang.

---

[127]) Vergl. die Aufgliederung des Geschäftsverkehrs im Großhandel, angeführt unter B III 1 (S. 54) „Die Stufenteilung".

[128]) Borchardt und Piltz a. a. O. S. 442.

[129]) Vergl. auch S. 149 ff.: „Das Vordringen des Produktionshandels".

**Die Notwendigkeit der Kartellierung im Großhandel.**

Dem kamen die nun einsetzenden Kartellorganisationen des Großhandels selbst entgegen, denn die Zusammenschlußbewegung der Produktion hatte zwar den Schleuderwettbewerb aus den eigenen Reihen genommen, ihn jedoch im Kreise des Handels belassen.[130]) Ja, man kann sagen, daß er heftiger aufblühte als je, denn die Jagd nach dem Absatz nahm mit dem Bekanntwerden des Planes, ein Händlerkartell zu errichten, in dem jeder Großhändler nach Maßgabe seines bisherigen Absatzes zu beteiligen war, immer schärfere Formen an. Man hoffte auf Grund gestiegener Umsätze höhere Quoten zugebilligt zu erhalten. Das trieb die Verkaufspreise bei feststehenden Einkaufspreisen weiter in die Tiefe und machte den Großhandel zu einem verlustbringenden Geschäft, so daß auch hier aus dem Wirtschaftsdrucke heraus die ganze Entwicklung zur Kartellierung trieb.

**Die Beteiligung der Produktion an den Handelskartellen.**

Hierbei sah sich das Syndikat genötigt, mitzuhelfen und aus machtorganisatorischen Gründen sich zu beteiligen. Kartellierung im Handel mußte ja die von ihm ersehnte Stabilisierung des Marktes bringen. Die Mitwirkung des Syndikates nun nahm man in Handelskreisen gerne entgegen, weil dann die Vorzüge sicheren Auskommens und regelmäßiger Lieferung auch in knappen Zeiten winkten. Gewiß begab man sich dabei nicht nur des letzten Restes seiner persönlichen Handelsfreiheit, sondern weitestgehend in die Hände der Produktion. Denn da das RWKS. an der Gründung und der Geschäftstätigkeit der Kartellorganisationen führenden Anteil nahm, handelte es sich um keine reinen Gegenkartelle des Handels, die wenigstens ihre berufsständische Selbständigkeit im Kampf gegen die Produktion hätten wahren können. Aber schließlich blieb ja dem Handel, der keine einheitliche Führung hatte, kein anderer Ausweg, als sich der geschlossenen Front der Produktionsgemeinschaft und ihren Bedingungen zu fügen (da sich auf den fest umgrenzten Kohlevorkommen innerhalb Deutschlands überall Besitzermonopole herausgebildet hatten, die durch Neu-

[130]) Es war schon im vorigen Absatz aa gesagt worden, daß die Bemühungen um eine Fixierung auch des Verkaufspreises (Handelskammerparagraph!) wenig praktischen Erfolg hatten.

aufschlüsse, durch genügende Heranholung von Ersatzmengen aus Außenseiterbezirken oder aus dem Auslande vom Handel nicht gesprengt werden konnten).

**Die Bildung der Kohlenhandelsgesellschaften.**

So gab es keinen langen Kampf. Durch die schon erfolgte Zuweisung bestimmter Arbeitsgebiete an die Großhändler war die Kartellierung des Handels vorbereitet. Die selbständigen Großfirmen dieser Verkaufsbezirke, die über einen bestimmten Mindestumsatz verfügten, schlossen sich zu Vertriebsgesellschaften zusammen und verzichteten auf jede eigene Großhandelstätigkeit.

> „Meine Firma, die in Hamburg mit 42000 Tonnen an der Ruhr beteiligt war, hat sich ... ganz auf das Platzgeschäft beschränken müssen." [131]

Man verlieh den großen Verbänden, die an die Stelle der Händler traten:

Glückauf, Kohlenhandelsgesellschaft m. b. H., Kassel
für das Revier Kassel, 1896,

Westfalia Kohlenhandelsgesellschaft m. b. H., Hannover
für das Revier Hannover, Braunschweig, 1896,

Deutsche Kohlenhandelsgesellschaft m. b. H., Bremen
für das Revier Oldenburg, Bremen, 1897,

Rheinische Kohlen- und Reedereigesellschaft m. b. H., Mühlheim-Ruhr (das sogenannte „Kohlenkontor", jetzt in Mannheim)
für Süddeutschland, 1903,

usw.

das Alleinverkaufsrecht für die Erzeugnisse der Ruhr in ihrem Verkaufsbezirk, so daß sie als einzige Händler erster Hand ein Verkaufsmonopol besitzen. Kleinere Handelsfirmen, die bei Gründung der „Untersyndikate" wegen zu geringer Anteilsmengen nicht aufgenommen wurden oder die strengen Abnahmebedingungen nicht erfüllen konnten, sind zu Zwischenhändlern geworden (soweit sie nicht, was zum Teil zulässig war, ihre

[131]) „Die deutsche Kohlenwirtschaft" S. 438, Sachv. Wiesinger; ähnlich bei Wiedenfeld, Das Rheinisch-Westfälische Kohlensyndikat S. 33.

Mengen zur Erreichung der Aufnahmegrenze zusammenlegten). Sie haben eine weitere Schmälerung ihres Arbeitsumfanges erfahren müssen dadurch, daß für die Jahresbezüge größerer Abnehmer eine bestimmte Tonnengrenze (z. B. 2400 Tonnen) festgesetzt wurde: Verbraucher, die sie überschreiten, dürfen vom Handel zweiten Grades nicht beliefert werden, sondern ausschließlich von den großen „Kohlenhandelsgesellschaften".

**Vorzüge und Nachteile der industriewirtschaftlichen Handelsbeeinflussung.**

Das Syndikat hat sich in den Handelskartellen genügenden wirtschaftlichen Einfluß verschafft. Seine Vertreter haben Sitze in Aufsichtsrat und Vorstand, und auf Grund bestimmter Vorkaufsrechte beim Freiwerden von Anteilen ist sein Quotenanteil immer mehr gewachsen, so daß jener des freien Handels, der besonders in der Nachkriegszeit in völlige Abhängigkeit von den Zechen geriet, ganz unbedeutend wurde. (Seit 1924 ist überhaupt nur noch die Produktion Mitglied dieser Gesellschaften.)

So stellten die unter syndikatlicher Obhut und dessen kapitalmäßiger Beteiligung entstandenen Gebietskartelle des vereinigten Großhandels schon während der Vorkriegszeit ihrer ganzen Natur nach nichts anderes als Organe und Tochtergesellschaften des RWKS. und seiner Mitglieder dar, sind zu reinen Zweckverbänden der Industrie geworden, die ihre geschäftliche Tätigkeit überwacht und nach eigenem Willen lenkt. Das ganze Absatzgebiet der Ruhrkohle wurde mit einem dichten Netz solcher Verkaufs- und Zentralstellen überzogen. Schon 1906 schrieb Bonikowsky: [132])

> „Die Aufgabe, die das Kohlensyndikat sich für seine Absatzpolitik und die Regelung seines Verhältnisses zum Handel gesteckt hat — sich in dem Handel eine Institution zu schaffen, die eine unbedingte Gewähr für dauernde gleichmäßige Abnahme und Erfüllung der eingegangenen Verpflichtungen unter gleichzeitiger Übernahme des vollen Risikos und aller Lasten des Betriebes bietet, dabei aber dem Syndikat einen durchaus maßgebenden Einfluß auf die Gestaltung der Handelsverkaufspreise und Verkaufsbedingungen gestattet und ihm die völlige Beherrschung

[132]) Bonikowsky a. a. O. S. 255 ff.

des Kohlenmarktes bis in die Kreise des Kleinhändlers hinein ermöglicht —, ist durch die Bildung der Kohlenhandelsgesellschaften restlos gelöst."

Heute ist vom eigentlichen „Handel" in diesen Gesellschaften nichts mehr übriggeblieben.

Gewiß ist die Bedeutung des selbständigen Handels durch diese wesentliche Umgestaltung der gesamten Marktlage geringer geworden. Fast ist er zu einem „Hilfsgewerbe" der Produktion geworden. Aber das Bild der Güterübertragung gewann zweifellos an Straffheit der Marktführung, die eine zweckmäßige und ausgleichende Gestaltung der volkswirtschaftlichen Versorgungsregelung zur Folge hat. Wenn das Syndikat, im Bewußtsein der hohen Aufgabe, die ihm damit zufällt, seinen Absatz bis in die letzten Kanäle hinein lenken und kontrollieren kann, unterbleiben ungesunde Marktschwankungen innerhalb der Kohlenwirtschaft und damit der gesamten Wirtschaft, und eine Kritik der gegenwärtigen Verhältnisse wird nur auf das Maß abzustellen sein, in dem man, über jede Notwendigkeit hinaus, in die gesunde Handelssphäre eingriff. Inwieweit das geschah, und inwieweit die Sicherung der Marktruhe auch auf andere Weise, die dem Handel sein Lebensrecht nicht so wesentlich beschneidet, erreicht werden kann, darüber soll noch geurteilt werden.[133])

### cc) Die Auswirkungen der Kartellbetätigung auf den freien Handelsstand.

**Ablehnende Kritik aus dem Handelsstande.**

Eine Umwälzung von wirtschaftlich so einschneidender Bedeutung erzeugte natürlich für den Handel zahllose Härten, die zur Verstärkung der gegen die Syndikate laut werdenden Vorwürfe wesentlich mithalfen, daß nämlich ihr einseitiges Streben nach Marktbeherrschung zur Knechtung der nachfolgenden Marktstufen sowie des ganzen Marktes führe. Die Einschränkung, die die persönliche Arbeit des Händlers erfuhr, fand schärfste Kritik. Man meinte, daß sie jeden individuellen und intellektuellen Reiz verloren habe, daß der Kaufmann zum

[133]) Vergl. S. 108 ff.: „Das Rheinische Braunkohlenrevier",
S. 149 ff.: „Das Vordringen des Produktionshandels",
S. 185 ff.: „Inhalt und Wesen des Generalabkommens".

Lohnarbeiter, zum Agenten oder bloßen Angestellten der Syndikate herabgedrückt werde, der auf jegliches selbständiges Disponieren und Kalkulieren verzichten müsse.[134])

,Wir sind ... keine Kaufleute mehr, uns ist die freie Bewegungsmöglichkeit vollständig genommen, die Intelligenz des einzelnen ist absolut ausgeschaltet. Der Flinke und der Faule, der Große und der Kleine, sie sind alle gleich." [135])

Ja, die Klagen der Händlerschaft stiegen bis zum verzweifelten

„Ave, Caesar, morituri te salutant!" [136])

**Zustimmende Kritik aus dem Handelsstande.**

Die Entwicklung dagegen hat gezeigt,[137]) daß sich der Handel auf seinem (allerdings räumlich und bedingungsgemäß viel) engeren Arbeitsgebiete auch erfolgreich betätigen kann und von seinen gerühmten Fähigkeiten wenig eingebüßt hat. Die Überlegung, daß es ohne gemeinsame Arbeit mit ihm gar nicht in die allerletzten und feinsten Absatzverzweigungen eindringen könne, hat denn auch das Syndikat bewogen, sich die Zufriedenheit eines treuen Händlerstammes zu sichern.[138]) In der Kartellrundschau vom Jahre 1903 [139]) heißt es vom RWKS., es sei

„offenbar die ganze Organisation des Kohlensyndikates grade zugeschnitten auf die Heranbildung und Unterstützung eines tüchtigen und soliden Zwischenhandels".

Die Erzeugerzusammenschlüsse haben daher nicht nur Bekämpfung erfahren, sondern auch Anerkennung seitens des

---

[134]) Vergl. Bonikowsky a. a. O. S. 6 ff.

[135]) Kartellenquete 1903 S. 220: Aussage des Kohlenhändlers Fulda-Frankfurt a. M.

[136]) Kartellenquete 1903 S. 229: Aussage des Kohlenhändlers Vohwinkel-Düsseldorf.

[137]) Vergl. den folgenden Unterabschnitt: „Das dem ‚freien' Handel verbliebene Tätigkeitsfeld" (S. 94) und die Ausführungen über „Das Rheinische Braunkohlenrevier" (S. 108 ff.).

[138]) Vergl. Sachverständigenaussage anläßlich der Wirtschaftsenquete 1928, S. 47 dieser Arbeit.

[139]) S. 587: Aufsatz Tschierschky, angeführt bei Bonikowsky a. a. O. S. 9.

Handels gefunden, wird ihm doch dadurch bei tätiger Mitarbeit die Möglichkeit ausreichender Gewinnerzielung gesichert. Dem Streben der soliden Händlerschaft, die sich mit vielleicht weniger ertragreichen, aber im Hinblick auf die Existenz ihrer Unternehmung gewisseren Einkünften begnügen und nicht von den Zufälligkeiten des Marktspiels abhängen will, kommt das nur entgegen.

„Was nützt uns", so sagen Fachleute in Abwandlung eines ähnlichen banktechnischen Ausdruckes der Praxis, „auf die Dauer eine Tätigkeit, bei der wir gut essen können, wenn wir dabei nicht gleichzeitig gut schlafen können." Beides läßt sich eben nicht gut vereinbaren. In den „Kontradiktorischen Verhandlungen über deutsche Kartelle" vom Jahre 1903 bringen infolgedessen zahlreiche befragte Kohlenhändler ihre Zufriedenheit mit der Gründung der Syndikate zum Ausdruck.

> „Wir können jetzt den Einkauf allerdings nicht mehr in der Weise vornehmen, daß wir eine Zeche gegen die andere ausspielen; aber ich glaube auch nicht einmal, daß das im Interesse der Kohlenhändler liegt. Das Kohlensyndikat hat stabile Verhältnisse geschaffen, und diese stabilen Verhältnisse sind auch zugunsten des legitimen Kohlenhandels. Die Bewegungsfreiheit ist uns allerdings schließlich genommen; wir sind mehr eine Art Vertreter geworden. Aber damit müssen wir uns eben abfinden und können wir uns auch gut abfinden ... Ich habe im allgemeinen gefunden, daß durch das Kohlensyndikat eine wirkliche Gesundung des Kohlenhandels eingetreten ist." [140])

Noch in den letzten Jahren ist aus Kohlenhandelskreisen neben anderen zustimmenden Urteilen (beispielsweise über die Beschneidung der Wahlfreiheit beim Warenbezug, die anderen Handelszweigen noch zusteht) folgendermaßen geurteilt worden:

> „Wir möchten aber doch behaupten: es ist unter heutigen Verhältnissen ein Segen für die Geschäftsmoral unseres Berufsstandes, daß bei uns jeweils nur wenige Lieferanten in Betracht kommen." [141])

[140]) Kartellenquete 1903 S. 233: Aussage des Kohlenhändlers Bellwinkel-Dortmund; vergl. auch die Begründungen für die Ablehnung der Sozialisierungsabsichten im Bergbau 1919 (S. 126 ff.).

[141]) Emmendörfer a. a. O. S. 19.

**Das dem „freien" Handel verbliebene Tätigkeitsfeld.**

Im bestrittenen Gebiet des Syndikates, in dem seine Preishoheit infolge der Markteinwirkungen anderer Kohlenbezirke durchbrochen wird (vornehmlich in den Küstengebieten, in denen man auf die Konkurrenz der englischen Kohle stößt; in Bezirken größerer Absatzferne; in den großen Verbrauchszentren) hat sich der freie Kohlenhandel eine noch verhältnismäßig selbständige Stellung erhalten können. Hier bedarf das schwerfällige Verkaufsinstitut des Bergbaus der beweglicheren Arbeit des freien Handelsstandes, der daher zum Teil auch zum unmittelbaren Verkehr mit dem Syndikat zugelassen ist. Eine große Vertriebsgesellschaft oder ein Syndikat, die in ihrer Verkaufstätigkeit gehemmt werden durch notwendige Rücksichtnahmen auf Wünsche der Mitgliederwerke, werden zwangsläufig zum „Büro",[142]) ihre kaufmännischen Angestellten nennt man ja auch „Beamte". Sachverständiger Hansen [143]) sagt aus:

> „Die Syndikatshandelsgesellschaften sind zu groß geworden, und wenn sich ein Betrieb, sei es eine Syndikatsgesellschaft oder ein Privatbetrieb, über eine gewisse Grenze ausdehnt, wird er bürokratisch, und dann fehlt die Fühlung zwischen der Kundschaft und dem Produzenten bezw. dem Händler."

Und Hirsch [144]) schreibt:

> „Besser als der Eifer festbesoldeter Angestellter dient auch den stärksten Kartellen im Absatz das Eigeninteresse des mit seinem Gelde interessierten Großhändlers, wo die Ware an zahlreiche kleine und deshalb nicht unbedingt zahlungssichere Abnehmer geht."

Daher ist dem Handel auch im unbestrittenen Gebiet die Kleinarbeit geblieben, ein Tätigkeitsfeld, auf dem er, wenn auch eingeengt, seine eigentliche Fähigkeit als Marktbetreuer zur vollsten Entfaltung bringen kann. Bei der Lieferung von Brennstoffen an kleinere Verbraucher und in ländlich-gewerbliche Gegenden ist er für das Syndikat un-

---

[142]) Es wird auf den Unterabschnitt „Die Beurteilung der Arbeitsweise des Werkshandels" (S. 153 ff.) verwiesen.

[143]) „Die deutsche Kohlenwirtschaft" S. 399.

[144]) Hirsch a. a. O. S. 198.

entbehrlich, das ihm seines Kapitaleinsatzes, seiner Absatzkenntnis und eingespielten Organisation wegen diesen Teil des Mengenausgleiches überläßt.[145]) Überließe man ihm wieder [146]) gar den größeren Teil der Handelsarbeit auch der oberen Stufen, so könnten sich seine heute vom RWKS. eingedämmten Fähigkeiten noch nutzbringender auswirken. Denn die kaufmännischen Charaktereigenschaften: bewegliche Tatkraft, Erfahrung, Kenntnis von Waren, Bedarf und Menschen, waren und sind ausschlaggebend für den wirtschaftlichen Erfolg jeder Handelsarbeit. Es kann bezweifelt werden, ob die Verteilungsgestaltung des RWKS. diesen Entfaltungsmöglichkeiten den ihnen zukommenden Raum gewährt.[147])

## § 2. Das Oberschlesische Steinkohlenrevier.

**Der Unterschied im Aufbau der Absatzorganisationen von RWKS. und OSS.**

Die Zechen Oberschlesiens, in anderer Form miteinander verbunden als das RWKS., treten dem Handel auch anders gegenüber als diese Zechenkoalition. Das einheitliche und festgefügte, von der Industrie selbst beeinflußte Bild der Absatzorganisation, das uns das rheinische Steinkohlensyndikat bietet, findet seinen Gegensatz in den Handelsverhältnissen des oberschlesischen Steinkohlenrevieres.

**Die Entstehung der Oberschlesischen Kohlenkonvention.**

Zwar glichen sich die Entwicklungen beider Marktgebiete in der Frühzeit der bergbaulichen Wirtschaft. Auch hier fehlte die ruhige Linie gesunder Aufwärtsbewegung, so daß man nicht zu stetiger Betriebspolitik kam. Die Preisstellung wurde noch besonders durch die außerordentlich ungünstige Verkehrslage Oberschlesiens zu den Hauptzentren des Verbrauchs, durch tarifarische und politische Grenzen abträglich beeinflußt. Eine erste Konsolidierung erfolgte durch das Zusammengehen mehrerer Werke, die verschiedene

---

[145]) Vergl. hierzu die Ausführungen B III 3 (S. 60 ff.) über den „Zwischenhandel".

[146]) Vergl. die noch folgenden Betrachtungen über den Handelsaufbau des RBS. (S. 108 ff.).

[147]) Vergl. hierzu auch S. 149 ff., S. 181 ff., insbesondere S. 196 ff.

Verkaufsgesellschaften gründeten.[148]) Im Jahre 1895 kam dann die umfassendere Unternehmereinheit durch Bildung der Oberschlesischen Kohlenkonvention zustande. Sie war kein Verkaufssyndikat, sondern ursprünglich nur eine Preiskonvention. Man traf recht lockere Vereinbarungen über Produktionshöhe und Mindestpreise (nur bestimmte Kohlensorten wurden betroffen). Für den Absatz ihrer Erzeugnisse sorgten die Werke auch weiterhin allein.

**Die Gründe der Trennung zwischen Produktions- und Handelsarbeit.**

Daß man den Kohlenverkauf nicht syndizierte, war auf die verschiedenartigen Besitzverhältnisse (starker Anteil des Staates, Mischung großer und kleiner Zechen) und zum großen Teil auf die geringe industrielle und gewerbliche Entwicklung Oberschlesiens zurückzuführen, die das Gesicht des Bergbaus und die Stoßrichtung seines Absatzes in die Ferne, in das Ausland und in das entferntere Deutschland, wandten. Für diesen Wettbewerb glaubte man [149]) auf die Verkaufserfahrungen der alteingesessenen Großhandelsfirmen nicht verzichten zu können. Hinzu trat die geschichtlich-gesellschaftliche Entwicklung des Bergbaus dieser Gegend, die die Entwicklung des Handelsstandes aus der psychologischen Einstellung der vorwiegend aus alteingesessenen Magnaten bestehenden Grubenbesitzer erklärt. Ebner[150]) führt aus, sie seien seit alters her dem Handelsgeschäfte abgeneigt gewesen, und jeder von ihnen habe stets einen Geschäftsmann an Hand gehabt, dem der Vertrieb seiner ganzen Handelsobjekte übertragen war. So sei gleichsam historisch auch die Neigung entstanden, den Absatz der ganzen Kohlenförderung in seine Hand zu legen, um aller Mühe des Handelsgeschäftes enthoben zu sein. Wiedenfeld [151]) sagt:

> „Eben diese Feudalität des oberschlesischen Kohlenbergbaus kann auch allein die eigentümliche Stellung erklären, in welcher der Kohlenhandel zu den Zechen und

---

[148]) Nach Storm, Geschichte der deutschen Kohlenwirtschaft von 1913 bis 1926 S. 7.

[149]) Storm a. a. O. S. 233.

[150]) Ebner a. a. O. S. 80.

[151]) Wiedenfeld, Das Persönliche im modernen Unternehmertum S. 96/97; ähnlich S. 94/95 und in Gewerbepolitik S. 116.

ihrer Konvention steht. ... Keine Rede kann davon sein, daß die Handelsvermittlung, die fast ein Monopol der Firmen Friedländer und Wollheim bildet, auch nur im leisesten angetastet sei; ... Das ist die Reminiszenz aus jener Zeit, da der feudale Großgrundherr zwar zur eigenen Produktion sich wenden konnte, ohne an Ansehen einzubüßen, das Handeln aber — den Kampf um den Absatz und die Preise — anderen Elementen überlassen mußte, die beweglicher waren als er ... Das ist ... ein auffallendes und nur aus der persönlichen Stimmung der Beteiligten zu erklärendes Vorkommnis zu einer Zeit, die sonst im Umsatz der Massenstoffe den selbständigen Handel allenthalben auszuschalten bestrebt ist."

Damit sind in diesem Wirtschaftsbereiche die Aufgabenkreise der Kohlenförderung und des Kohlenabsatzes grundsätzlich getrennt. Es gibt keine verbindende Zentralstelle, und noch heute stellt das OSS. (erst nach dem Kriege zum Syndikat umgestaltet) im wesentlichen ein Produktionskartell, kein eigentliches Verkaufssyndikat dar. Die Mengen laufen nur buchmäßig und statistisch durch ein „Verwaltungsbüro".

**Die Handelsgestaltung des oberschlesischen Steinkohlenbezirkes.**

Das gibt dem Handel größere Entfaltungsmöglichkeiten. Die Gruben schlossen Kaufverträge mit einem oder mehreren Händlern auf der Grundlage der Konventionsbedingungen ab, und nur wenige kleine Zechen verkauften direkt an ihre Abnehmer. Namentlich zwei Großhandelsfirmen waren die Generalabnehmer der Zechen,

Emanuel Friedländer & Co., als Kommissionär,
Caesar Wollheim, als Eigenhändler,

die beide ihren Sitz am Hauptzentrum des oberschlesischen Absatzes, Berlin, haben. Sie besaßen gleichzeitig Reedereien auf der Oder,[152]) so daß sie für den Verkauf oberschlesischer Steinkohle fast ein Monopol hatten und eine eigene Preisbildungsmacht betätigten. Durch Angliederung zahlreicher Untergesellschaften, durch kapitalmäßige Verflechtung mit einer größeren Zahl von Handelsfirmen im ganzen Reiche (zum

---

[152]) Vergl. S. 45 ff.: „Der Mengenausgleich",
S. 65 ff.: „Die Hilfsgewerbe".

größeren Teil Großhändlern, aber auch Platzhändlern) wurde für eigene tragfähige Absatzwege gesorgt. Es liegt der Gedanke nahe, daß diese vom Mammuthandel aufgebaute Absatzorganisation grundsätzlich ja keine andere sei als die, die das RWKS. durchgeführt hat. Gewiß trifft das zum Teil zu. Aber ganz so weit geht dabei die Umwandlung einer Großhandelsfirma in eine „Verkaufsgesellschaft", geht die kapitalmäßige Abhängigkeit und verwaltungstechnische Durchgliederung bei gleichzeitigem Entzug persönlicher Mitbestimmbarkeit nicht. In allen unteren Handelsgliederungen steht die Einsatzbereitschaft von selbstbestimmender Arbeitskraft, von eigenem Kapital und persönlicher Leitung im Vordergrund, denn an seinen Interessengeschäften ist beispielsweise Friedländer nur mit einer „anständigen Minorität" [153]) beteiligt; fast alle Inhaber sind als Leiter in ihren Firmen geblieben. Man beschränkt sie nicht oder wenig und verlangte schon immer das Mitführen auch anderer Brennstoffe.

**Beurteilung der Arbeitsweise des Handels.**

Dieses Arbeitsverhältnis zwischen Produktion und Handel, der seine Tätigkeit auf einen langjährigen und kaufmännisch geschulten Helfer- und Angestelltenstamm stützt, hat sich ausgezeichnet bewährt. Es gab zwei große Handelsgebilde mit starker Stoßrichtung, gestützt durch die hinter ihnen stehenden Produzenten (und auf Grund ihrer Sonderstellung ausgerüstet mit weitem Marktblick), und sicherlich hat die Tatsache, daß damals lediglich diese beiden Firmen den größten Teil des Verkaufsgeschäftes abwickelten, das Ausbleiben der stärksten Mißstände auf dem Markte veranlaßt. Um einen gegenseitigen Preiskampf zu verhindern, verständigten sie sich untereinander. Während im RWKS., dem großen Konkurrenten des OSS., die Produktion den Weg in den Handel gegangen war, bildete sich hier der umgekehrte Vorgang heraus. Zwischen beiden Großhandelsfirmen und den von ihnen vertretenen Gruben kamen Interessengemeinschaften zustande, sie nahmen an den Beratungen der Kohlenkonvention, schließlich vollberechtigt, teil und schufen sich eigenen bedeutenden Felderbesitz, waren also auch als Produzenten gleichberechtigt.

---

[153]) „Die deutsche Kohlenwirtschaft" S. 407.

Natürlich brachte ihnen ihre Machtposition auch zahlreiche Vorwürfe übermäßiger Preissteigerung ein, die aber nach den Kartelluntersuchungen fallengelassen werden mußten. Der Kohlenhandel drückte beiden Firmen seine Zufriedenheit mit ihrer Verkaufspolitik aus.[154])

## § 3. Die übrigen Steinkohlenbezirke.

**Die Arbeitsweise im Absatz der anderen Bezirke.**

Die anderen Steinkohlenbergbaubezirke haben mengenmäßig und für die Entwicklung des Handelsstandes nicht die Bedeutung, die den beiden eben besprochenen gleichkommt. Zum Teil lehnen sie sich in ihrem Aufbau an die Organisation des RWKS. an, haben eigene Absatzorganisationen geschaffen und kontrollieren dadurch den Markt selbst, oder sie überlassen den Absatz ihrer Erzeugnisse dem freien Handel und den von den Werken gebildeten Zechenhandelsgesellschaften.

### aa) Das Saarkohlenrevier.

**Produktionsverhältnisse und Arbeitsweise.**

Der Saarbergbau der Vorkriegszeit war ein heftiger Konkurrent des RWKS. in Süddeutschland. Er bestand nicht aus einer fest in sich geschlossenen Produzentengruppe. sondern der Staat als Hauptbesitzer der Gruben (etwa drei Viertel der Förderung stammten aus seinem Besitz) war Machtfaktor genug, um beherrschenden Einfluß auf die Gestaltung der gesamten Marktverhältnisse seines Absatzgebietes zu nehmen, um durch eigene Preis- und Produktionsregelung auch die Privatbetriebe in die von ihm veranlaßte Marktregelung einzubeziehen. Sein Verkaufsprinzip war das der unmittelbaren Bedienung der Konsumenten. Aber trotzdem er als Eigenverkäufer die Marktlage stets voll ausnutzen und die Handelsspannen zum großen Teile in seine Kassen leiten konnte, waren seine Preise stets höher als die der anderen Reviere. Gewiß, er hatte unter ungünstigeren Abbaubedingungen zu arbeiten. Das ist aber nach allgemeiner Ansicht keine ausreichende Erklärung für diese Tatsache.[155]) Nur die weniger rationelle Arbeitsweise

[154]) Vergl. Kartellenquete 1903 S. 364/65: Aussagen der Sachv. Goecke und Gothein.

[155]) Vergl. Storm a. a. O. S. 48/49.

der Staatsbetriebe im Verhältnis zum Privatbetrieb kann die Ursache dieses Mißverhältnisses gewesen sein, wie es denn überhaupt ganz eigenartig zu beobachten ist,

> „wie wenig der Staatsbetrieb sich der jeweiligen wirtschaftlichen Lage anzupassen wußte, wenn man die viel größere Beweglichkeit der Privatbergbaubetriebe damit vergleicht. ... Die Unterschiede im Staats- und Privatbergbau spielten eine große Rolle in der späteren Sozialisierungsfrage des privaten Bergbaus.[156]) Sie haben ohne Zweifel dazu beigetragen, daß sich die Nationalversammlung zu einer Sozialisierung des Bergbaus nicht entschließen konnte.“ [155])

Gewiß geht ein gut Teil dieser Verhältnisse auf die Tätigkeit der leitenden Persönlichkeiten (im Gegensatz zur privatunternehmerischen Arbeit) zurück; indessen, es wäre unrichtig, den Unterschied allein in den Personen selbst,

> „also darin zu sehen, daß der öffentliche Betrieb von Beamten, von Männern mit Beamtenschulung, und das private Werk von Kaufleuten oder Privattechnikern geführt wird. ...; es gibt auch im Beamtentum Männer genug, die das Maß der braven Mittelmäßigkeit so weit überragen, daß man ihnen die Aufgabe einer wirtschaftlichen Leitung recht wohl anvertrauen dürfte, wenn nur die öffentliche Hand ihnen Bewegungsfreiheit genug lassen könnte, ihre Initiativkraft wirklich zu entfalten — wenn nicht aus dem Wesen der öffentlichen Verwaltung so viele und so starke Hemmungen erwüchsen, daß gerade auf wirtschaftlichem Gebiet die Flügel der Risikofreudigkeit und der Gestaltungslust mit Notwendigkeit selbst bei sehr kräftigen Naturen bald zu erlahmen pflegen. Der Unterschied ist im System, nicht in der Person begründet.“ [157])

Diese Betrachtungen Wiedenfelds führen auch im Kohlenbergbau auf den Weg zurück vom Beamtenbetrieb zum privat geleiteten Unternehmen und sind insoweit auch von Bedeutung für die hier darzustellenden Verhältnisse im Kohlen h a n d e l.

---

[156]) Vergl. darüber die Ausführungen über die Sozialisierungsbestrebungen (S. 126 ff.).

[157]) W i e d e n f e l d , Das Persönliche im modernen Unternehmertum S. 129/30.

Jedenfalls dürfte die Annahme richtig sein, daß die Verkaufsverwaltung der Saargruben (nach ihrer im Jahre 1935 erfolgten Rückgliederung ins Deutsche Reich) nicht zuletzt ähnlicher Erwägungen wegen der des RWKS. angegliedert wurde, statt sie einer staatlichen Behörde zu übertragen.

**Die Handelsgestaltung des Saarbergbaus.**

Die Darstellung des Saarkohlenhandels der Vorkriegszeit ergibt sich aus dem genannten Besitzverhältnis der Kohlengruben. Zunächst [158]) erhielten einzelne Kaufleute vertraglich den ausschließlichen Verkauf in bestimmten abgegrenzten Bezirken zugewiesen. Durch die Einrichtung eines „Handelsbüros" bei der Zentralverwaltung der Saargruben, das den gesamten Verkauf übernahm, wurde aber der berufsmäßige Brennstoffhandel immer mehr ausgeschaltet (der Fiskus bekämpfte seine Steuerzahler!) und geriet damit in völlige Abhängigkeit vom fiskalischen Handelsbüro. Er vermochte zwar, wenn auch vermindert, seine Verbindung mit vielen Abnehmern auf Grund günstigerer Kreditbedingungen und persönlicher Beziehungen noch aufrechtzuerhalten, mußte sich jedoch durch Auferlegung von „Provisionsabkommen" zum Kommissionär machen lassen, dem beim Verkauf Mindestprovisionssätze auf die Vertragspreise vorgeschrieben wurden. Die Bestimmung der Verbraucherpreise lag somit auch hier bei der Produktion. Man ist allgemein der Ansicht, daß die Ausschaltung des Handels, der der ganzen Natur seiner Tätigkeit nach für die Ausdehnung des Marktgebietes sorgt, und die Übernahme der Verkaufsarbeit durch ein eigenes Handelsbüro zur recht beträchtlichen Anteilssenkung des Saarkohlenbergbaus am deutschen Brennstoffabsatz geführt haben.

### bb) Das Aachener Steinkohlenrevier.

**Verhältnis zwischen Produktion und Handel.**

Die Zechen des Aachener Kohlenbezirkes sind untereinander stark vertrustet und befinden sich zum großen Teile im Besitze ausländischer Unternehmer, die die Kohle als Betriebsstoffe ihrer ausländischen Werke über die Grenze brachten. Große Teile der gesamten Produktion gingen unmittelbar an industrielle Unternehmungen.

---

[158]) Nach Schilson a. a. O. S. 146 ff.

Im Inlande verkaufte jede Zeche ihre Produktion selbst. Zu einer besonderen Handelsgestaltung im syndikatlichen Sinne kam es nicht, so daß auch keine besondere Einflußnahme der Produktion auf den freien Handel vorherrschte. Das Handelsgut, das hauptsächlich in den Hausbrand ging, wurde über selbständige Handelsfirmen abgesetzt, und erst in den Nachkriegsjahren gingen die (im ASS. vereinigten) Gruben an die Errichtung eigener Handelsgesellschaften heran (Verkaufsorganisation des Eschweiler Bergwerksvereins), die den weiteren Verkauf dem Großhandel (Zwischenhandel) überließen. Die Zusammenschweißung Aachen-Ruhr der Nachkriegszeit wird später (F II 1) behandelt.

### cc) Das Sächsische Steinkohlenrevier.

**Syndikats- und Handelsverhältnisse.**

Die Zechenbesitzer des Sächsischen Steinkohlenrevieres schlossen sich erstmals im Jahre 1902 zusammen, der Verkauf ihrer Erzeugnisse wurde u. a. durch die Verkaufsverbände der Zwickauer und Lugau-Oelsnitzer Bezirke betrieben. Von ihnen kauften sowohl Großhandel als auch Platzhandel, der also ebenfalls zum unmittelbaren Bezuge berechtigt war. Marktkämpfe zwischen Produktion und Handel, die in fast allen anderen Bezirken ausgefochten wurden, blieben diesem Revier im wesentlichen erspart.

Im Jahre 1920 wurde die gesamte sächsische Steinkohle auf Grund des KWG. im „Sächsischen Steinkohlen-Syndikat" zusammengefaßt. An dem Verhältnis des Bergbaus zum Handel änderte das aber nichts, denn Streckenhandel und Platzhandel kaufen unmittelbar bei ihm, so daß man hier die Unterscheidung von Großhandel erster Hand und Großhandel zweiter Hand nicht kennt.

Das schon in der Vorkriegszeit beginnende Eindringen staatlicher und kommunaler Behörden in den sächsischen Steinkohlenbergbau nahm in der Nachkriegszeit schärfere Formen an. Die Konzentrationsbewegung führte dazu, daß heute etwa drei Viertel des bergbaulichen Besitzes vom sächsischen Staate und den Stadtgemeinden Zwickau und Leipzig kontrolliert werden.

### dd) Das Niedersächsische Steinkohlenrevier.

**Wirtschaftliche Bedeutung und Handelswesen.**

Es spielt im Rahmen dieser Abhandlung und im Vergleich mit anderen Bergbaurevieren eine untergeordnete Rolle. Gut 90 v. H. seiner Erzeugung werden im eigenen, engsten Wirtschaftsbezirk (davon etwa 20 v. H. in Form des Landabsatzes) verkauft. Eine auf diesem Absatz ruhende besondere Handelsgestaltung, die ausdrücklich zu erwähnen wäre, hat sich nicht herausgebildet.

### ee) Das Niederschlesische Steinkohlenrevier.

**Wirtschaftliche Bedeutung und Handelswesen.**

Auch das Niederschlesische Steinkohlenrevier hat nur lokale Bedeutung. Zwar sind kleinere Kohlengebiete für ihren Wirtschaftskreis

> „von ebenso großer oder größerer Wichtigkeit. So ist die wirtschaftliche Existenz des niederschlesischen Bezirkes um Waldenburg mit dem Hauptteil des niederschlesischen Kohlenrevieres auf das engste verknüpft." [159])

Für den Fernversand eignet sich diese Kohle aber nicht,[160]) schon weil sie im Vergleich zu Sorten der Konkurrenzsyndikate weniger gut ist, wie denn die Preis- und Förderkonvention im Jahre 1904 zum wesentlichen Teil entstanden ist, um die bestehenden Förder- und Qualitätsschwierigkeiten in gemeinsamer Interessenarbeit zu mildern. Das heutige Niederschlesische Steinkohlen-Syndikat verfügt über die gesamte Erzeugung, von der die Hauptmenge an Eisenhütten, Blei- und Zinkwerke der Interessengemeinschaften und andere Großverbraucher (Reichsbahn) geliefert wird. Daher ist die niederschlesische Kohle doch wohl nicht so wirtschaftlich selbständig gewesen, daß sich auf ihrem Vertrieb allein Handelsfirmen aufbauen ließen.[161]) Es gibt keine Syndikats- und keine Werkshandelsgesellschaften, der freie Verkauf wird über selbständige Vertreterfirmen bewerkstelligt.

---

[159]) „Die deutsche Kohlenwirtschaft" S. 4.

[160]) Nur am Berliner Markt spielt der Absatz von niederschlesischem Koks eine Rolle.

[161]) Nach „Die deutsche Kohlenwirtschaft" S. 414.

## b) Die Braunkohlenbezirke.

### § 1. Das Mitteldeutsche Braunkohlenrevier.

**Die natürliche Zersplitterung der Kohlenfundorte in ihrer Wirkung auf den Wirtschaftsaufbau.**

Die Entwicklung der Kartell- und Handelsgestaltung im Wirtschaftsgebiet der mitteldeutschen Braunkohle war wesentlich durch geologische Verhältnisse bestimmt. Auf großen Flächen finden sich zahlreiche, örtlich nicht miteinander verbundene Kohlenfelder, die in ihren Förderbedingungen und im Hinblick auf Gleichartigkeit und Güte der Kohle völlig verschieden sind. Diese natürliche Zersplitterung hat denn auch eine Zersplitterung in organisatorischer Hinsicht zur Folge gehabt. Bezirkssyndikate, Preiskonventionen, Verkaufsvereinigungen, lose Interessenverbände machten sich gegenseitig das Leben schwer. Wohl in keinem Bergbaurevier sind dem Einheitssyndikat, schließlich auch nur durch staatlichen Zwang errichtet,[162]) so viele Teilgründungen und schädliche Marktkämpfe vorangegangen wie im Wirtschaftsraum des heutigen MBS.

**Schwierigkeiten der Gesamtsyndizierung.**

Die Kartellierungsfrage ist auch hier durch Überproduktion und Absatzmangel aufgeworfen worden, noch unterstützt durch die Konkurrenz der böhmischen Kohlenzechen. Die verschiedenartigen naturgegebenen Förderverhältnisse der einzelnen Betriebe (teurer Tiefbau- und gewöhnlich kostenmindernder Tagebaubetrieb, schwankende Kostenanteile je nach Mächtigkeit des Deckgebirges und der Kohlenflöze) brachten aber alle auf die Gesamtheit der Zechenunternehmer gerichteten Zusammenschlußbestrebungen zum Scheitern; Einzelinteressen wichen zu stark voneinander ab. Gerade die technische Entwicklung im Braunkohlenbergbau war ein starkes Hindernis für die syndikatliche Bindung, weil sich jede Zeche den Weg zur weiteren Ausdehnung, der durch Produktionsbeschränkungen verschlossen worden wäre, offenhalten wollte. Die maschinelle Ausrüstung der Tagebaubetriebe drängte zur stets gesteigerten Produktions-

---

[162]) Vergl. S. 131 ff.

menge, weil ihre Höchstkapazität auf Höchstbeanspruchung eingestellt war, und weil man daher zwecks Hereinbringung von Anlage- und Betriebskosten auf Ausdehnung des Absatzes bedacht sein mußte. So haben sich in der Geschichte des mitteldeutschen Braunkohlenbergbaus immer jene Werke, die sich freiwillig in Kartellen zusammenfanden, wieder trennen müssen, weil sie, durch Abmachungen gebunden, tatenlos zusehen mußten, wie Außenseiterwerke (z. B. die neuentstandenen Werke des Geiseltales) in kurzer Zeit Produktion und Absatz, über die allgemeine Steigerung des Braunkohlenabsatzes hinaus, um ein Vielfaches zu entwickeln vermochten.

**Die Entwicklungsgeschichte der Produzentenvereinigungen.**

Die ersten Kartelle im mitteldeutschen Braunkohlengebiet [163]) waren drei im Jahre 1890 gegründete Preisvereinigungen: eine Rohkohlenvereinigung, eine Naßpreßsteinvereinigung, eine Brikettvereinigung, die sich 1904 in der „Preisvereinigung mitteldeutscher Braunkohlenwerke" zusammenfanden. Zu ihr stießen zwei weitere Organisationen: im Jahre 1904 der „Verkaufsverein Sächsischer Braunkohlenwerke", im Jahre 1907 der „Verkaufsverein Thüringischer Braunkohlenwerke" (die beide im wesentlichen Produktionskartelle waren). Diese drei Marktverbände und einige Außenseitergruben verschmolzen 1909 zum ersten „Mitteldeutschen Braunkohlen-Syndikat", dem später eine weitere Anzahl von Bezirkssyndikaten (1910 das Helmstedter Syndikat) und Außenseiterwerken (des Bitterfelder Revieres) beitrat. In diesem umfassenderen Syndikatsgebilde war fast der gesamte mitteldeutsche Braunkohlenbergbau vereinigt. Aber sein Leben war nicht von langer Dauer. Es ging, wiederum aus den geschilderten Interessengegensätzen, schon 1913 zu Ende, und damit setzte der alte Konkurrenzkampf wieder ein.

**Die Einflußgewalt des Handelswesens.**

Diese Entwicklung ist verwebt mit der besonderen Betonung des Handelsgedankens und des Handelsgeschäftes, noch verstärkt durch das Eindringen fremdländischer Handelskräfte (die Handelsfirmen der Böhmen Ignaz Petscheck, Julius Petscheck),

---

[163]) Nach Heinz, Kartellbildungen im mitteldeutschen Braunkohlengebiet S. 84 ff.

die sich auch an der Produktion Anteil zu verschaffen verstanden.[164]) Das MBS. und seine Vorläufer waren nie „Verkaufssyndikate", der Absatz der Erzeugnisse war stets eine Domäne des Handelswesens. Zwar nicht des selbständigen im Sinne des „freien" Großhandels, wie er in dieser Arbeit beschrieben wurde; denn jene Handelsfirmen drangen bewußt in die Montanindustrie ein, um die Syndikats- und Verkaufspolitik in ihrem Sinne zu gestalten. Ihr Ziel war nicht das Einheitssyndikat, dazu waren die gegensätzlichen Interessen der großen Unternehmerblocks auch zu stark. So tritt eine starke Verflechtung von Produktion und Handel herüber und hinüber ein: Handelsfirmen erwerben Grubenbesitz, größere Zechengruppen rufen eigene Verkaufsvereinigungen ins Leben und beteiligen sich zur Sicherung ihres Absatzes (und der immer unübersichtlichen und nur auf kurze Dauer berechenbaren Marktgestaltung wegen) sowohl am Großhandel als auch am Platzhandel. Schließlich vermochte das Handelskapital seine Machtposition immer mehr auf die Tätigkeitssphäre der Produktion auszudehnen, so daß es sich hier eigentlich um ein vornehmlich von Handelsinteressen geleitetes Kartellgebilde handelt.

> „Diejenigen Handelsfirmen, die hier vom Handel aus sich zum Beherrscher beträchtlicher Gewinnungsstätten haben machen können, ... haben längst den Schwerpunkt ihres Einflusses auf die Produktion verlegt und sich aus der Stellung des wirklich freien, von allen Seiten her kaufenden Handels selber herausgezogen." [165])

Sie waren es, die die straffe Organisierung der Produktion stets zu hintertreiben verstanden (das wird bei der späteren Behandlung S. 131 ff. noch deutlicher zur Geltung kommen). Der selbständige Handel besteht nur noch aus Händlern zweiter Hand und der unteren Verteilerstufen.

### § 2. Das Ostelbische Braunkohlenrevier.

**Die Möglichkeit und die Durchführung der Syndizierung.**

Im Gebiet des heutigen OBS. lagen die geologischen und wirtschaftlichen Verhältnisse ähnlich wie die des mitteldeutschen Raumes. Auch hier ungleichmäßige Abbauverhältnisse, auch

[164]) Vergl. den Unterabschnitt „Der Kartellaufbau des MBS." (S. 131 ff.).
[165]) Wiedenfeld in „Kohlenhandelsfragen" a. a. O. S. 14.

hier Verschiedenartigkeit der Kohlenqualität; immerhin erstreckt sich das Erzeugungsgebiet nicht über eine so weiträumige Fläche, ist nicht so zersplittert und in seinen Produktionsbedingungen ausgeglichener, so daß die Entwicklung zur freiwilligen Verständigung auf umfassender Basis verhältnismäßig reibungsloser vor sich ging und der Wettbewerb sich nicht so lange und so scharf auswirkte.

Besondere Bedeutung erlangte die „Niederlausitzer Brikettverkaufsgesellschaft" (1908), ein Zusammenschluß größerer Produzenten des Niederlausitzer Kohlengebietes, der als Produktions-, Preis- und Absatzkartell den Charakter eines Verkaufssyndikates annahm. Sie richtete Brikettvertriebe ein, die nicht aus früheren Handelsfirmen hervorgingen, sondern unter deren bewußter Ausschaltung eigene Gründungen waren und einen großen Teil des Absatzes ohne jeden Zwischenhandel durchführten. Insofern unterschied sich hier das Bild von der Verkaufseinrichtung des RWKS. Darüber hinaus beteiligte sich das Syndikat an größeren Handelsfirmen, so daß sich der freie Handel, soweit er seine Selbständigkeit noch erhalten konnte,[166]) den Verkaufsbedingungen des Erzeugerkartells unterwerfen mußte.

**Die Einflußgewalt des Handelswesens.**

Nun ist auch dieses Erzeugerkartell keine reine Verbindung der Industrie, denn die Entwicklung des Handels ist hier ebenfalls den Weg kapitalmäßiger Beteiligung an der Industrie gegangen. Durch Bindung der Gruben in Form langer Lieferungsverträge, insbesondere aber durch Aufkauf bedeutender Kohlenfelder und großer Aktienpakete, erhöhte der Handel (seit dem Kriege wiederum der böhmische) seine Mitbestimmungsrechte an der Produktionsgestaltung, so daß er schließlich deren führender Teil wurde. Die Syndikatshandelsgesellschaften wurden dadurch immer mehr zu Werkshandelsgesellschaften,[167]) und schließlich waren Großhändler und Grubenbesitzer ein und dieselbe Person. Gerade diese Gleichartigkeit der Interessen und die einfacheren Besitzverhältnisse ermöglichten, anders als in Mitteldeutschland, die straffe Durchführung des Syndikatsverkehrs.

---

[166]) Nach den heutigen Syndikatssatzungen ist sein Anteil am unmittelbaren Syndikatsverkehr auf rund 30 v. H. bemessen.

[167]) Unterscheidung dargelegt auf S. 57: „Der Großhandel".

## § 3. Das Rheinische Braunkohlenrevier.

**Grundsätzlicher Unterschied im Handelsaufbau.**

Der Verteilungsapparat des RBS. unterscheidet sich grundlegend von dem Handelsaufbau der anderen Kohlensyndikate. Es überließ anfänglich dem selbständigen Handel, ohne sich an ihm zu beteiligen, den gesamten Vertrieb seiner Erzeugnisse; es ließ ihm größtmögliche Freiheit und Beweglichkeit bei seiner Arbeit und hat nach eigenen Aussagen mit dieser seiner „Händlerfreundlichkeit" die besten Erfahrungen gemacht.

> „Die Regelung der Rheinischen Kohle hat sich ganz außerordentlich bewährt. Tatsächlich hat die Rheinische Braunkohle letzten Endes die Bedeutung, die sie heute hat, durch die lebhafte Mitarbeit eines Großhändlerstaates gewonnen. Das wird von der Produktion nicht nur anerkannt, sondern es wird auch bei jeder Gelegenheit auf diese vorzügliche Verkaufsorganisation hingewiesen, und die Rheinische Braunkohle hat sich wohl gehütet, in dieser Organisation irgendwelche Änderungen zu treffen." [168])

**Die Möglichkeiten und die Durchführung der Syndizierung.**

Im Rheinischen Braunkohlenrevier lagen die Vorbedingungen für den frühzeitigen Zusammenschluß der Werksbesitzer weitaus günstiger als die der beiden anderen Braunkohlenbezirke, denn die geologischen Abbauverhältnisse, die Qualität der aus einem zusammenhängenden Flöz auf engem Erzeugungsraume geförderten Kohle waren einheitlicher Natur. Die nahe Konkurrenz Westfalens vertrug keine Zersplitterung der Erzeugerinteressen, so daß sich hier der Organisationsprozeß rascher vollzog und eine noch straffere Form gewann als die Schwesterorganisation des Ruhrkohlenverbandes. Der im Jahre 1899 gegründete „Verkaufsverein der Rheinischen Braunkohlenbrikettwerke" arbeitete so vorteilhaft, daß nach kurzer Zeit die Außenseiter beitraten und Kartellkämpfe im wesentlichen erspart blieben. Die wenigen Änderungen der Syndikatsgestaltung in den folgenden Jahren haben der bestehenden Syndikatsform an sich nichts angehabt und nur ihren Namen in RBS. umgewandelt. Von großem Vorteil für die Einführung

[168]) „Die deutsche Kohlenwirtschaft" S. 457 Sachv. Langendorf.

des Briketts in Handel und Verbraucherkreise war dabei die Schaffung einer Einheitsmarke (Union), die die anderen Braunkohlensyndikate auf Grund ihres verschiedenartigen Kohlenmaterials zunächst gar nicht und das MBS. erst in den letzten Jahren einführen konnte.

**Der Aufbau der Handelsorganisationen.**

Als das RWKS., um dem Wettbewerb des RBS. zu begegnen, dem mit ihm arbeitenden Handel das Verbot des Verkaufs rheinischer Braunkohlenerzeugnisse auferlegte,[169]) wurden vom RBS., um diesem Schachzug zu begegnen, bisher selbständige Großhandelsfirmen zu Vertriebsgesellschaften vereinigt, ähnlich wie vordem im RWKS. Man teilte das Absatzgebiet in bestimmte Verkaufsbezirke auf, für die Alleinverkaufsrechte vergeben wurden („Alleinhändler"). Indessen sah man bald ein, daß diese Gesellschaften nicht die Absatzerfolge zu erzielen vermochten, die bis dahin der freie Handel bei der Einführung der Braunkohlenbriketts in die Verbraucherschaft gebucht hatte, und die man bei seiner unmittelbaren Verkaufsarbeit wieder zu erzielen hoffte. So ging man rücksichtslos an den Abbau der bisherigen und an den Aufbau der neuen Handelsorganisation heran, die sich ausschließlich auf die freie Werbetätigkeit des freien Handels stützte. Der Kreis der direkt zu beliefernden Handelsfirmen wurde wieder geöffnet. Er konnte ständig ergänzt werden, so daß schließlich der Absatz durch etwa 200—300 freie Großhändler besorgt wurde, auf deren tätige Mitarbeit der „Siegeszug der Rheinischen Braunkohle" [170]) nicht zum geringsten Teile zurückzuführen ist.

**Beurteilung der Arbeitsweise der Verkaufsorganisationen.**

Diese Förderung der freien Handelsbetätigung, die dem RBS. die wärmsten Sympathien des Marktes sicherte, zeigt, wie sie von einer verständigen und sich jedes übertriebenen Markteingriffes enthaltenden Kartellführung zum ureigensten Nutzen in ihr Verkaufsprogramm eingebaut werden kann. Gewiß war hier die Produktion in sich nicht so zerrissen, sondern von einheitlichem Willen beseelt und konnte sich darum ein größeres

---

[169]) „Exklusivverträge", erwähnt S. 82 ff. in Unterabschnitt „Die Kartellierung der Produktion".

[170]) „Die deutsche Kohlenwirtschaft" S. 423, Sachv. Dach.

Maß an Initiative erhalten; gewiß lagen die Verhältnisse, ging die Entwicklung anders, einfacher als bei den übrigen Kartellverbänden, und bei der Beurteilung der in sich organisch gewachsenen Marktgestaltung der Wirtschaftsräume wird offensichtlich, daß

> „die Vielfältigkeit der Bedingungen, unter denen der Kohlenbergbau erfolgt, es nicht angezeigt erscheinen läßt, aus den Erfolgen der Absatzorganisation eines Bezirkes auf ihre Eignung für einen anderen Bezirk zu schließen." [171])

Dennoch scheint der eine Schluß zulässig, daß die wertvollsten Eigenschaften des freien Kaufmannsstandes nicht verschüttet, sondern sich selbst und der ganzen Wirtschaft zunutze gemacht werden, wenn der freien, beweglichen Handelsbetätigung der scharfe Stachel liberalistischer Zeiten genommen wird, indem man ihr den festgefügten Verkaufsblock eines Produktionskartells gegenüberstellt. Es überläßt dem Handel bei voller Anerkennung seiner Lebensrechte und bei ausbedungener Einhaltung fester Preise einen geregelten Markt zur freien Bearbeitung. Die Verkaufsorganisation des RBS. als Beispiel ist der beste Beweis dafür, daß das möglich ist.

> „Der größere Erfolg im Kohlenvertriebe auf der Seite des eigentlichen Großhandels, dem es z. B. im rheinischen Braunkohlengebiete gelang, die Absatzkrise zu mildern, bewies, daß die Überlegenheit des freien Handels über die syndikatliche Organisation vornehmlich in Persönlichkeitsfragen begründet lag." [172])

Man hat also zwar in der Rheinischen Braunkohle nahestehenden Kreisen immer gesagt (im betonten Gegensatz zum produktionsintensiven Handelsaufbau des RWKS.):

> „Ohne den freien Handel ist die Geschichte nicht zu machen, denn er ist die Kontaktsubstanz zwischen Produktion und Konsum und hat dann das Maximum der Wirkung, wenn er das Gewinn- und Ausdehnungsstreben behält. Nun scheint mir ein gesunder Mittelweg zwischen den beiden Extremen, wie er im Rheinland beschritten ist, sehr viel für sich zu haben, wobei

[171]) „Die deutsche Kohlenwirtschaft" S. 90.

[172]) Loose a. a. O. S. 150/51.

der interne Wettbewerb zwischen dem Handel aufrechtzuerhalten ist, aber nicht so groß wird, daß er unwirtschaftlich würde, denn zu starker Wettbewerb ist unwirtschaftlich, weil er die Kosten vervielfacht und bewirkt, daß die Händler sich die Preise und Zahlungsbedingungen gegenseitig verderben." [173])

Um so bedauerlicher und unverständlicher ist es daher, daß das RBS. (um das als Tatsache jüngerer Zeit hier vorwegzunehmen) den geschilderten Weg seit einiger Zeit verlassen zu haben scheint. Jedenfalls ist in Fachkreisen bekannt, daß das Syndikat auf dem Umweg über die „Vereinigungsgesellschaft" [174]) auch auf eine Reihe von bisher freien Handelsfirmen Einfluß nimmt (schätzungsweise 35 v. H. der Handelsfirmen werden von der genannten Gesellschaft kontrolliert), so daß von einer ausschließlichen Anerkennung und Förderung des freien Handelsstandes durch dieses Syndikatsgebilde wohl nicht mehr gut die Rede sein kann. Zweifellos wird aber die Verselbständigung auch der deutschen Handelsunternehmungen [175]) durchgesetzt werden müssen in der Wirtschaftsneuzeit einer Anschauungswelt, die in dem mittelständlerischen Aufbau unserer Volkswirtschaft und in der sich auswirkenden Kraft der wirtschaftenden Persönlichkeit die Grundlage ihres Wirkens erblickt.

## 3. Der Einzelhandel.

### Die Gründe zur Kartellierung der unteren Marktstufen.

Der Rahmen freier Handelsbetätigung im Platzgeschäft wurde durch die erfolgte Organisation der ihm vorgeschalteten Marktstufen, von Produktion und Großhandel, ebenfalls enger gespannt. Das Produktionskartell war für den Handel eine Belastung, die jedes Glied seinerseits nach denselben Grundsätzen auf seine Käuferkreise abzuwälzen bemüht war, und

---

[173]) „Die deutsche Kohlenwirtschaft" S. 455, Sachv. Brecht.

[174]) Vereinigungsgesellschaft Rheinischer Braunkohlenbergwerke m. b. H., Köln; an ihr sind insbesondere die beiden Hauptgruppen des RBS. beteiligt: „Rheinbraun" und „Roddergrube" (Rheinische Aktien-Gesellschaft für Braunkohlenbergbau und Brikettfabrikation, Köln; Braunkohlen- und Brikettwerke Roddergrube A.-G., Brühl).

[175]) Vergl. auch die Ausführungen am Ende des Abschnittes B II 2 (S. 53 ff.): „Der Wertausgleich", und über das Generalabkommen unter F III (S. 181 ff.) und F IV (S. 197 ff.).

die dadurch den Anlaß zu weiterer Kartellbildung gab. Da die Lieferungen des Groß- und Zwischenhandels an den Einzelhandel auf Grund der ihm selbst von den Syndikaten auferlegten Bedingungen (zum Teil nach dem Willen der Syndikate) vor sich gingen,[176]) mußte auch der Verkehr dieses Sektors der Kohlenverteilung ein tragendes Gerüst von Lieferungsvorschriften erhalten, so daß, dadurch mitveranlaßt, über den Großhandel bis schließlich zum letzten Händler eine Leiter gleichgerichteter Organisationen entstand, die endlich ihren Abschluß fand in der Zusammenschlußbewegung der Konsumenten zum Schutze ihrer Interessen. Daneben wurde die Bildung von Einzelhändlervereinigungen vorangetrieben durch die starke Überfüllung des Berufsstandes [177]) und das Vordringen der Verbrauchervereinigungen im Absatzgeschäft,[178]) die Verdienst und Geschäftsumfang der Kleinhandlungen herabdrückten und ihren Bestand gefährdeten.

### a) Die Ausweitung des Berufsstandes.[179])

#### Die Aufgliederung und Vermehrung des Berufsstandes.

Mit dem starken Wachsen der Bevölkerung und der damit zusammenhängenden verstärkten Bildung von Familienhaushalten, mit der gesamten günstigen Wirtschaftsentwicklung der Vorkriegszeit stiegen auch Warenbedarf und Kaufkraft der Verbraucherschichten und damit Menge des Kohlenversandes und Absatzferne von der Grube. Die Aufgaben auch des Warenhandels wurden daher immer umfangreicher. Die unmittelbare Fühlung zwischen Kohlenproduzent und Kohlenverbraucher (heute nur noch im nahen Umkreis des Grubenstandortes in

---

[176]) Exklusivverkehr, Lieferung nur bestimmter Kohlensorten, Festsetzung von Verkaufspreisen; erwähnt im Abschnitt „Die Kartellierung der Produktion“ (S. 82 ff.).

[177]) Behandelt unter a dieses Abschnittes (S. 112 ff.).

[178]) Behandelt unter b dieses Abschnittes (S. 115 ff.).

[179]) Zuverlässige Zahlenangaben aus der Vorkriegszeit, die diese Darstellung stützen könnten, sind nicht vorhanden. Die Schätzung Possbergs (a. a. O. S. 122) auf etwa 45 000 Angehörige des Berufszweiges wird in Fachkreisen als viel zu hoch gegriffen bezeichnet. Zur Verbandsstatistik und zur Statistik der Nachkriegszeit sei verwiesen auf den Schluß dieses Teiles 3 (S. 119/20) bezw. auf E III 4: „Die Überfüllung des Berufsstandes“ (S. 163 ff.).

Form des sogenannten „Landabsatzes“ [180]) üblich) war zur Unmöglichkeit geworden. Es genügte zur Versorgung der Bevölkerung mit Brennstoffen nicht mehr eine einzelne Handelsstufe schlechthin, sie mußte von mehreren Stufen durchgeführt werden. So nimmt mit der Zusammenballung breiter Käufermassen in den rasch aufblühenden Städten die Entwicklung des Lokalhandels, des Handels innerhalb der Stadt, ihren Anfang. Dabei mußte sich dessen Arbeit auf die Bedarfsansprüche der städtischen Einwohnerschaft mit vorwiegenden Wochenlohnbezügen einstellen,[181]) die ihren Brennstoffbedarf infolge des verhältnismäßig hohen Warenwertes nicht auf einmal decken konnte, sondern zentnerweise in den für kürzere Zeitspannen benötigten Mengen. Da die Lieferung von 100 Ztr. Kohle in einem Posten weniger Mühe, Zeit und Kapitalaufwand erfordert als der Verkauf von 10 verschiedenen Posten je 10 Ztr. an 10 verschiedene Abnehmer, trat schon deswegen eine gewisse Ausweitung des Handelsapparates ein. Immer zahlreichere Kleinhandelsgeschäfte wurden errichtet.

**Die Durchsetzung des Berufsstandes mit ungeeigneten Kräften.**

Diesem zahlenmäßigen Anwachsen bis zum Weltkriege hin [182]) entsprach zugleich ein Sinken in der beruflichen Eignung der breiten Händlerschichten.

Im Bergbau und im Kohlengroßhandel fanden nämlich die Gehilfen der Kleinhandlungen als gesuchte Angestellte (die sie lieber waren als selbständige Kleinhändler) ihr Unterkommen, und während die kaufmännisch besonders befähigten Kräfte mit der zunehmenden Entwicklung von Industrie-, Bank- und Verkehrswesen in ihm bessere Gewinn- und schnellere Aufstiegsmöglichkeiten fanden und zu finden hofften oder zum Großhandel abwanderten, strömten die Mindertauglichen in dieses „Vakuum“ ein, in das Arbeitsgebiet des Einzelhandels, das sich dauernd stark erweiterte. Die arbeitsuchende Bevölkerung sah im gerade aufblühenden Kohlenhandel eine lohnende Erwerbstätigkeit. So hat das Überfließen menschlicher Arbeitskraft

---

[180]) Er spielt sich aber zum größten Teil über den Land-„Handel“ ab (vergl. S. 64).

[181]) Nach Hirsch a. a. O. S. 8.

[182]) Folgendes nach Hirsch a. a. O. S. 223/24.

aus einem allgemeinen Sammelbecken der Erwerbstätigen in das zunächst noch aufnahmefähige Unterdruckgebiet des Kohlenkleingeschäftes durch Überfüllung des ganzen Handelsgewerbes schon damals zur Übersetzung (genauer: Über b e setzung) des Berufes geführt. Der Zustrom setzte sich aus den Arbeitermassen der Fabriken, aus kleinen Handwerkern, Hausierern und ähnlichen Schichten zusammen, häufig genug aus Menschen ohne moralische Festigkeit und fast durchweg ohne jede berufliche Vorkenntnis.

> „Dem Kleinhändler sind kaufmännische Grundsätze meist fremd, er führt sein Geschäft mehr wie ein Lohnarbeiter, hausiert auch zum Teil und rekrutiert sich aus allen Schichten der Bevölkerung, so aus Hausknechten, Fuhrleuten, Bäckern usw." [183])

Allerdings hielten diese Bewegungen

> „nur bis zu Beginn des 20. Jahrhunderts an, wo die Kohlenwirtschaft in Deutschland von der Produktion aus eine festere Organisation erfuhr, in der ungeeignete oder sogar verkommene Händler ausgeschaltet blieben." [184])

Diese Überfüllung des Berufsstandes hängt zum nicht unwesentlichen Teile mit der umfangreichen Kreditgewährung des Kohlengroßhandels zusammen. Denn da ein gewisses Betriebskapital bei immerhin hohen Warenwerten zur Führung des Kleingeschäftes notwendig war (dessen Fehlen jedoch neben dem der Vorbildung ein Kennzeichen der einströmenden Elemente bildete), konnten sie meist nur mit Unterstützung des Großhandels arbeiten. So begann bei wachsender Konkurrenz und daraus entstehender Gewinnschmälerung schon in diesen Jahren die kapitalmäßige Abhängigkeit des Einzelhandels von der Großfirma, und es entstand die erklärliche Neigung, Verluste magerer Zeiten durch Aufpreise in günstiger Konjunktur, durch Preistreiberei auszugleichen. Übervorteilung des Käufers auch durch Sorten- und Gewichtsbetrug, unter dem das Ansehen des redlichen Platzhandels ganz allgemein litt, spielte dabei eine Rolle.

---

[183]) Tiegs a. a. O. S. 40.

[184]) Schilson a. a. O. S. 17/18.

### b) Die Verbrauchervereinigungen als Gegner des Handelsstandes.

#### Die Gründe zur Bildung von Verbrauchervereinigungen.

Wie man im Großhandel aus dem Abwehrgedanken, den verbliebenen Tätigkeitsraum durch gegenseitige Bekämpfung nicht noch weiter zu verengen und die Rentabilität zu erhalten, zur Kartellierung gedrängt hatte, so begannen sich aus den gleichen Beweggründen Berufsvereinigungen auch der Einzelhändler zu bilden, zunächst allerdings nur vereinzelt und an wenigen Plätzen. Damit aber stand die Masse der Verbraucherschaft einer in Produktion und Handel mehr oder minder fest gefügten Organisation gegenüber, in der man zum großen Teile eine Vergewaltigung von Verbraucherinteressen erblickte. Das löste den Ruf aus, der organisierten Macht der Produktion und des Handels die gemeinsame Kraft der Konsumenten gegenüberzustellen. Immer wieder war es namentlich die Handelsspanne, deren Höhe kritisiert wurde, und die man beim Bezug glaubte dadurch sparen zu können, daß man eigene Verteilungsorganisationen an die Stelle des Handels setzte und so nahe als möglich bei der ersten Marktstufe, am besten bei der Grube selbst, kaufte. Weil es sich hier um ein verhältnismäßig wenig differenziertes Markengut handelt, meinte man den Gesamtbedarf leichter erfassen und decken zu können, ohne sich eines besonderen Handelsstandes zu bedienen.

#### Die Verbrauchervereinigungen als Formen neuer Handelsgestaltung.

So entstanden als neue Formen der Handelsgestaltung die gefährlichsten Gegner des selbständigen Handels, die Konsumvereine, die Verbraucher- und Einkaufsgenossenschaften von Landwirten, Beamtenvereinen, Industriellen und sonstigen Fachorganisationen gewerblicher Art (Bäckerinnungen). Hinzu kommen zahlreiche Spezialgenossenschaften, Kohlenkassen,[185]) die lediglich zum Zwecke gemeinsamen Kohlenkaufs organisiert werden. Ihrer ganzen Aufgabe nach

„Preisdrücker zugunsten des Verbrauchers",[186])

machen sie sich bei Überspringung der unteren Handelsstufen die Vorteile des zusammengefaßten Massenbezuges (Mengen-

---

[185]) In Heidelberg, Danzig (nach Tiegs a. a. O. S. 54) und vielen anderen Plätzen.

[186]) Hirsch a. a. O. S. 277.

rabatte, Großhandelspreise) zunutze und treten den kohleliefernden Stellen als wichtigste Verbraucherblocks entgegen. Durch den Grundsatz der Selbstkostendeckung greifen sie insofern marktregulierend in den Güterumlauf ein, als sie Preisauswüchse verhindern, aber den freien Einzelhandel, der sich nicht in den Genuß verbilligter Massenbezüge setzen kann und mit hohen Lagerhaltungskosten zu rechnen hat, auf die unterste Grenze des Ertrages drücken. Ein Lager führten die Genossenschaften meist nicht, sparten also auf Kosten kohlenwirtschaftlicher Erfordernisse Ausgaben, die ihren Mitgliedern zugute kamen, und bezogen ungleichmäßig und hauptsächlich im Herbst, zu einer Zeit, in der sich die Bezüge beim Bergbau ohnehin schon zuspitzten.

Jedenfalls haben die landläufige Meinung, daß es sich bei den Genossenschaften um Kampfinstrumente gegen Verteilerglieder handele, die ja keine sichtbare wertschaffende Arbeit oder Umwandlung der Ware leisten, und die Tatsache, daß sie als politisch orientierte Gebilde großen Zulauf aus den breitesten Schichten erhielten, die Stoßkraft der Angriffe auf eine breitere Grundlage gestellt.

Die Syndikate haben den Genossenschaften gegenüber zunächst Zurückhaltung geübt. Das RWKS. lehnte, um den Handel zu schützen, den unmittelbaren Verkehr mit den Verbrauchervereinigungen ab; das RBS. belegte die Genossenschaftslieferungen mit höheren Preisen. Endlich aber haben sie die direkte Belieferung unter Umgehung des Einzel- und Zwischenhandels doch zugelassen; sie gewährten den Bezugsvereinen Großhandelspreise und beim Kauf für Untervereine Großhandelsnutzen.

### c) Die Kartellierung des Einzelhandels.

#### Die Erkenntnis der Notwendigkeit gemeinsamen Vorgehens.

Produktion — Handel — Verbrauch sind die drei großen Gruppen des Marktes. Gegen den Einzelhandel (als die untere „Handels"-Gruppe) setzt der Kampf beider an sie angrenzenden Marktseiten ein, von jener der straffen Produktionskartelle und ihren Großhandelsorganen und von der der Verbraucherverbände.

Dieser Kampf führte nicht lediglich zur Einengung der Einzelhandelstätigkeit, sondern wurde im Laufe der Jahre eine Frage seines beruflichen Daseins überhaupt.

> „Es scheinen ... an beiden Polen der Wirtschaft mit eigener Schwungkraft sich Mühlsteine zu bewegen und einander näherzurücken, die den selbständigen Handel zwischen sich zu zermalmen drohen." [187])

Die Angriffe zwangen ihn so sehr in die Notwehr, die Marktschwierigkeiten häuften sich immer mehr, daß ihm gar nichts anderes als der Zusammenschluß übrigblieb.

**Schwierigkeiten der Kartellbildung im Einzelhandel.**

Während sich nun im Großhandel die Erkenntnis, daß die gemeinsame Vertretung der Interessen aller Berufsgenossen der Existenz jedes einzelnen nur dienlich sein könne, recht bald durchsetzte, schienen dem Einzelhandel die aus einer Verständigung der Gesamtheit kommenden Vorteile nicht ohne weiteres erklärlich und gegeben, schien ihm der Ernst der Lage gar nicht bewußt zu sein. Wohl erkannte auch er die Vorzüge einer solchen Organisation an,[188]) für die ihm der Großhandel ja das beste Beispiel war; infolge seiner inneren Gegensätzlichkeit und räumlich weiten Zerstreutheit brauchte er aber zur Bildung eines lückenlosen und überlokalen Berufsvereins längerer Entwicklung. Es ist verständlich, daß man von den Angehörigen des Kohleneinzelhandels, die sich aus den verschiedensten Erwerbsständen gruppierten, und deren psychologische Einstellung zu derlei Dingen schon nach Größe des Betriebes und Zugehörigkeit zu bestimmten Landesteilen verschieden ist, nicht die nötige wirtschaftliche Einsicht erwarten konnte, die ja oft schon bei den Mitgliedern höherer Marktstufen fehlte und schwer auf einen Nenner zu bringen war. Es ist leichter, Verständnis für wirtschaftspolitische Notwendigkeiten bei einer nach Hunderten zählenden Kaufmannschaft des Großhandelsstandes zu finden, als bei einer aus Tausenden, ja aus Zehntausenden bestehenden und aus allen Lagern zusammengewürfelten Menge von Kleingewerbetreibenden.

---

[187]) Wiedenfeld in „Kohlenhandelsfragen" a. a. O. S. 9.

[188]) Nach Schilson a. a. O. S. 123.

**Die Außenseitergefahr.**

Eine starke Gegnerschaft erstand den Organisationsbestrebungen des Einzelhandels aus seinen eigenen Reihen: deren grundsätzliche Ablehnung durch die neu in das Handelsgebiet einströmenden Kräfte. Sie mußten nach Absatz suchen, hatten sich ihren Kundenstamm erst zu erwerben, und das geschah am leichtesten durch preisliches Entgegenkommen, das wiederum die Erträgnisse drückte und damit notwendigerweise zur Übervorteilung der Verbraucherschaft zwang. Diese Leute hatten von einer Einzelhandelsvereinbarung, die sich namentlich auf den legitimen Handel stützen mußte, keine Vorteile zu erwarten. Sie wandte sich ja gerade gegen die Überfüllung des Berufszweiges, gegen Preisschleuderei und Verbraucherübervorteilung, machte also gegen das Front, worauf der illegitime Handel seine Existenz gründete. Gerade im Handel aber war die Außenseiterfrage besonders schwer zu lösen, denn nirgends war das Aufkommen neuer Konkurrenz leichter möglich als hier.[189] Solange daher nicht für die lückenlose Erfassung aller Gewerbetreibenden und ihre zahlenmäßige Begrenzung gesorgt sowie Gewähr für unbedingte Einhaltung der Preise geboten werden konnte, kam der Markt nicht zur Ruhe; und das war (mit Ausnahme einiger im folgenden genannten örtlichen Vereinbarungen) während der ganzen Vorkriegszeit der Fall.

**Gründung von Einkaufskontoren der Einzelhändler.**

In einigen Städten griff man zu dem Abwehrmittel der Gründung eigener Platzhandelseinkaufsgesellschaften, die sich (indem sie nun ihrerseits den Großhandel zu umgehen versuchten) um unmittelbare Zulassung im Einkauf bewarben. Ein z. B. in Kassel gebildetes „Kohlenkontor", das dem „Kohlenkontor" des Großhandels in Form und Betriebsweise nachgebildet war,[190] machte die bisher selbständigen Händler, die Mitglieder des Kontors wurden, zu Geschäftsführern der Gesellschaftsbetriebe. Das war im wesentlichen nichts anderes als eine Nachahmung der genossenschaftlichen Politik und trägt eine gewisse Inkonsequenz in sich:

---

[189]) Nach v. Beckerath a. a. O. S. 3.

[190]) Nach Schilson a. a. O. S. 125/26.

„denn diese Händler benutzen die Genossenschaft, um den Großhandel auszuschalten, setzen sich jedoch zur Wehr, wenn die Konsumenten durch organisierten Zusammenschluß in ihren Geschäftsbereich eindringen".[191])

**Gründung und Aufgaben der Kohlenhandelskartelle.**

Hierbei handelte es sich indessen nur um einzelne Abwehrformen. Der Wunsch nach ganz allgemeinem Schutz gegen die Beeinträchtigung der eigenen Belange trat in den Kreisen des Kohlenhandels immer heftiger auf. So entstanden im Wege freier Übereinkunft zunächst an größeren Plätzen (Frankfurt a. M., Bremen, Berlin) und unterstützt von Produktion und Großhandel Ortshändlervereinigungen als Preis- und Bedingungskartelle, zu deren Aufgabenbereich im wesentlichen die Festlegung von Verkaufspreisen (frei Keller, vors Haus, ab Lager), die Herausgabe von einheitlichen Lieferbedingungen (über Fuhrlohn, Zahlung usf.) und die Überwachung der Verkäufe[192]) im einzelnen gehörte. Zwar lösten sich manche von ihnen wieder auf, oder ihre Bedingungen wurden von den eigenen Mitgliedern selbst durchbrochen, weil die große Zahl der Nichtorganisierten andernfalls das ganze Geschäft an sich riß. Aber eine ganze Anzahl strafferer Vereinigungen (Hannover, Hamburg, Dresden, Danzig, Magdeburg usf.) blieb auch wetterbeständig, und es bedeutete den Anfang einer umfassenden Marktorganisation, als sich im Jahre 1902 etwa 75 von ihnen zum

„Centralverband der Kohlenhändler Deutschlands e. V., Berlin"

als ihrem Spitzenverband zusammenschlossen.[193]) Er war kein Kartell, d. h. nicht mit Aufgaben marktregelnder Art beschäftigt; seine Aufgabe als überlokales Standesorgan bestand

---

[191]) Piltz, Aufsatz „Genossenschaft und Kohlenhandel" in „Kohlenhandelsfragen" S. 175.

[192]) Das war im Einzelhandel der Kohle, im Gegensatz zu anderen Warengruppen mit einer Fülle verschiedenartigster Erzeugnisse, nicht allzu schwierig. Die Kohlensorten lassen sich eindeutig bestimmen und werden meist schon von der Grube genormt (Brikett, Brechkoks 40/60 mm) oder nach Gasgehalt und Güteklassen gestaffelt (Magerkohlen, Fettkohlen, Anthrazit) versandt. Vergl. auch S. 180.

[193]) Nach Tiegs (a. a. O. S. 46) gab es 1904 = 8000 Kohlenhandelsfirmen, von denen 800 im Centralverband vereinigt waren.

vielmehr und lediglich in der Vertretung allgemeiner Berufsinteressen und in der Fühlungnahme mit Behörden und Wirtschaftsverbänden; er sollte die planmäßige Organisation des Kohlenhandels durchführen und die Mitgliederverbände sowohl in ihren kartellpolitischen Zielen als auch, über marktwirtschaftliche Verbandsarbeit hinaus, durch berufliche Beratung, Erziehung und Schulung des Nachwuchses unterstützen.

### Die Bemühungen um eine planmäßige Organisation des Kohlenhandels.

Es mußte nun vor allem versucht werden, ein weites und starkes Marktnetz ständischer Organisation zu schaffen.[194]) Es mußte dem Einzelhandel klargemacht werden, daß er als Pufferglied zweier großer Kräfte zerrieben zu werden drohte, und daß eben aus diesem Grunde eine kraftvolle Interessenvertretung notwendig sei. Dabei knüpfte man an den ethischen Wertbegriff des „Standesbewußtseins" an und weckte das „Organisationsgefühl",[195]) das mit dem Fortschreiten der Zusammenschlußbewegung auf allen Gebieten der Lebensbetätigung zu erwachen begann. Bis zur Verwirklichung dieser Gedankenwelt, die die Unterordnung der Einzelinteressen unter die Verbandsidee fordert, war allerdings noch ein weiter Weg,[196]) und wenn auch die im Jahre 1912 durch den Centralverband vertretenen und inzwischen auf 104 angewachsenen Mitgliedervereine rund 5000 organisierte Kohlenhändler in sich vereinigten,[197]) so waren Zahl und Stärke der Unorganisierten doch so groß, daß die Verbandsbewegung des Einzelhandels bis in die Kriegszeit hinein ihre umfassenderen Ziele nicht zu erreichen vermochte.

---

[194]) Organisationstechnisch betrachtet stellte der Centralverband damals das Prinzip der ausgesprochenen Zentralisation auf. Zwischen die örtlichen Vereine und den Centralverband schob sich (anders als nach dem Kriege; behandelt S. 169) keine Zwischenstufe (Landesverband); nach Handbuch der Kohlenwirtschaft S. 456.

[195]) Nach Kestner a. a. O. S. 69.

[196]) Vergl. S. 167 ff.: „Die Handelskartellierung".

[197]) Handbuch der Kohlenwirtschaft S. 457. Würde die in Fußnote 179 genannte Zahl von 45 000 Kohlenhandelsgeschäften stimmen, dann hätte man bei einer Mitgliederzahl von 5000 Firmen rund 11 v. H. der Berufsangehörigen erfaßt.

# D. Die Zwangswirtschaft der Kriegszeit.

## I. Die Grundsätze dieser Wirtschaftsform.

**Die Kriegswirtschaft und der Kohlenverbrauch.**

Der Weltkrieg unterbrach die gesamte wirtschaftliche Entwicklung Deutschlands. Er brachte die Notwendigkeit mit sich, alle wirtschaftlichen Haupt- und Nebenziele außer acht zu lassen und die ganze Kraft der Nation einem einzigen Hauptziel, der Kriegsführung, unterzuordnen. Er brachte an Stelle des bisherigen Überflusses an Brennstoffen Kohlenmangel mit sich, veranlaßt durch Arbeitermangel, durch erhöhten Verbrauch der Kriegsindustrie (der eine harte Kürzung der Verbrauchsmengen für den Hausbrand bedeutete), durch Transportmittelknappheit und gesteigerte Lieferungen an die Verbündeten und die neutralen Staaten, um dagegen Lebensmittel einzutauschen.

**Die Marktgestaltung.**

So lebte die völlige Beschränkung des Handelsverkehrs, die jedermann seit den Zeiten zünftlerischer Marktregulierung verschwunden glaubte, wieder auf. Nicht als organische und aus dem Wirtschaftsablauf folgerichtig herzuleitende Entwicklung allerdings, sondern als eine als Notmaßnahme entstandene Zwangsbewirtschaftung. Die Mengen mußten von behördlichen Stellen zugewiesen und unter Aufsicht verteilt werden, und da die Not der dringendsten Bedarfsdeckung die Preise ganz allgemein in die Höhe trieb, mußte neben die Mengen- auch die Preisbewirtschaftung treten. Höchstpreise waren festzusetzen, Handelsspannen nachzuprüfen und zu beschneiden. Eine auf dem freien Wirtschaftsverkehr ruhende Güterverteilung, die sich nach ihrer Rentabilität und nicht nach staatlichen Erfordernissen abspielt (und bei Güterknappheit zu Preisüberhöhungen oder gar zu wucherischer Ausnutzung neigt), mußte hier versagen. Die ganze Versorgungsregelung unserer Volkswirtschaft war auf einen neuen Boden zu stellen.

## II. Die Stellung des Staates zum Kartellwesen.

**Die Überwachung und Einschränkung der eigenbestimmten Kartellpolitik durch staatliche Hoheitsmacht.**

Wenn Hirsch [198]) die Beteiligung öffentlicher Körperschaften am Binnenhandel auf drei Beweggründe zurückführt,

auf finanzpolitische,
auf sozialpolitische,
auf kriegswirtschaftliche

(die sich natürlich auch überschneiden können), und wenn die bisherige Beteiligung des Staates an Produktion und Handel beispielsweise des Saarrevieres und Oberschlesiens als vorwiegend finanzpolitischer, seine Beteiligung am RWKS. als vornehmlich sozialpolitischer Natur angesprochen werden können, so tritt jetzt das kriegswirtschaftliche Moment in den Vordergrund aller Maßnahmen. Trat der Staat bisher auf privatwirtschaftlichem Gebiete lediglich in privatrechtlicher Betätigung auf, so übt er jetzt seine Rechte als Hoheitsmacht aus. Indem er den volkswirtschaftlichen Nutzen der Kartelle anerkennt (deren bereits bestehende Einrichtungen ihm als jetzt notwendige und willkommene Verteilungsinstrumente unentbehrlich sind), gewinnt der Kartellgedanke an Ausdehnung und Macht, allerdings mit besonderer Betonung gemeinwirtschaftlicher Ziele, und damit erhält der Kartellbegriff eine ganz neue Wendung: nicht mehr die monopolistische Marktbeherrschung des privaten Unternehmertums ist sein Inhalt, sondern die planwirtschaftliche Verteilung der verfügbaren Mengen unter der Kontrolle des Staates. Am 12. Juli 1915 ergeht eine Bundesratsverordnung, auf Grund derer die Zechenbesitzer auch gegen ihren Willen bezirksweise zu Vertriebsgesellschaften zusammengeschlossen werden können, um das befürchtete Auseinanderfallen der Bergbaukartelle zu verhindern (praktisch genügte schon, z. B. dem RWKS. gegenüber, das Drohen mit dieser Bestimmung) und die planmäßige Verteilung unter Ausschaltung jedes ungesunden Wettbewerbes zu sichern. Der Verschiebung von Kohlenmengen wird durch das Recht der Kriegsbeschlagnahme begegnet, dem Anreiz

[198]) Hirsch a. a. O. S. 170.

ungerechtfertigter Preiserhöhungen durch Preistreibereiverordnungen, die die Gewinnsätze bestimmen und den Kettenhandel verbieten. Der Staat schließt mit den Kartellen, die die Einhaltung der Preise zu gewährleisten haben, Preisvereinbarungen und überwacht durch Preisprüfungsstellen die gesamte Preisbildung.

## III. Die Syndikatsverhältnisse einzelner Reviere.

**Erfordernis größter Förderleistung.**

Hinsichtlich der Gestaltung der Syndikatsverhältnisse ergaben sich während der Kriegszeit keine wesentlichen Neuerungen. Jede Förder- und Absatzbeschränkung war aufgehoben, das Absatzproblem durch das Produktionsproblem abgelöst worden.

**Die Steinkohlenbezirke.**

Die Zechenbesitzer des RWKS., die infolge der guten Beschäftigung keine Neigung zur Fortsetzung der Kartellgemeinschaft verspürten, wurden allein durch die Möglichkeit einer etwaigen Anwendung der erwähnten Bundesratsverordnung im Jahre 1915 zu deren Fortführung veranlaßt. Das OSS. verlängerte seine während des Krieges ablaufende Konventionsperiode freiwillig.

**Die Braunkohlenbezirke.**

Mitteldeutschland war in syndikatslosem Zustande in den Krieg gegangen, doch blieben die Reviere in sich durch Preisvereinbarungen verbunden. 1915 wurde der „Preisverband mitteldeutscher Braunkohlenwerke", eine lose Kartellorganisation, gegründet, von den meisten Unternehmern, die ihm beitraten, wohl nur als Vermittlungsstelle für den Verkehr mit behördlichen Wirtschaftsstellen gedacht. So besaß er denn auch ihnen gegenüber keine bedeutende Bindekraft und hatte zum Hauptzweck die Begründung von Preiserhöhungen (gegenüber dem Wirtschaftsministerium), die in Deutschland als Folge allgemeiner Geldentwertung und steigender Lohnkostenhöhe überall eintraten.

Im Ostelbischen Braunkohlengebiet trat die Ilse-Bergbau A.G., die vor Kriegsausbruch gekündigt hatte, um ihren Absatz zu vergrößern, dem größten ostelbischen

Kohlensyndikat, der Niederlausitzer Brikettverkaufsgesellschaft, wieder bei. Auch dieses Syndikat, das auseinanderzufallen drohte, blieb nach Fristsetzung und Androhung der Errichtung eines Zwangssyndikates beisammen.

## IV. Die Handelsgestaltung.

**Die Kohlenverteilung unter staatlicher Aufsicht.**

Im Mittelpunkt der ganzen Marktlenkung der Kohlenwirtschaft während des Krieges stand die ordnungsmäßige Verteilung der verfügbaren Brennstoffe nach der kriegswirtschaftlichen Wichtigkeit der Verbraucher. Der „Kohlenausgleich" [199]) hatte für die Sicherstellung des Heeresbedarfs zu sorgen und klassifizierte die Abnehmergruppen nach der Dringlichkeit des Bedarfs. An letzter Stelle stand immer der Hausbrand, der unter der Kohlenknappheit erheblich zu leiden hatte. Das zog den Kohlenhandel, insbesondere den Einzelhandel, in unmittelbare Mitleidenschaft, denn die Versorgung der Familienhaushalte war sein Hauptarbeitsgebiet. Da zudem die vom „Reichskommissar für die Kohlenverteilung" als Oberverteilung errichtete Organisation von amtlichen Versorgungsbezirken (die sich als Unterverteilung in Kohlenwirtschaftsstellen und diese wiederum in Kreis- und Ortskohlenstellen untergliederten) die gesamte Mengenabgabe überwachte,[200]) wurde der Kohlenhändler eigentlich nur zum Beamten der Verteilung. „Handel" im Sinne des Wortes konnte nicht getrieben werden, die Handelsgeschäfte waren zu Verteilerbüros geworden. Vom Lieferwerk bis herunter zum Verbraucher war ein lückenloses Melde- und Bezugsscheinsystem ausgearbeitet worden, nach dem der Großhandel die Brennstoffe vom Werk beziehen mußte und nur nach Genehmigung zur Ablieferung bringen konnte. Vom Einzelhändler wurden sie dann unter Überwachung der amtlichen Verteilungsstellen auf Kohlenkarten entnommen, während Preisprüfungsstellen der Gemeinden nach Anhörung von Vertretern des Brennstoffhandels und der Verbraucher die Preisbildung überwachten

[199]) Begründet durch die Bekanntmachungen über die Regelung des Verkehrs mit Kohle vom 24. Februar 1917 und 28. Februar 1917.

[200]) Die Preisbewirtschaftung unterlag ihm nicht.

(was sich praktisch als ein Festsetzungsrecht für die Kleinverkaufspreise auswirkte). Wenn auch im allgemeinen die Zusammenarbeit zwischen Kohlenhandel und Behörden gut war, so wurden doch die schon früher aufgetauchten kommunalen Bestrebungen, den Kohlenhandel in eigene Regie der Gemeinden zu nehmen, zwangsläufig und als Folge der Verteilungstechnik unterstützt, denn die Versorgungsbezirke waren nichts anderes als Gemeinden und Bezirke von Kommunalverbänden.

**Wachsen des Organisationsgedankens.**

Diese ganze Entwicklung trug dem Centralverband als Spitzenorganisation der Kohlenhändler und seinen Ortsvereinigungen besondere Bedeutung ein, da sie in allen berufszuständigen Fragen gehört wurden und die Verteilung der Hausbrandkohlenbezugsscheine durch die Kommunalverbände zu überwachen hatten. So kam der Einzelhändler sehr schnell in ein anderes Verhältnis zu seinem Berufsverband. Der Einspruch eines einzelnen (beispielsweise bei zu eigenmächtigem Vorgehen der Behörden bei der Kohlenverteilung) half nicht viel; die Beschwerde des Handelsverbandes dagegen wurde beachtet und berücksichtigt. Die wachsende Einsicht, daß nur der Anschluß an die Organisation die Wahrung der Interessen sicherstellen könne, die Tatsache, daß die Preisprüfungsstellen gemeinsam mit den Handelsverbänden Kalkulationsrichtlinien ausarbeiteten, führte jetzt und während der ganzen Zeit der Kohlenknappheit auch ein starkes Wachsen der Mitgliederzahl der Verbände herbei. Der Wert berufsgemeinschaftlicher Verbandsarbeit wurde hier offensichtlich. Was einsichtsvolles Zureden bisher nicht vermocht hatte, brachte die harte Notwendigkeit mit sich: man organisierte sich! [201])

---

[201]) Es waren organisiert:

1912 = 5 000 Kohlenhändler,
1919 = 5 000 Kohlenhändler,
1920 = 15 000 Kohlenhändler,
1921 = 20 000 Kohlenhändler.

(Nach Handbuch der Kohlenwirtschaft S. 458.)

## E. Die staatlich gebundene Syndikatswirtschaft der Nachkriegszeit.

### I. Die Grundsätze dieser Wirtschaftsform.

**Die allgemeine Marktlage.**

Die Verhältnisse der Kohlenversorgung in der ersten Nachkriegszeit gestalteten sich noch wesentlich schlechter. Die Saarkohlen- und ein Teil der oberschlesischen Steinkohlenförderung fielen aus. Die Feindbundstaaten bürdeten Deutschland die kostenlose Lieferung ungeheurer Kohlenmengen auf. Durch Abtretung von Eisenbahnmaterial stockte die einheimische Kohlenzufuhr. Die allgemeine Unordnung jener Zeit, hervorgerufen durch die lange Kriegsnot und die Demobilmachung des Heeres, Unruhen, Streiks, der Leistungsrückgang infolge verminderter Arbeitsfähigkeit und -willigkeit, Überalterung der Anlagen und ein harter Winter ließen den Kohlenmangel ins Ungeheure steigen. Hinzu trat der Ruhreinbruch, der schließlich die Förderung Rheinland-Westfalens für den deutschen Verbrauch ausschaltete.

So führte der Zwang zur möglichst sparsamen Verwendung von Brennstoffen zur verbesserten Wärmetechnik, die in das Rationalisierungsprogramm der ganzen deutschen Industrie aufgenommen wurde und mit geringsten Kohlenmengen größte Heizwirkungen erzielen wollte. Als weitere Versuche der Selbsthilfe gegen die Unsicherheit der Brennstoffversorgung und zur Stillung des allgemeinen industriellen Kohlenhungers setzten die vertikale Unternehmungskonzentration unter Einbeziehung des Bergbaus, die Suche nach neuen Energiequellen und damit die Abwendung von dem Kraftstoff Kohle ein. Die Kürzung der Verbrauchsmengen traf wiederum am schwersten die Versorgung des Hausbrandes.

**Das Sozialisierungsgesetz des Kohlenbergbaus.**

In diese Zeit fallen die staatlichen Experimente zwecks Sozialisierung des Kohlenbergbaus. Dem allgemeinen Sozialisierungsfieber war man zunächst durch das Versprechen einer Vollsozialisierung des Bergbaus entgegengekommen, weil gerade er infolge seiner vorgeschrittenen Konzentration, seiner festgefügten Organisation am leichtesten in die gewollte gemeinschaftliche Besitzform überzuführen („sozialisierungsreif") sei. Die von der Mehrheit der Sozialisierungskommission vorgeschlagene Übereignung des Kohlenbergbaus an eine „Deutsche Kohlengemeinschaft" [202]) wurde von der Regierung aber nicht gutgeheißen, da sie zu der Überzeugung gelangt war, daß der beabsichtigte gewaltsame Eingriff in die bergbaulichen Verhältnisse die Zertrümmerung der Kohlenwirtschaft zur Folge haben, ja ein nationales Unglück bedeuten würde. Bei ihrer Stellungnahme zur Unternehmerleistung kam sie zu dem Schlusse,

> „daß der selbständige Unternehmer mit seiner Dispositionsfreiheit der Träger des wirtschaftlichen Fortschrittes sei. Gerade wegen der notwendigen Erhaltung dieser freien Initiative lehnte sie die Überführung des Bergbaus in einen starren, den wirtschaftlichen Bedürfnissen nicht entsprechenden bürokratischen Staatsbetrieb ab. ... Die schnelle Entschlußfähigkeit und weitgehende Verantwortungsbereitschaft stellten ... die besondere Leistung des Unternehmertums dar; ... die Unternehmer gäben dem Arbeitsprozesse Richtung, Ordnung und zweckmäßiges Ineinandergreifen. ... Die Unternehmerwirtschaft verbürgte die Erfolgswirtschaft; sie hatte die scharfe Auslese und unerschütterliche Vertrauensstellung des erfolgreichen Führers geschaffen, auf dessen Mitarbeit auch bei Demokratisierung der Wirtschaft nicht verzichtet werden konnte." [203])

Man ließ also den Plan einer Vollsozialisierung fallen und begnügte sich damit (indem man an die bereits bestehenden Kartellgebilde anknüpfte), den Bergbau in den Rahmen öffentlicher Verwaltungswirtschaft einzuspannen. Dem Interessenkampf entsprang das KWG., ein

> „Kompromiß zwischen den zur Macht gekommenen Anhängern des Sozialismus und den Verfechtern unserer bisherigen individualistischen Wirtschaftsordnung". [204])

---

[202]) Bericht der Sozialisierungskommission über die Frage der Sozialisierung des Kohlenbergbaus vom 31. Juli 1920 S. 8.

[203]) Loose a. a. O. S. 152. Näheres vergl. Bericht der Sozialisierungskommission a. a. O. S. 32/33. Hinweis auf den Saarkohlenbergbau der Vorkriegszeit S. 99 ff.: „Das Saarkohlenrevier".

[204]) Thoenes a. a. O. S. 55.

In Anbetracht der Wichtigkeit des Brennstoffes für die deutsche Wirtschaft und mit besonderem Hinblick auf die gerade herrschende starke Kohlenknappheit wollte der Staat mit ihm die Verteilung der Kohle und die Höhe der Kohlenpreise auch weiterhin willkürlichen Bestrebungen privater Interessenten und der Einwirkung von Zufälligkeiten des Marktes entziehen. Der Privatbesitz wurde grundsätzlich anerkannt, seine Betriebe aber im Interesse des Gemeinwohls in den gemeinwirtschaftlichen Aufbau eingegliedert. Damit behielt der Staat die im Kriege ausgeübten Rechte bei, er wandelte einen Ausnahmezustand durch den Erlaß des Sozialisierungsgesetzes vom 23. März 1919 und das am gleichen Tage erlassene KWG. um in einen Dauerzustand.

## II. Die Regelung und Auswirkung des Kartellwesens.

### 1. Das Kohlenwirtschaftsgesetz und die Produktionskartelle.

#### Der gemeinwirtschaftliche Syndikatsaufbau.

Die Bestimmungen, die das KWG. und seine Ausführungsbestimmungen vom 21. August 1919 (ABKWG.) als Sondergebiet im Bereich des Kartellwesens brachten, bedeuteten eine Erweiterung des (in seinem ursprünglichen, privatwirtschaftlich betonten Sinne allerdings gewandelten) Kartellgedankens, da er nun gesetzgeberisch zum staatlichen Organisationsmittel der Wirtschaft umgebildet wurde. Die freiwillig gebundene Syndikatswirtschaft, der es an einer die gesamte Produktion umfassenden Kartellorganisation fehlte, wurde abgelöst von der staatlich gebundenen Syndikatswirtschaft, die den einheitlichen Kartellaufbau des Bergbaus vollzog. Entstanden aus Beweggründen, die schon in der Vorkriegszeit eine staatlich kontrollierte Vergesellschaftung des Kohlenbergbaus verlangt hatten,[205]) die in der Kriegszeit genährt und gefördert worden waren,[206]) machte sie die Produktionskartelle aus bisherigen Verbandsorganen zu privatrechtlichen Selbstverwaltungskörpern. Die Bewirtschaftung des wichtigsten Rohstoffes Kohle

[205]) Vergl. die Ausführungen S. 36 ff.: „Die Stellung des Staates zur Kartellpolitik".

[206]) Vergl. die Ausführungen S. 122: „Die Stellung des Staates zum Kartellwesen".

wurde einem weiteren Kreise von Wirtschaftsgruppen übertragen,[207]) um die entgegenstehenden Interessen von Produktion, Handel, Verbraucherschaft, von Unternehmern und Arbeitern in gemeinsamer Arbeit und durch Unterordnung der Einzelinteressen unter den Beschluß der Mehrheit für das Gemeinwohl auszuwerten. Die gesamte Kohlenbewirtschaftung des Deutschen Reiches stellte damit

> „eine Mischung zwischen Selbstverwaltung und staatlichem Zwang dar, wobei allerdings der staatliche Zwang formbildend wirkte".[208])

Der deutsche Kohlenbergbau hatte sich unter Androhung der Zwangssyndizierung in

S y n d i k a t e n (ausgerüstet mit Verwaltungsbefugnis) zusammenzuschließen, die einem Obersyndikat, der

R e i c h s k o h l e n v e r b a n d A.-G. (RKV.), unterstanden, das wiederum ausführendes Organ des beschließenden

R e i c h s k o h l e n r a t e s (RKR.) ist, der Gesetzgebungsbefugnis besitzt, während der RKV. Ergänzungsvorschriften zu erlassen hat. Das

R e i c h s w i r t s c h a f t s m i n i s t e r i u m (RWM.) als Vertreterin des Staates ist die Oberaufsichtsstelle, es hat in allen Angelegenheiten des Kohlenmarktes ein Einspruchs- und Aufsichtsrecht und kann die gesamte kohlenwirtschaftliche Marktgestaltung und -entwicklung, auf dem Wege über die genannten Behörden, nach seinem Willen überwachen und lenken.

So hat denn das RWM. auch mehrfach in die Befugnisse der Syndikate eingegriffen, indem es sie bei drohender Auflösung zur Fortsetzung des Kartellverhältnisses zwang und Unwillige beischloß. Als man beispielsweise im Jahre 1 9 2 4 im RWKS. seinem Willen nicht rechtzeitig nachkam, ordnete es mehrfach hintereinander die Weitergeltung des bisherigen Syndikatsvertrages an, bis sich die Mitglieder selbst zusammengefunden hatten.

---

[207]) Es gehörten ihm unter Hinzuziehung von Vertretern der Technik, der Wissenschaft, des Verkehrswesens 60 Mitglieder an.

[208]) D i e t r i c h , Die Kohlenversorgung Süddeutschlands S. 46.

Da die meisten Bergbaubezirke schon eine einheitliche Verkaufsorganisation besaßen, bedeuteten die Bestimmungen des KWG. für sie nur die öffentlich-rechtliche Bestätigung ihrer freiwirtschaftlichen Vereinbarungen.[209]) Sie brauchten nicht umgestaltet zu werden, die Außenseiter traten bei oder wurden beigeschlossen, und mehrere Kartelle eines zusammengehörenden Wirtschaftsraumes traten zu einem einzigen Kartellverband zusammen.[210]) Verhandlungen zur Verlängerung bereits bestehender Syndikatsorganisationen (RWKS., RBS.) führten immer zum Abschluß, denn es war besser, sich „ein eigenes Haus zu bauen", als der sonst drohenden Zwangskartellierung zu verfallen. Werksbesitzer anderer Reviere hingegen mußten sich nun erst vereinigen und haben dabei in Wahrung der förmlichen Bedingungen des Gesetzes versucht, die herkömmliche Absatzorganisation in die vom Gesetzgeber gewollte einzubauen.[209]) Beispielsweise wurden die mitteldeutschen Braunkohlengruben zum MBS. zusammengeschweißt, das aber den Verkauf deren Werkshandelsgesellschaften überließ.[211]) Ähnliches gilt für die Gründungshergänge in Oberschlesien, dessen Kohlenkonvention zu einem rein fiktiven OSS. umgewandelt wurde.

**Die horizontale Durchgliederung der Kohlenproduktion.**

Auf der gesetzlichen Grundlage, die die horizontale Erfassung der Unternehmungen durchführte, bauten sich zehn bezirkliche Syndikate [212]) auf:

1. Rheinisch-Westfälisches Kohlen-Syndikat, Essen,
2. Aachener Steinkohlen-Syndikat, Kohlscheid bei Aachen,
3. Oberschlesisches Steinkohlen-Syndikat, Gleiwitz,
4. Niederschlesisches Steinkohlen-Syndikat, Waldenburg,
5. Sächsisches Steinkohlen-Syndikat, Zwickau,
6. Niedersächsisches Kohlen-Syndikat, Hannover,

---

209) Nach „Die deutsche Kohlenwirtschaft" S. 89.

210) Die „Niederlausitzer Brikettverkaufsgesellschaft" als Vertreterin des ostelbischen Kernrevieres vereinigte sich mit den Kartellen der drei Randgruppen Frankfurt, Forst und Görlitz zum OBS.

211) Vergl. den folgenden Abschnitt S. 131: „Der Kartellaufbau des MBS.".

212) Über den Aufbau der Handelsorganisationen dieser Syndikate vergl. C II (S. 80 bis S. 108). Soweit Änderungen der Nachkriegszeit nicht schon in jenem die Vorkriegsjahre darstellenden Abschnitt gestreift wurden, werden sie in den nun folgenden Abhandlungen erörtert.

7. Kohlensyndikat für das rechtsrheinische Bayern, München,[213])
8. Rheinisches Braunkohlen-Syndikat, Köln,
9. Mitteldeutsches Braunkohlen-Syndikat, Leipzig,
10. Ostelbisches Braunkohlen-Syndikat, Berlin.

Zu ihnen gesellt sich noch ein über das ganze Reich sich erstreckendes

11. Gaskoks-Syndikat in Berlin, das den Verkauf des Koksanfalles der Gasanstalten durchzuführen hat, während das
12. Saargebiet infolge Abtrennung vom Deutschen Reiche zunächst nicht erfaßt werden konnte.

**Der Kartellaufbau des MBS.**

Einer gesonderten Betrachtung im Rahmen der Entwicklungsdarstellung dieser Zeit bedarf die Bildung des MBS., in dessen Wirtschaftsbereich die Verhältnisse besonders schwer in die vom KWG. vorgeschriebene Kartellform zu bringen waren. Seit der Auflösung des ersten MBS. noch vor dem Kriege (1913)[214]) hatten die Gruben, um ihren Absatz sicherzustellen, mit verschiedenen Verkaufsfirmen (an denen sie oder die umgekehrt an ihnen kapitalmäßig beteiligt waren) und mit Verkaufsvereinen (deren Gründer sie selbst gewesen waren) langfristige Lieferverträge abgeschlossen. Es war eine kapitalmäßige Mischung und interessenmäßige Verflechtung herüber und hinüber entstanden, so daß Produktion und Handel eng miteinander Hand in Hand, ja unter einheitlicher Leitung arbeiteten, wobei die Kapitalmacht des Handels und seine (Verdienst-) Interessen endlich immer den Ausschlag gaben.[215]) Es hatte sich, für Mitteldeutschland ganz besonders typisch, die Absatzorganisation der Werkshandelsgesellschaften entwickelt.[214])

Da nun das KWG. von sämtlichen Zechenbesitzern die Ablieferung ihrer Erzeugung an (und den Verkauf durch) das

---

213) Seine Handelsgestaltung bedarf im Rahmen dieser Abhandlung infolge rein lokaler Bedeutung der bayrischen Reviere keiner näheren Untersuchung. Es verkauft seine Kohle über eine Vertriebsgesellschaft und nur im Bahnabsatz.

214) Vergl. die Ausführungen S. 104 ff.

215) Ausgeprägter noch im Gebiet des OBS.; vergl. auch S. 155 ff. und das „Gutachten über Ersparnismöglichkeiten ...", erstattet von der Schmalenbachkommission, S. 8 ff.

Syndikat verlangte, und da andererseits die Syndikate befugt waren, Rechte und Pflichten ihrer Mitglieder aus bereits laufenden Brennstofflieferungsverträgen zu übernehmen, baute man die zwischen Zechengruppen und Handelsgeschäften bestehenden Lieferungsverträge in Form eines „Mantelvertrages" in die rechtliche Organisation des Syndikates ein. Es wurde nicht eigentlich von der Produktion, sondern auf dem Umweg über den Werkshandel gegründet, der sich als Vertreter der von ihm betreuten Zechen zum Geschäftsträger und Gestalter der Syndikatsführung machte und in dezentralistischer Einstellung jeder Verbandsbildung mit unbekannter Kräfteverlagerung abhold war.[216])

So sind hier die Handelsinteressen die bis heute erfolgreichen Gegner straff gefügter Syndikatsorganisation gewesen. Die Erhaltung und Anerkennung des Werkshandels war Grundlage des neuen Syndikatsgebildes, an das zwar die Mengen, den gesetzlichen Erfordernissen entsprechend, verkauft, aber nur fiktiv verkauft wurden; denn das Syndikat hatte auf Grund des „Mantelvertrages" die Erzeugnisse sofort an die von den einzelnen Gruben benannten Verkaufsstellen, die Werkshandelsgesellschaften, weiterzuverkaufen,[217]) unter denen der Wettbewerb beim Vertriebe weiter bestand. Es blieb praktisch alles beim alten, denn in diesem „Fassadenbau" [218]) war eine eigentliche Syndikatsverkaufstätigkeit undurchführbar.

> „Das mitteldeutsche Syndikat in seiner Struktur von 1919 stellt etwa ein Mittelding zwischen loser Preisvereinigung und geschlossenem Verkaufssyndikat dar." [219])

Es bildet erst gemeinsam mit seinen Vertriebsstellen ein Verkaufssyndikat im ursprünglichen und wirtschaftlichen Sinne des Begriffes. Seine Hauptaufgabe besteht in der rechnungsmäßigen Verteilung der Erlöse, in der Regelung des Beschäftigungsausgleichs zwischen den Gruben, in der Behandlung von Absatzfragen und Aufgaben allgemeiner und grundsätzlicher

---

[216]) Nach Loose a. a. O. S. 87.

[217]) Alle drei Teile verbanden sich rechtlich im sogenannten „Normalvertrag".

[218]) Hecht, Organisationsformen der deutschen Rohstoffindustrie: Die Kohle, S. 174.

[219]) „Die deutsche Kohlenwirtschaft" S. 401, Sachv. Wolff.

Bedeutung. Es ist zwar inzwischen mehrfach umgebildet und seit 1932 auch in straffere Form gegossen worden, hat aber nie den Einheitscharakter eines festen Verkaufssyndikates gewinnen können.

## 2. Die Ziele und Wirkungen der Kartellverordnung.

**Die Gründe verstärkten staatlichen Eingriffs.**

Die starke Vermehrung der Kartellbindungen, die in der Nachkriegszeit ganz allgemein einsetzte, hatte die Verlagerung der Verantwortlichkeit vom einzelnen auf den Wirtschaftsverband zur Folge. Er wurde in immer stärkerem Umfang Zwischenträger der Wirtschaftsgestaltung, die damit zur Marktbindung in den höheren Formen führte.[220])

Diese Entwicklung ist gekennzeichnet durch eine Verstärkung der Machtmittel, die den Marktverbänden zustand. Konkurrenzbeschränkungen wurden von ihnen auferlegt, Marktkämpfe von ihnen geführt, Lieferungsbedingungen und Preisvorschriften (soweit nicht, wie in der Kohlenwirtschaft, ohnehin hoheitlich überwacht) von ihnen erlassen. Wirtschaftliche Machtausübung wird aber immer unangenehm empfunden, unangenehmer in einer Zeit, die den Sozialismus marxistischer Prägung als Zeichen der Vorherrschaft der Straße auf ihre roten Fahnen geschrieben hatte. Da ihr die Vollsozialisierung weder in der Kohlenwirtschaft noch ganz allgemein geschenkt worden war, da die Kartellwirtschaft der Produzenten dem Markt namentlich während der Inflationszeit ihren Stempel aufdrückte,[221]) galten die großen Wirtschaftsgebilde oft nur als Ausbeuter der breiten Massen. Die ganze öffentliche Meinung, aufgepeitscht durch politische und wirtschaftliche Gegensätze, genährt durch die Wirren der Inflationszeit und gestützt durch tatsächliche Mißstände im Kartellwesen (die sicherlich einen wirksamen Schutz der Verbraucher vor wirtschaftlicher Ausnutzung durch Produktion und Handel nötig machten, aber verallgemeinernd ausgewertet wurden), wandte sich gegen die Wirtschaftsweise dieser Machtgebilde.

---

[220]) Vergl. auch Schmalenbach, „Die Betriebswirtschaftslehre an der Schwelle der neuen Wirtschaftsverfassung" in Zeitschrift für handelswissenschaftliche Forschung 1928 S. 241 ff.

[221]) Vergl. die Ausführungen S. 143 ff.: „Marktlage und Preisbemessung".

Nun war (und ist ja schließlich noch heute) die Ausspielung einer wirtschaftlichen Überlegenheit kein schlechthin unter Strafe gestelltes Vergehen; sie gehört, im Rahmen des ethisch Vertretbaren und der geltenden Gesetze ausgeübt, durchaus zum Wirtschaftsverkehr überhaupt. Alle geschäftlichen Handlungen stehen letzten Endes unter dieser gedanklichen Voraussetzung. Sie liegt im Streben nach eigenem Vorteil begründet, und erst in der kommunistischen Staatsidee wird versucht, jede solche Möglichkeit machtausübenden Güteraustausches durch Zerschlagung der vom Privatkapital geleiteten Wirtschaft zu entfernen und dafür ausschließlich dem Staat zu übertragen. Solange aber eine Gesellschaftsordnung diesen Weg nicht beschreitet, muß sie sich mit der Anwendung eines gewissen wirtschaftlichen Druckes der einen Vertragspartei auf die andere abfinden. Sie hat lediglich Grenzen aufzustellen, bis zu denen ein solcher Druck möglich ist. Heute schließt ja auch die Forderung „Gemeinnutz geht vor Eigennutz" den Eigennutz an sich nicht aus, setzt ihn aber an die zweite Stelle und bestimmt damit eine solche Grenze, indem sie das Gemeinwohl des Volkes aller anderen erwerbswirtschaftlichen Zielsetzung voranstellt.

**Die Voranstellung des Gemeinwohles vor kartellwirtschaftliche Ausnutzung.**

Auch die „Verordnung gegen Mißbrauch wirtschaftlicher Machtstellung" vom 2. November 1923 (kurz „Kartellverordnung" genannt) bedeutete nichts anderes als eine Grenze, jenseits der jede Machtanwendung einen Mißbrauch der Wirtschaftsgewalt darstellte. Da private Zusammenarbeit der Spitzenverbände der großen Wirtschaftsgruppen Industrie, Handel, Genossenschaften (der „Reichsverband der deutschen Industrie" richtete 1921 eine „Kartelleinigungsstelle" ein, die der privaten Schlichtung dienen sollte) keine Abhilfe aufgetretener Mißstände schaffen konnte, griffen Parlament und Regierung, immer wieder von der volkstümlich gewordenen Front gegen die Kartelle dazu aufgefordert, durch den Erlaß der erwähnten Verordnung ein, indem sie die Macht der Kartelle ganz allgemein unter verschärfte Kontrolle stellten und im Kartellgericht als Sondergericht ein Instrument schufen, das dem schlimmsten Treiben der Produzentenorganisationen ein Ende bereiten und jedem Wirtschaftsglied Gelegenheit geben sollte, sich gegen Vergewaltigungen zu wehren. Die Beschränkungen der Kartellpolitik sollten, unter Voranstellung des Gedankens des Gemeinwohles, das einzelne Kartellmitglied vor zu großer Beschneidung seiner Selbständigkeit und die Allgemeinheit vor Ausnutzung schützen. Die Gesamtheit war

> „insbesondere dann als gefährdet anzusehen, wenn in volkswirtschaftlich nicht gerechtfertigter Weise die Erzeugung oder der Absatz eingeschränkt, die Preise gesteigert oder hoch gehalten oder im Falle wertbeständiger Preisstellung Zuschläge für Wagnisse (Risiken) eingerechnet werden, oder wenn die wirtschaftliche Freiheit durch Sperren im Einkauf oder Verkauf oder durch Festsetzung unterschiedlicher Preise oder Bedingungen unbillig beeinträchtigt wird." [222])

**Die tatsächliche Gestaltung der Kartellwirtschaft.**

Trotz aller dieser Bestimmungen und Einschränkungen [223]) sind, so sagt Beckerath,[224]) die Unternehmer tatsächlich herrschend geblieben. Die staatlich sanktionierten und erzwungenen Syndikate der Kohlen- und Kaliindustrie, die ja schon auf Grund von Sondergesetzen der gemeinwirtschaftlichen Kontrolle unterlagen, waren zwar von der Anwendung der Verordnung ausdrücklich ausgenommen. Aber auch von ihnen heißt es:

> „In der Tat dominiert trotz jener Kontrolle, die im Sinne der Gemeinwirtschaft nicht ausreichend wirksam ist, in den Organisationen des Kohlen- und Kalibergbaues unbestreitbar das Unternehmerinteresse." [224])

Sie vermochten sich obrigkeitlichen Eingriffen im wesentlichen zu entziehen.

---

[222]) Kartellverordnung vom 2. November 1923 § 4.

[223]) Sie wurden durch Notverordnungen der Folgezeit noch verschärft, insbesondere durch die Kartellnotverordnung vom 26. Juli 1930 (Verordnung des Reichspräsidenten zur Behebung finanzieller, wirtschaftlicher und sozialer Mißstände), die die staatliche Eingriffsmacht durch die Möglichkeit des Erlasses behördlicher Verwaltungsakte an Stelle von Kartellgerichtsbeschlüssen erweiterte, auch Notverordnung vom 8. Dezember 1931, behandelt auf S. 138.

[224]) Nach v. Beckerath a. a. O. S. 36.

**Die Auswirkung der Kartellverordnung auf die Verbandstätigkeit des Kohlenhandels.**

In das Verbandswesen des Kohlenhandels hat das Kartellgesetz in entscheidender Weise eingegriffen. Da es nicht auf Besonderheiten von Kartellbildungen der verschiedenen Berufszweige abgestellt war, sondern (mit den genannten Ausnahmen) ganz generell alle Kartellverbände der Wirtschaft traf, unterlag der noch näher darzustellende Weg auch der Kohlenhandelsverbände zum Abschluß von Preiskartellen und Ausschließlichkeitsverträgen erheblichen Hemmnissen. Der Organisationsgedanke, bei den Verbrauchern grundsätzlich unterstützt, wurde im Handel von den Behörden bekämpft. Nicht selten erblickten sie, gestützt auf Preistreibereigesetzgebung, Kartellverordnung und mit dem Hinweis auf Preisabbauaktionen der Regierung, in der Konventionspolitik als einem Akt der Selbsthilfe den Versuch zu Monopolbestrebungen und Preistreibereien und in dem Bestreben zur Verhängung von Liefersperren über organisationsunwillige oder unzuverlässige Händler einen Verstoß gegen diese gesetzlichen Bestimmungen. Die Reinhaltung des Berufsstandes, der Drang zum „geschlossenen Kreis" der Handelsglieder bedeutet jedoch, wie noch zu zeigen ist,[225]) keineswegs die Neigung zur Preissteigerung, sondern es soll im Gegenteil zuverlässige Bedienung der Bevölkerung bei angemessenen Preisen für beide Teile gewährleistet werden, um dem Mittelstand des Kohleneinzelhandels einen bescheidenen, aber für seinen Bestand unerläßlichen Nutzen zu sichern.

**Kartellrechtliche „Sperren".**

Jeder Ausschließlichkeitsvertrag bringt zunächst einmal die Sperrabsicht seiner Träger zum Ausdruck, Nichtorganisierte vom Verbandsverkehr auszuschließen, und das Verbot an seine Mitglieder, mit jenen zu kontrahieren. Das bedeutete tatsächlich in Fällen, in denen sich Großhandel und Einzelhandel auf den Ausschließlichkeitsvertrag geeinigt hatten,[226]) eine Sperre. Dagegen wandten sich §§ 9 und 4 der Verordnung, die die Unzulässigkeit solcher Sperrmaßnahmen aussprechen für den Fall, daß die

---

[225]) Vergl. S. 167 ff., S. 184 ff.

[226]) Z. B. im Bereiche des Südwestdeutschen Kohlenwirtschaftsverbandes, Mannheim (vergl. S. 170).

„wirtschaftliche Freiheit durch Sperren im Einkauf oder Verkauf oder durch Festsetzung unterschiedlicher Preise und Bedingungen unbillig beeinträchtigt wird".

Die Verhängung von Sperren über Außenseiter ist von der Einwilligung des Vorsitzenden des Kartellgerichts abhängig gemacht. Das erscheint auch als eine durchaus gerechtfertigte Maßnahme, wenn nur die Entscheidung des Kartellgerichts volkswirtschaftlichen Belangen tatsächlich entspricht. Das war aber, vor allem in den ersten Jahren der Tätigkeit dieses Instituts, nicht ausschließlich der Fall, denn selbst von der Möglichkeit, „wilden Händlern" bei nachgewiesener Betrügerei oder sonstiger Unzuverlässigkeit die Betreibung ihres Handelsgewerbes zu untersagen, hat es nur sehr milde und erst in späteren Jahren zustimmenden Gebrauch gemacht.[227]) Andererseits sieht § 8 KartellVO. die Möglichkeit für den an einem Kartell Beteiligten vor, seine Mitgliedschaft fristlos zu kündigen, wenn ein „wichtiger Grund" vorliegt und die Gefährdung des Gemeinwohls „in volkswirtschaftlich nicht gerechtfertigter Weise" (§ 4) zu besorgen ist. Dabei zeigte es sich, daß die Linie, bei der eine „unbillige Einschränkung der wirtschaftlichen Bewegungsfreiheit" anfängt, schwer zu ziehen war.

> „Man wird sagen dürfen, daß ein Verband, der die Fragen der Neuaufnahmen von Platzhändlern vorsichtig prüft, der sich in der Frage der Aufnahme trotz der notorischen, auch vom Reichswirtschaftsministerium wiederholt anerkannten Überfüllung im Kohlengewerbe nicht unbedingt ablehnend verhält und den Wünschen des Großhandels nach Erweiterung seines Absatzgebietes so weit entgegenkommt, als es diese Überfüllung irgend zuläßt, der Vorwurf einer Gefährdung der Gesamtwirtschaft nicht gemacht werden kann." [228])

**Der Kartellpreis der Handelsverbände.**

Der Wortlaut des erwähnten § 4 KartellVO. traf gleichzeitig die Steigerung oder Hochhaltung der Preise (in der Kohlenwirtschaft also der Kleinverkaufspreise, da ja die Groß-

---

[227]) Vergl. Geschäftsbericht des Centralverbandes vom Jahre 1929/30 S. 10 ff.

[228]) Mylord in „Kohlenhandelsfragen" S. 193.

handelspreise [229]) schon festgesetzt und überwacht waren) und legte den Kohlenhandelsverbänden bei ihren Bemühungen zur Erreichung eines für alle gemeinsam geltenden Preisspiegels die besondere Pflicht zur sorgfältigen Kalkulation ihrer Verbandspreise auf. Um dem Vorwurf der Ausbeutung der Konsumenten und den Bedenken gegen die Zulässigkeit von Preisfestsetzungen zu begegnen,[230]) errechnete man die Ortshandelspreise gemeinsam mit Großhandel und Syndikaten und ließ sie auch von den zuständigen Handelskammern begutachten. Einige Syndikate unterstützten die Bestrebungen der Handelsverbände durch den Einbau sogenannter „Preisschutzklauseln" in ihre Lieferungsbedingungen (z. B. das MBS. seit 1925), die den Käufer verpflichteten,

> „an Orten, an denen Händlervereinigungen bestehen, die von diesen Vereinigungen mit Zustimmung des Syndikats festgesetzten Preise und Bedingungen beim Weiterverkauf einzuhalten." [231])

Das bedeutete gleichzeitig eine Unterstützung der Handelskartelle in ihrem Kampf gegen die Außenseiter.

Als aber die Vierte Notverordnung vom 8. Dezember 1931 (in § 3) [232]) für Syndikate und allein lieferungsberechtigte Kohlengroßhändler ein grundsätzliches Sperrverbot gegenüber Einzelhändlern, die Preisunterbietungen vorgenommen hatten, aussprach, stand das Kartellgericht auf dem Standpunkt,

> „daß es für den Kohlenhandel praktisch nicht mehr möglich ist, überhaupt Sperren zu beantragen".[233])

Solange daher Kartellgesetz und Kartellrechtsprechung die Reinigungsaktion der Kohlenhandelskartelle und ihr Streben

---

[229]) „Reichskohlenverbandspreise"; darüber vergl. den nächsten Abschnitt: „Die Festsetzung des Erzeugerpreises" (S. 139 ff.).

[230]) Großhändler, die ihre Abnehmer auf die Einhaltung von Kleinverkaufspreisen verpflichteten, wurden sogar bestraft; vergl. Baerwald, „Einzelne Fragen des Preistreiberei-Strafrechts . . ." in „Kohlenhandelsfragen" S. 141; auch DKZ. 1924 Heft 22 S. 923.

[231]) Vergl. auch S. 148.

[232]) Vierte Verordnung des Reichspräsidenten zur Sicherung von Wirtschaft und Finanzen und zum Schutze des inneren Friedens vom 8. Dezember 1931, I. Teil § 3 Absatz 1 3.

[233]) Deutsche Kohlenzeitung 1933 Heft 3 vom 7. Februar 1933 S. 45 ff.

nach einem Einheitspreis nicht als eine volkswirtschaftlich notwendige Gesundungsvoraussetzung ansahen, blieb jene Aktion ein Stückwerk. Darüber ist später[234]) noch mehr zu sagen.

### 3. Die Festsetzung des Erzeugerpreises.

**Die staatliche Zwangspreisregelung.**

Während den Syndikaten durch ihre Eingliederung in die Gemeinwirtschaft einesteils besondere Aufgaben auferlegt wurden, die über den Rahmen privatwirtschaftlicher Tätigkeit hinausgehen (sie haben die Pflicht, die vom RKR. bezw. RKV. erlassenen Vorschriften durchzuführen und deren Durchführung bei ihren Mitgliedern sowie die Einhaltung der Kauf- und Lieferungsbedingungen beim Verkauf zu überwachen), verlieren sie andererseits manche Rechte der früheren Selbstbestimmung, namentlich das der Preisfestsetzung. Wohl fällt ihnen die eigentliche Abwicklung des Absatzes, des ganzen geschäftlichen Betriebes auch weiterhin zu; während sie sich aber früher ihre Geschäftsbedingungen selbst schaffen konnten, während früher ihre Mitgliederversammlungen die letzten Instanzen bei Preisbestimmungen waren, besaßen sie jetzt nur Vorschlagsrechte. Die Grundsätze, nach denen geliefert wurde, bestimmte der RKR. Seine Ziele, ausgerichtet an den Interessen aller ihm angehörigen Wirtschaftskreise,[235]) waren im wesentlichen Ausschaltung jedes unwirtschaftlichen Wettbewerbes und „Schutz des Verbrauchers" durch Bestimmung und Überwachung der von den Abnehmern an die Syndikate oder den Großhandel zu zahlenden Kohlenpreise, die der RKV. im einzelnen zu genehmigen hat („Reichskohlenverbandspreise").

Die staatliche Zwangspreisregelung, die sich (beeinflußt von der Kaufkrafttheorie, die von einer allgemeinen Lohnsteigerung eine allgemeine Kaufkraftstärkung erwartete) insbesondere auf die Lohnkostenhöhe stützte, baute nicht auf der Selbstkostenrechnung der Gruben als maßgeblicher Grundlage auf, sondern bestimmte die Preise, nur in Anlehnung an die Erfahrungen und Wünsche des Bergbaus und seine Werksrechnung, im wesentlichen auf Grund einer eigenen Berechnungsarbeit, die aber

---

[234]) Absatz III 5 dieses Abschnittes: „Die Handelskartellierung" (S. 167 ff.).

[235]) Die Konsumenten verfügten über die Mehrheit der Stimmen.

immer die niedrigsten Gestehungskosten zugrunde legte. Der Festsetzungspraxis folgend könnte man sagen, daß es sich um einen Kompromiß zwischen Werkskosten, Lohnhöhe und zumutbarem Verkaufspreise handelte, denn die Tätigkeit des Kohlenparlaments litt unter allen den nachteiligen Folgen der Politisierung und taktischen Ausschlachtung, die das Merkmal jeder Parlamentsarbeit sind.

> „Das Verknüpfen von Lohnerhöhungen mit neuen Preisfestsetzungen, wie es beim Großen Ausschuß des RKR. üblich wurde, machte den „angemessenen" Preis zu einem Handelsobjekt zwischen den Interessentengruppen der Arbeitgeber und -nehmer unter dem Deckmantel der Gemeinwirtschaft."[236])

So konnte es sich hier nicht um gemeinwirtschaftliche Preisbildung handeln, und der Marktpreis als Regulator der Wirtschaft blieb in seiner sozialökonomischen Funktion ausgeschlossen. Es gab als Erzeugerpreis einen Höchstpreis, der zugleich Mindest-, also Einheitspreis war.

**Die Lockerung der staatlichen Preisbewirtschaftung.**

Nach Eintritt ruhigerer Wirtschaftsverhältnisse, nach Eintritt der Währungsstabilität und unter dem Druck des wieder flüssigen Kohlenmarktes wurden die Preisveröffentlichungen des RKV. nur zu Richtpreisen, die die oberste Grenze dessen waren, was überhaupt gefordert werden durfte (Übergang von dem System der „starren Kohlenpreise" zu dem der „gestaffelten Kohlenpreise"). Denn in dem Augenblick, um die Wende der Jahre 1923/24, in dem die Kohlenknappheit überwunden war, verkehrte sich alles ins Gegenteil. Der allgemeine Niedergang der Volkswirtschaft und der Weltwirtschaft, die Verarmung der Bevölkerung und die schlechte Beschäftigung der deutschen Industrie, das Vordringen von Elektrizität, Wasserkraft, Öl und ausländischer Kohle, die Vervollkommnung der Wärmetechnik und der Verlust von Auslandsmärkten hatten eine Absatzschrumpfung größten Ausmaßes zur Folge. Kohlenangebot und Haldenbestände stiegen fortgesetzt, besonders nach Wiederaufnahme der Ruhrlieferungen nach dem Zusammenbruch des „passiven Widerstandes". Der daraufhin

[236]) Könitzer, Der deutsche Kohlenhandel S. 109.

einsetzende schärfste Wettbewerb brachte dauernde und erhebliche Preisunterbietungen mit sich. Damit war nicht nur die Zwangsbewirtschaftung der Menge, sondern auch die des Preises hinfällig; sie wurde, nur noch von einer oberen Linie überdacht, ausgesetzt. Der RKV. gestand den Syndikaten, um sie wettbewerbsfähig zu machen, eine gewisse Beweglichkeit hinsichtlich ihrer Preisforderungen zu, indem er, wie erwähnt, den bisherigen Einheitspreis zum Richtpreise machte, von dessen Höhe unter seiner Aufsicht in regionaler Abstufung abgewichen werden konnte, wenn nur der Gesamterlös im zulässigen Rahmen blieb. So wurden die starren Fesseln durchbrochen, das freie Spiel der Kräfte begann sich zu regen und verlieh den Syndikaten größeren Einfluß auf Preisbemessung und Marktgestaltung.

> „Es ist ... praktisch im allgemeinen nicht so, daß man die Kohlenpreise auf Grund der Selbstkosten feststellt, sondern sie werden vom Markt bestimmt. Eine Folgeerscheinung davon ist, daß die Preise, die der Kohlenverband veröffentlicht hat, in keinem Monat erreicht werden." [237])

Endlich war ein Beschluß des RKR. und des RKV. Ende 1930 nur eine formellrechtliche Bestätigung des Wiederauflebens freier Marktpreisbestimmung. Er brachte eine weitere Lockerung durch die Übertragung der rechtlichen Befugnis an die Syndikate, die Verkaufspreise unter Zustimmung des RKV. innerhalb der gültigen Reichsanzeigerpreise

> „der Marktlage anzupassen. Sie dürfen zu diesem Zweck und innerhalb dieses Rahmens Preisänderungen nach oben und nach unten vornehmen und hierbei auch Verschiebungen in den Sortenpreisen durchführen." [238])

**Der Ruf nach „freier Wirtschaft".**

Es ist verständlich, wenn die Kohlenwirtschaft, nachdem die geänderten Verhältnisse staatliche Mitbestimmbarkeit nach ihrer Ansicht nicht mehr erforderten oder rechtfertigten, das Recht der freien Preisbestimmung überhaupt und schon mit Hinblick auf einen etwaigen günstigen Umschlag der Konjunktur verlangte. Denn nach wie vor waren die „Richtpreise" Höchst-

---

[237]) „Die deutsche Kohlenwirtschaft" S. 458, Sachv. Kralik vom RWM.
[238]) Nach dem Geschäftsbericht des Centralverbandes 1930/31 S. 5.

preise, die in einer Hochkonjunktur oder bei Warenknappheit nicht überschritten werden durften, aber bei Tiefkonjunktur oder Warenüberfluß nicht zu erreichen waren.

> „Wir haben auf diese Weise niemals die Möglichkeit, bei irgendeiner günstigen Konjunktur das einzuholen, was wir in den letzten Jahren verloren haben, bezw. die Verluste der schlechten Monate auszugleichen. . . . Gerade weil unser Nutzen wirklich ein Pfennignutzen ist, sind diese Bestimmungen des Kohlenwirtschaftsgesetzes besonders drückend." [239])

Der Bergbau betrachtete das unter anormalen Verhältnissen geschaffene KWG. nunmehr als zwecklos. Der Geschäftsbericht der Harpener Bergbau-Aktiengesellschaft, Dortmund, vom Jahre 1929 [240]) sagt:

> „Nach unserer festen Überzeugung wäre es für alle, die mit dem Ruhrbergbau auf Gedeih und Verderben verbunden sind, die beste Lösung, wenn ihm die freie Wirtschaft in vollem Umfange wiedergegeben würde."

## III. Die Handelsgestaltung.

**Bestrebungen zur Verstadtlichung des Handelswesens.**

Auch den Handel hatte man in einen staatlichen Verteilungsplan einbeziehen wollen. Die Sozialisierungskommission arbeitete ein Kommunalisierungsgesetz aus, das die Gemeinden berechtigte, ohne weitere Genehmigung oder Zustimmung Unternehmungen zu kommunalisieren, um den Brennstoffvertrieb auf diese Weise durchzuführen. Damit wäre der Handel für immer zum uniformierten Staatsverkäufer [241]) abgestempelt worden. Die Absichten drangen aber nicht durch, denn auf die unternehmerische Gestalt des in seinen kaufmännischen Entschlüssen freien Händlertums hat man trotz aller sozialistischen Bestrebungen nicht verzichten wollen.

> „Die Grundlage alles Wirtschaftens, das Menschliche, allzu Menschliche, steht doch allenthalben in der Welt, wie

---

[239]) Die deutsche Kohlenwirtschaft S. 416, Sachv. Dziallas.

[240]) S. 9.

[241]) Nach Borchardt, „20 Jahre deutscher Kohlenhandel" in „Kohlenhandelsfragen" S. 24.

wir nicht zuletzt bei uns beobachten können, allzu stark unter dem Beharrungsgesetz, als daß es allein durch einen Krieg wirklich im Grunde geändert werden könnte."[242])

**Das KWG. und der Kohlenhandel.**

Das KWG. wirkte also nur hinsichtlich Lieferungsbedingungen und Preisfestsetzungen und hier unmittelbar nur auf den Großhandel ein, für den sich deswegen eine einheitliche Preis- und Absatzlinie ergab; es regelte aber den vom Einzelhandel durchgeführten Kohlenvertrieb grundsätzlich nicht und nur mittelbar,

> ,,da zwischen den Absatz- und Preisverhältnissen des Platzhandels der verschiedenen Orte je nach Frachtlage und Wirtschaft, auch je nach den örtlichen Liefergewohnheiten, Gewohnheiten des Bauens, Wohnens und demgemäß des Brennstoffverbrauchs, in der Brennstoffbelieferung große, zum Teil außerordentliche Unterschiede bestehen." [243])

Zwar wollte das KWG. die Bindung auch des letzten Preises und traf den Handel durch den Aufbau der Syndikatsorganisationen und durch eine Reihe besonderer, noch näher zu behandelnder Vorschriften.[244]) Statt einer ausgeklügelten Verteilungsreglementierung, die die Kriegswirtschaft und die folgenden Jahre der Kohlenknappheit als Ausnahmeregelung notwendigerweise mit sich bringen mußten, hat aber die Verteilung sofort nach Eintritt eines flüssigen Kohlenmarktes wieder dem Handel ohne staatliche Bevormundung überlassen werden müssen, während die behördliche Preisbestimmung überflüssig und deswegen ausgesetzt wurde.

## 1. Marktlage und Preisbemessung.

**Die Zwangsbewirtschaftung von Menge und Preis.**

Allerdings war bis dahin ein weiter Weg. Das KWG. faßte die behördlichen Verteilungsbestimmungen der Kriegszeit (im § 133 ABKWG.) zusammen und übertrug die Kohlenverteilung unter Beibehaltung des Meldesystems auch weiterhin den bisherigen Kohlenbewirtschaftungsstellen. Damit nahm der

---

[242]) Wiedenfeld in ,,Kohlenhandelsfragen" S. 15.

[243]) ,,Die deutsche Kohlenwirtschaft" S. 2.

[244]) Vergl. S. 156 ff.: ,,Das Vordringen der Verbrauchervereinigungen".

Kohlenhandel, der ihrer Kontrolle unterstellt war, im Gesamtgebiet des Handelswesens lange über die Zwangswirtschaft des Krieges hinaus eine Sonderstellung ein, sowohl hinsichtlich seiner Verteilerrolle als auch im Hinblick auf die Preisstellung. Denn für den Großhandel setzte der RKV. Brennstoffverkaufspreise fest, während für den Platzhandel die Gemeinden und Kommunalverbände [245]) bezw. deren Preisprüfungs- und Kohlenstellen das Recht erhielten, örtliche Kleinverkaufspreise zu bestimmen. Bestand im Kriege nur ein Preisprüfungsrecht, so brachte das KWG. ein Preisfestsetzungsrecht.

**Der Markt der Inflationszeit.**

Diese Bestrebungen und Bestimmungen fielen in jene wirre Inflationsperiode, in der jedes Valutarisiko dem Vertragspartner aufzubürden versucht wurde. Sie hinterließen auch in dem Bereiche der Kohlenwirtschaft ihre nachdrücklichen Wirkungen, die als Folge der industriellen Machtbildung hauptsächlich von den folgenden Marktstufen getragen werden mußten. Denn da die starke Entwertung der Währung, bei der Schwerfälligkeit der für die Preisfestsetzung des Kohlenmarktes maßgebenden Organe der Zwangswirtschaft und infolge ihrer grundsätzlich handelsfeindlichen Einstellung, nicht rechtzeitig durch den tatsächlichen Tageswert ausgeglichen werden konnte, trat die mit dem Kartellwesen ursächlich verbundene Aufgabe allgemeiner Preisregelung gänzlich zurück und wurde ersetzt durch die Bedeutung, die der unbedingten Einhaltung von Lieferungsbedingungen zukam. Um Substanzverluste zu vermeiden, wurden die Folgen der Geldentwertung den Abnehmern zugeschoben. Der Bergbau wälzte sein Risiko auf den Großhandel und der Großhandel wiederum das seine auf den Einzelhandel ab, der letzten Endes auf ihm sitzen blieb; denn für den Verbraucher war das Kaufgeschäft mit (oft erst nach längerer Zeit) erfolgter Zahlung abgetan, so daß das Geld inzwischen auf einen Bruchteil seines ursprünglichen Wertes gesunken war. Die Vorlieferanten dagegen schrieben den Händlern den Gegenwert der Lieferung auf Grund ihrer Bedingungen (nicht einmal am Tage der Zahlung, sondern) erst bei Eingang der überwiesenen Beträge gut, besaßen also immer ein Nachforderungsrecht. So mußte der Handel

[245]) § 117 ABKWG.

„unter dem Zwange der handelsfeindlichen Verordnungen, die ihm lange Zeit verwehrten, seine Kalkulationen auf den Wiederbeschaffungspreis umzustellen, ... tatenlos zusehen, wie seine geringen Betriebsmittel immer mehr dahinschwanden. ... Als die Produktion schon längst Goldmarkpreise berechnete und der Großhandel diese auf den Platzhandel abwälzte, sah sich der Platzhandel, gehemmt durch Preistreibereiverordnung usw., noch außerstande, sein vorgelegtes Geld wertbeständig wieder hereinzubekommen." [246])

Der Kohlenhandel mußte alte Vorräte zu alten Preisen verkaufen und setzte daher bei jedem Verkaufsgeschäfte zu. Die ihm endlich zugebilligte geringe Geldentwertungsprämie konnte das Tempo des sich überstürzenden Währungsverfalls nicht ausgleichen, und die schließlich auf Goldmarkgrundlage festgesetzten Preise des Einzelhandels vermochten die Inflationsausfälle doch nicht mehr wettzumachen. Seine Finanzkraft war gebrochen. Ein bedeutsamer Grund zur weiteren Abhängigkeit von der Produktion, in die er sich begeben mußte, liegt in diesen Verhältnissen begründet.

**Zwangswirtschaft und Handelsfunktionen.**

So schwächte die Zwangswirtschaft der ersten Nachkriegszeit die vitalsten Kräfte des Kohlenhandels. Seine Funktionen schwanden dahin:

als Kreditgeber, denn infolge der Inflation und der Aufrechterhaltung des Grundsatzes „Mark = Mark" verlor jedes Zielgeschäft seinen Sinn;

als Lagerhalter, denn es war keine Kohle da;

als Marktdiener, denn er ist

„in der Tat ... in den letzten Jahren kaum mehr als ein Handlanger dieser zahlreichen Behörden und Stellen gewesen." [247])

**Das Wiederauftreten der Schleuderwirtschaft im Einzelhandel.**

Das wurde mit dem Winter 1923/24, als genügend Brennstoffe auf den Markt kamen, und nachdem die Währung

---

[246]) Burger, „Der Kohlenhandel der Pfalz" in „Kohlenhandelsfragen" S. 93/94.

[247]) Possberg a. a. O. S. 127.

saniert war, grundsätzlich anders. Die Orts- und Kreiskohlenstellen hatten ihre Bestimmung verloren, sie wurden aufgelöst, und die Preisprüfungsstellen stellten ihre Tätigkeit ein. Rationierung und Preiskontrolle hatten keine Bedeutung mehr.

> „Der Kohlenhandel atmete auf und begann in seinen Organisationen die Wiederaufbauarbeit. Indes, die Verhältnisse hatten sich grundlegend geändert. Kapitalmäßig geschwächt, absatzorganisatorisch infolge der lange andauernden Kohlennot nicht genügend gerüstet, sein Nachwuchs mit den Funktionen des eigentlichen Kohlenhandels nur ungenügend vertraut, so trat er in die Stabilisierungskrise ein, die der Kohlenwirtschaft in erhöhtem Umfang Schwierigkeiten verursachte.“ [248])

Denn wenn bisher die Probleme der Geldentwertung, sozialistische Pläne der Verstaatlichung des Bergbaus und Verstadtlichung des Kohlenhandels seine Stellung bedroht hatten, so

> „sah er sich mit der Stabilisierung der Währung und ... der Abkehr weiter Kreise von der Utopie einer zwangsmäßigen Regelung der Kohlenwirtschaft plötzlich hineingestellt in das Gewühl schlimmsten Wettbewerbs.“ [249])

Nicht Preiserhöhungen, wie man vielfach befürchtet hatte, sondern Preisverfall waren die Folge der Lockerung behördlicher Bestimmungen. Es setzte wieder die alte Schleuderwirtschaft ein, die des Handels Kraft, soweit sie nicht durch die Inflationsverluste ohnehin schon aufgezehrt war, noch weiter aussog.

**Die Nivellierung der Einkaufsmöglichkeiten in ihrer Wirkung auf den Handel.**

Eine Anpassung auch der Erzeugerpreise an diesen Preisniedergang oder deren Beeinflussung durch kaufmännische Geschicklichkeit beim Einkauf herbeizuführen, war nun aber andererseits dem Einzelhandel nicht möglich. Der Reichkohlenverbandspreis als Einstandspreis, der nur die Bindung des Großhandelsgeschäftes mit sich brachte, und mit dem der Einzelhandel beim Einkauf zu rechnen hatte, war eine un-

---

[248]) Borchardt in „Kohlenhandelsfragen“ S. 26/27.

[249]) Könitzer a. a. O. S. 97.

abänderliche Größe. Wenn der Nachteil der G r o ß h a n d e l s - beschränkung vornehmlich in der allgemeinen Nivellierung des Preisspiegels, in dem Fortfall der Auswahl von Produzenten, Marken und Sorten sowie in der Gebundenheit an bestimmte Absatzgebiete bestand (Bedingungen, die dem Kohlenhandel jede differenzierte Einkaufsmöglichkeit nahmen), so trat für den E i n z e l h a n d e l als zusätzliches Arbeitshemmnis die sich dauernd verengernde Spanne der Verdienstmöglichkeiten hinzu. Denn der G r o ß h a n d e l bestritt seine Verkaufskosten aus dem festgesetzten und im Reichskohlenverbandspreis enthaltenen Rabatt, der von den Syndikaten je nach Abnahme gestaffelt wurde. Der E i n z e l h a n d e l dagegen konnte seinen Verdienst nur an der schwankenden Höhe der erzielbaren Kleinhandelspreise messen, und in dem Grade, in dem sich die Linien des feststehenden Einkaufspreises und des sinkenden Verkaufspreises einander näherten, mußte die Rentabilität seines Unternehmens schwinden.[250])

**Die freiwillig angestrebte Preisfestsetzung als Notmaßnahme.**

Die Nivellierung der Einkaufsmöglichkeiten erforderte daher Gegenmaßnahmen des Einzelhandels als n o t w e n d i g e Hilfsaktion, um seine Geschäftsbedingungen denen der vorgelagerten Stufen anzugleichen. Da ihm behördliche Schutzmaßnahmen versagt wurden, vermochten aus dem allgemeinen Preischaos nur private Kartellvereinbarungen zunächst örtlichen Umfanges herauszuführen, deren Arbeit aber (wie auf S. 136 ff. ausgeführt) auf gesetzlichen Widerstand stieß. Denn seit die behördliche Festlegung der Preis- und Absatzpolitik des Platzhandels außer Kraft gesetzt war, mußte er selbst (von unten her) für einen gesunden Preisstand sorgen.

Das kennzeichnet treffend die verfahrene Lage, die sich in Umkehrung der gesetzlichen Bestimmungen zum Nachteile

---

[250]) Die verschiedenen Preissenkungsaktionen der Regierung haben die Verdienstspanne des Einzelhandels, nachdem sie durch Preisvereinbarungen (vergl. S. 137 ff.) auskömmlicher gestaltet worden waren, wiederum herabgedrückt: so noch in den letzten Jahren durch die Preissenkungsverordnung vom 16. Dezember 1 9 3 1. Sie bestimmte, daß „gebundene" (also die von den Ortshändlerkartellen normierten) Preise ab 1. Januar 1 9 3 2 nicht allein um die zehnprozentige Spanne der gesenkten Syndikatspreise und Frachten, sondern darüber hinaus um 15 v. H. (Brutto-Handelsspanne) vermindert werden mußten.

des Handels ergab. Wenn sie den Gemeinden das Recht zur Festsetzung von Kleinverkaufspreisen gegeben hatten, diese aber

> „infolge des Wettbewerbs auf dem Markte darauf verzichten, so reklamiert der Handel jetzt das, was man zuvor im Interesse des Konsums festgelegt hat, für die Wahrung seiner Interessen. Bei den Preisfestsetzungen durch die Berufsverbände richtet man sich allgemein nach früheren behördlichen Gesichtspunkten.“ [251])

Syndikate und RKV. halfen dem Einzelhandel in seinem Existenzkampf, jene, in dem sie Preisschutzklauseln in ihre Lieferbedingungen aufnahmen, die jeden Käufer zur Einhaltung der unter Mitwirkung der Syndikate geschaffenen Preise verpflichteten, [252]) dieser, indem er sie genehmigte. Der RKV. selbst sagt in einem Gutachten,[253])

> „daß es volkswirtschaftlich richtiger sei, einen reellen Kohlenplatzhandel gesund zu erhalten, als dem Verbraucher jede Möglichkeit zu verschaffen, zu billigsten Preisen einzukaufen, da dies meistens doch nur zu Lasten des Käufers ginge, der den billigen Preis durch ein zu geringes Gewicht bei der Lieferung erkaufen müsse, also am Ende nur Schaden durch die angebliche Billigkeit habe“.

Daß der Kohleneinzelhandel nicht etwa aus selbstsüchtigen Gründen zur Kartellierung getrieben hat, sondern daß der Kartellcharakter seinen Verbänden durch die rechts- und wirtschaftsgeschichtliche Entwicklung (einengende Bestimmungen des KWG., Preisverfall, Einengung seines wirtschaftlichen Spielraums durch die mächtigen Verbände der ihm vorgelagerten Marktstufen) geradezu aufgezwungen wurde, erscheint schon als bisheriges Ergebnis dieser Arbeit als unwiderlegliche Tatsache.[254]) Das Ergebnis wird noch gestützt durch die Einstellung der Kohlenhändler selbst, die in der Tätigkeit ihrer Kartellverbände stets nur Übergangsmaßnahmen in Zeiten der Not zu erblicken hofften:

---

[251]) Könitzer a. a. O. S. 103/04.

[252]) RBS., MBS., RWKS. usw., wörtlich angeführt S. 138.

[253]) Angeführt bei Storm a. a. O. S. 237/38.

[254]) Vergl. zur weiteren Begründung S. 167/68 ff.

„Die befähigtsten Unternehmer im Kohleneinzelhandel sind im Grunde ihres Herzens mit einer solchen Bindung nicht einverstanden und würden lieber heute denn morgen die freie Konkurrenz mit allen ihren Vorzügen, aber auch mit ihren Nachteilen wieder eingeführt sehen, sofern nur auch nach der Seite des Einkaufs die Hemmungen fortfallen würden, die heute den Kohlenhandel daran hindern, nach dieser Seite hin kaufmännische Fähigkeiten zu entfalten.“ [255])

Mit der gleichen Begründung, mit der Kreise des Bergbaus [256]) die starren Bindungen des KWG. bekämpften, lehnte auch der langjährige Präsident des „Centralverbandes“, Sachverständiger Wiesinger,[257]) als Sprecher des Kohleneinzelhandels, dieses Gesetzeswerk ab:

„Es zwingt die Syndikate, einen Einheitspreis festzusetzen, und es zwingt den Platzhändler, zu einem ganz bestimmten, von den Behörden geprüften und bewilligten Preis zu verkaufen. Daß unter diesen Umständen nichts zu verdienen ist, ist begreiflich, denn jede Möglichkeit der Konjunktur, die wir in früheren Jahren hatten, ist uns genommen.“

## 2. Das Vordringen des Produktionshandels.

### Verstärktes Vordringen des Produktionshandels.

Die Bewegung zur Ausschaltung und Unterwerfung des Handels durch die Produktion, der Expansionsdrang des Großhandels selbst in die folgenden Handelsstufen nahmen in der Nachkriegszeit wieder schärfere Formen an. Die Kohlenhändler kamen diesem Bestreben sogar entgegen, weil sie sich von einer Verschmelzung mit der Produktion die Sicherstellung ihrer Existenz und guter Belieferung versprachen, oder sie waren infolge der Inflationsverluste in restlose Kreditabhängigkeit geraten und mußten sich deshalb auch in rechtliche Abhängigkeit von Produktion und Großhandel begeben, die diese Abhängigkeit aus folgenden Gründen anstrebten:

---

[255]) Lampe, Der Einzelhandel in der Volkswirtschaft S. 66; ganz ähnlich im Geschäftsbericht des Centralverbandes 1928/29 S. 2.

[256]) Vergl. S. 141/42.

[257]) „Die deutsche Kohlenwirtschaft“ S. 438.

**Der Zechenhandel als Marktsicherung der Syndikatsmitglieder.**

Die Syndikate waren nicht alle unter freudiger Mitarbeit, sondern bei oft weit auseinanderklaffenden Interessengegensätzen der Werkseigner zustande gekommen. Denn bei und nach Erlaß des KWG. konnte noch die Förderung die Nachfrage nicht befriedigen, so daß man in einer straffen Kartellierung keinen Vorteil sah. Da man zudem der Dauer der politischen Linie jener Zeit, der Fortführung des staatlichen Zwangssystems und der Stabilität der wirtschaftlichen Verhältnisse kein restloses Vertrauen schenkte, waren die Syndikate zunächst durchweg nur auf wenige Jahre abgeschlossen worden. Es befand sich alles noch zu sehr in Bewegung, es war noch alles zu ungewiß.

Immer dann aber, wenn der Bestand von Kartellvereinigungen zweifelhaft erscheint, rüsten sich seine Mitglieder für eine etwaige kartellose Kampfzeit freien Wettbewerbs, und aus Furcht, zuviel Verbindung mit dem Markte zu verlieren, durch den Aufbau eigener Marktorganisationen. Denn die Zerstörung aller eigenen Absatzwege durch ein zentrales Verkaufskontor (als Mittel des inneren Organisationszwanges) bedeutet für jedes Kartellmitglied die ständige Gefahr, im Falle seines Austrittes oder der Auflösung des Kartells die Marktverbundenheit restlos verloren zu haben. „Anschluß an den Markt" wurde das Ziel der ganzen Produktion, in dessen Verwirklichung man sich aus Konkurrenzgründen, und weil die Zwischenrabatte in eigener Hand blieben, gegenseitig zu überbieten suchte. Was zunächst einige begonnen hatten, wurde zum notwendigen Sicherungsventil aller Kartellmitglieder, die den selbständigen Handel aller Stufen durch seinen Aufkauf oder durch Erwerb von Geschäftsanteilen von sich abhängig machten [258]) bezw. durch Gründung eigener Firmen („Werks- oder Zechenhandelsgesellschaften") in seinem Absatz schmälerten. Daraus erwuchsen nun Kämpfe zwischen Syndikatshandel und Zechenhandel, in dessen Wirken und Bestehen das Syndikat eine Gefährdung für das seine sah. Besonders das syndikatliche Gefüge des RWKS. hatte sich infolge der Ruhrbesetzung erheblich gelockert, da den Zechen größere Freiheiten im Handel eingeräumt werden mußten: zum Syndikatshandel trat der

[258]) Beispiele und genaue Angaben lassen sich aus erklärlichen Gründen nicht anführen.

Zechenhandel. So wurde der Bestand des RWKS., das 1924 nur unter den größten Schwierigkeiten, und wieder nur unter staatlichem Druck,[259]) verlängert werden konnte, durch diese Kämpfe in Frage gestellt.

„Das Syndikat machte ... hier Zugeständnisse der Art, daß die Zechen wohl am Platzgeschäft, aber nicht am Großhandel beteiligt bleiben können. Der Unterschied hierbei ist, daß beim Großhandel Rabatt gewährt wird, den das Syndikat aber durch Ausschaltung dieser Handelsart für sich behalten konnte, während der Platzhandel zu Syndikatspreisen ohne Rabatt kauft. Bleiben nun aber Zechen am Großhandel beteiligt, dann üben sie einen Druck auf das Syndikat zur Lieferung an diesen aus. Die Belieferung des Großhandels, auf dessen Ausschaltung das Ruhrsyndikat schon vor dem Kriege hinarbeitete, entsprach aber nicht den Syndikatsinteressen." [260])

Es blieben hier also ausschließlich die Syndikatshandelsgesellschaften Großhandel ersten Grades, von dem auch der Zechenhandel (als Zwischenhandel) zu kaufen hatte, während der Leidtragende dieser Entwicklung wiederum der freie, mittelständische Handel war.

**Das Eindringen der Produktion in das Platzhandelsgeschäft.**

Der Produktion genügte also nicht mehr die Inbesitznahme des Großhandels erster Hand, sie drang in den mittleren Großhandel (Streckenhandel zweiter Hand), der früher noch freier Käufer der Großfirmen gewesen war, sogar und in erheblichem Umfange in den Platzhandel vor.[258])

„Diese Vorsorge für die Sicherung des Absatzes ist in der Kohlenwirtschaft so weit getrieben worden, daß auch im Platzhandel heute wohl in jeder Stadt von einiger Bedeutung neben den alteingesessenen Kohlenhandelsunternehmungen Werkshandelsunternehmungen bestehen, die infolge der hinter ihnen stehenden Kapitalgruppen eine starke Konkurrenz für den alteingesessenen Kohlenhandel bedeuten." [261])

---

[259]) Vergl. S. 129.

[260]) Storm a. a. O. S. 161/62.

[261]) Borchardt, „20 Jahre Deutscher Kohlenhandel" in „Kohlenhandelsfragen" S. 27.

Versicherte man sich nämlich der tätigen Mitarbeit auch des Kohlen p l a t z handels, dann trat neben die Vorzüge der Marktkontrolle noch die Möglichkeit verstärkten Mengenausgleichs, den der kapitalschwache Handel allein nicht mehr in genügendem Umfange durchzuführen vermochte. Er konnte oft nur die Mengen kaufen, die er gerade brauchte. Waren aber die Zechen im Besitz des Platzhandels, dann standen ihnen billige Lagerplätze zur Verfügung, um sie in Zeiten schlechten Absatzes mit Vorräten, die nicht erst verteuernd auf Halde oder Stapel gelegt werden mußten, zu füllen. Dann war die größere Platzhandelsfirma nichts anderes als ein Auslieferungslager der Zechen, von dem jeder Händlerabnehmer jederzeit Mengen entnehmen konnte.

**Der Umfang der Abhängigkeit von Handelsfirmen.**

Der ganze Umfang gegenseitiger Abhängigkeit ist in der Praxis gar nicht einmal erkenntlich, da sie sich hinter allen möglichen Verhüllungen verbirgt. Man will die Tatsache nicht offenkundig werden lassen, daß die Montanindustrie einen weiteren Keil in die Marktarbeit der selbständigen Händlerschaft trieb. Die Herrschaftsunternehmen beteiligen sich durch Tochtergesellschaften, die auch eine bessere Übersicht über die Verhältnisse anderer Marktgebiete haben, und hüten sich ängstlich, der Öffentlichkeit die Verbindung in Namen oder sonstigem Geschäftsverkehr zur Kenntnis zu bringen. Denn eine Werkshandelsgesellschaft beispielsweise, die namentlich auf die Lieferung an Händler zweiten Grades eingestellt ist, macht diesen ihren Abnehmern selbst Konkurrenz, wenn sie sich eine Handelsfirma ebenfalls zweiten Grades angliedert, um die Käufer ihrer Käufer mittelbar zu bearbeiten. Ein solches Geschäftsgebaren als Ausfluß moderner Wirtschaftsweise, und mag es heute noch so sehr gang und gäbe (und zum Teil aus dem Zusammenbruch vieler Handelsfirmen selbst zu erklären) sein, wird vom noch selbständigen Kohlenhandel als ihn außerordentlich schädigende Ausnutzung einer Machtposition, wenn nicht gar als unlauterer Eingriff in seine letzte Handelsdomäne, den Zwischen- und Einzelhandel, empfunden. Dieser feindlichen Einstellung trägt man durch entsprechende Tarnung der Unterfirma Rechnung.

Hoffmann [262]) meint, es gäbe heute in der Kohlenwirtschaft so gut wie keinen selbständigen, selbstbestimmungsfähigen Handel mehr. Wenn diese Meinung in ihrer Schärfe die tatsächlichen Verhältnisse nach Ansicht des Verfassers auch keineswegs wiedergibt,[263]) so hat doch die Produktion einen Großteil der Handelsarbeit, fast ausschließlich im Handel erster Hand, in geringerem Umfange im Handel zweiter Hand und zum Teil im Platzgeschäft, an sich gerissen.

**Die Beurteilung der Arbeitsweise des Werkshandels.**

Nun führt zwar Storm [264]) im Hinblick auf diese Verhältnisse aus, es sei ein bedeutender Fortschritt, wenn Parallelarbeit vermieden wird. Er stellt damit den Wettbewerb der Kohlenhändler, der durch die fortschreitende Marktdurchdringung produktionsorientierter Verkaufskontore weitestgehend ausgeschaltet wird, als einen unwirtschaftlichen Leerlauf hin. Wenn man aber bedenkt, daß ein gesunder Wettbewerb stets Leistungssteigerungen im Gefolge hat, und daß andererseits der Wettbewerb ja nur von der unteren Sphäre selbständiger Händlerschaft in jene sich gegenseitig bekämpfender Werkshandelsbüros, die ihn nun oft mit doppelter Stoßkraft betreiben, verlagert wurde, so muß man zu dem Schluß gelangen, daß solche Parallelarbeit durchaus nicht vom Übel zu sein braucht und auch nicht „vermieden" wird. Gewöhnlich entspringen einer solchen Umgestaltung ja nicht nur Vorteile, sondern auch Nachteile, und hier scheinen die Nachteile wenigstens in einer wichtigen Hinsicht die Vorzüge zu überwiegen: denn die Produktionshandelsgesellschaften können in der Mehrzahl der Fälle gar nicht so vorteilhaft arbeiten wie der freie Handel, weil sie in ihren Entschlüssen nicht allein eigener Bestimmung unterliegen und als Hauptaufgabe den Umsatz ihrer Werke zu erhöhen haben. Ihre Erfolgsrechnung ist daher weniger die „Verlust- und Gewinnrechnung", sondern die Mengenstatistik, die sie

---

[262]) Hoffmann, „Nutzt die Kartellerfahrungen" S. 19.

[263]) Im Zwischenhandel ist eine ganze Reihe freier Händler tätig, und Sachv. Wulff („Die deutsche Kohlenwirtschaft" S. 436) schätzt den Anteil des „eigentlichen Großhandels" für das Absatzgebiet des RWKS. auf 10 bis 15 v. H.; auf S. 57/58, Fußnote 64 sind bereits Schätzungen auch für einige andere Syndikatsreviere angeführt: OBS. 30 v. H.,
RBS. 65 v. H.

[264]) Storm a. a. O. S. 236.

infolge ihres Kapitaleinsatzes (es werden längere Ziele gegeben, Preise unterboten) auch beeinflussen können. Das geschieht natürlich auf Kosten des selbständigen Handels, der, ohne finanziellen Rückhalt, auf eine angemessene Rentabilität seines Unternehmens sehen muß, um zu bestehen. Er klagt denn auch wiederholt,[265]) daß er vom Werkshandel niederkonkurriert und daß es ihm immer schwerer gemacht werde, sein Feld zu behaupten.

Auf die Dauer aber und mit wachsendem Vertrauen in die Stabilität der wirtschaftlichen Verhältnisse sowie zur Festigkeit seines Syndikates dürfte kein Gesellschafter Lust haben, Handelsgeschäfte durch jährliche Zuschüsse am Leben zu erhalten.

> „Ich habe die Überzeugung, daß dieses Eindringen der Zechen in den Handel nicht nur nicht weitergeht, sondern daß die Zechen bei jeder sich bietenden Gelegenheit versuchen, derartige Geschäfte wieder abzustoßen, denn das ist keine Einnahmequelle für die Grube." [266])

Das Unterscheidungsmerkmal in der Arbeitsweise selbständiger und abhängiger Geschäftsführungen scheint eben darin zu liegen, daß sich diese die Maximen, nach denen jene im Eigeninteresse arbeiten, nicht zu eigen machen können.[267]) Sachverständiger Wiesinger [268]) berichtet, daß viele Zechen gerade bei den Platzgeschäften ganz bedeutend zugesetzt haben, und über die Handelsverhältnisse des OBS. urteilen die Untersuchungen über die deutsche Kohlenwirtschaft: [269])

> „Die Erhebungen haben gezeigt, daß der Kohlenbergbau . . ., der in der Förderung und Verwertung seiner

---

[265]) Vergl. „Die deutsche Kohlenwirtschaft" S. 392 ff., insbesondere:
S. 408, Sachv. Oppenheimer,
S. 414, Sachv. Dzialas,
S. 439, Sachv. Wiesinger.

[266]) „Die deutsche Kohlenwirtschaft" S. 458, Sachv. Langendorf; ähnlich der rheinische Großindustrielle Dr. Silverberg anläßlich einer Tagung des Reichsverbandes der Industrie im Jahre 1927, angeführt von Hoffmann a. a. O. S. 20; ähnlich Borchardt und Piltz a. a. O. S. 449.

[267]) Vergl. auch S. 60 ff. und S. 94 ff.; ähnlich bei Hoffmann a. a. O. S. 19.

[268]) „Die deutsche Kohlenwirtschaft" S. 439.

[269]) „Die deutsche Kohlenwirtschaft" S. 100.

Kohle beachtliche Anstrengungen gemacht hat, ..., beim Vertrieb derartige Anstrengungen nicht in gleichem Maße gemacht hat oder infolge der abweichenden Interessen seiner Mitglieder nicht machen konnte. Auch von seiten der Sachverständigen aus dem Handel ist ... auf die ... unwirtschaftlichen Wettbewerbsverhältnisse zwischen dem Kohlenhandel desselben Revieres hingewiesen worden."

**Das Ziel gesunder Handelsgestaltung.**

Zwar sind für die geschilderte Entwicklung, die zur stärksten Belastung des Handelsstandes führte, gewiß nicht ausschließlich die Besitzergruppen der Zechenhandelsgesellschaften verantwortlich zu machen, sondern die allgemeine Entwicklung, die Kapitalschwäche des Handels selbst und die ganze Unübersichtlichkeit der Verhältnisse. Letzten Endes wird man aber doch zu der Fragestellung gelangen müssen, welche der Produktion gehörigen Handelsglieder denn tatsächlich ohne zwingendes Erfordernis entstanden sind und noch bestehen. Das wirtschaftliche Urteil wird sicherlich gegen jene Werkshandelsgesellschaften sprechen müssen, die ohne volkswirtschaftliche oder historische Notwendigkeit entstanden und neben der Absatzorganisation der Syndikate tätig sind, die aufgebaut oder ausgebaut wurden, um durch Teilnahme am Handelsrabatt den Gewinn der Werksgruppen zu erhöhen (MBS., OBS.),[270]) indem sie als Beherrscher der Produktion

> „diesen Einfluß dazu benutzen, um die Absatzpolitik des Syndikats im Sinne ihrer Handelsinteressen zu gestalten".[271])

Wenn Sachverständiger Zierep [272]) aussagte:

> „Daß die Werkshandelsgesellschaften entstanden sind oder ... beibehalten werden, führe ich in der Hauptsache darauf zurück, daß die Verdienstspanne, die sich für jede Handelsfirma ergibt, also auch für die Werkshandelsfirma, letzten Endes ... ihrer Produktionsbasis zugute kommt",

---

[270]) Loose a. a. O. S. 86, 130, 233.

[271]) Schmalenbach-Kommission, „Gutachten über Ersparnismöglichkeiten in der Produktion und im Absatz ostelbischer und mitteldeutscher Braunkohlenbriketts", Berlin 1928, S. 9.

[272]) „Die deutsche Kohlenwirtschaft" S. 445/46.

dann wird offensichtlich, daß es sich bei solchen Werkshandelsgesellschaften zweifelsohne und in überwiegendem Maße (nachdem insbesondere die Notwendigkeit der Absatzsicherung bei geordneten Kartellverhältnissen für die Werksmitglieder entfallen ist) um vom reinen Verdienstinteresse der Produktion geleitete Gebilde handelt. Deren Bestand ist für eine absatzorganisatorisch zweckvolle Volkswirtschaft tatsächlich nicht erforderlich, und es wird zu untersuchen sein, inwieweit eine Rückbildung dieser Entwicklung mit dem Ziele der Errichtung selbständiger Handelsgeschäfte erreicht werden kann.[273])

### 3. Das Vordringen der Verbrauchervereinigungen.[274])

#### Bevorzugung von Verbrauchervereinigungen.

Das KWG. stand ganz im Zeichen des „Schutzes des Verbrauchers",[275]) eines Schutzgedankens, der durch seine Überspitzung, durch die übermäßige Betonung des grundsätzlich nicht ungesunden genossenschaftlichen Prinzips, dem Handel schweren Schaden angetan hat. An den „Schutz des Handels" dachte der Gesetzgeber auch nach Eintritt der geschilderten katastrophalen Folgen nicht; im Gegenteil: man sah die Verteilung in ihrer gestuften Vielfältigkeit immer noch als einen unnötig langen und unnötig verteuernden Weg an, der durch die direkte Verbindung zwischen Erzeugern und Verbraucherverbänden zu verkürzen war. Das Genossenschaftswesen, das seine Tätigkeit durch Heraushebung „volkswirtschaftlicher Zweckmäßigkeit und sozialer Gerechtigkeit" zu begründen suchte, erfreute sich daher auf jede mögliche Weise (steuerliche Vergünstigungen, Kredithilfen) staatlicher Unterstützung und nahm einen Umfang an, der für den Handel, vor allem den Einzelhandel, äußerst gefährlich wurde. Landwirtschaftliche und gewerbliche (Bäckerinnungen) sowie zahlreiche Spezialgenossenschaften (Reichsbahnbedienstete), Konsumvereine machten von der ihnen gegebenen Möglichkeit verbilligten Massenbezuges umfassendsten Gebrauch. Es wurde ihnen im Rahmen der Kohlenwirtschaft eine Vorzugsstellung eingeräumt,

---

[273]) Vergl. S. 196 ff.

[274]) Vergl. die Ausführungen über die Verbrauchervereinigungen der Vorkriegszeit (S. 115 ff.).

[275]) § 49 ABKWG.

die auf keinem anderen Wirtschaftsgebiete überhaupt festzustellen ist.

**Die Arbeitsweise der Verbrauchergenossenschaften.**

§ 63 ABKWG. bestimmte, daß Genossenschaften „unter sonst gleichen Voraussetzungen" wie der Großhandel zu bedienen waren. Darüber, was unter solchen „gleichen Voraussetzungen" verstanden werden sollte, erhob sich nun ein harter Kampf, der sich insbesondere auf die Frage zuspitzte, ob die Genossenschaften verpflichtet seien, Einlagerung von Brennstoffen vorzunehmen. Der RKV. gab Richtlinien heraus, in denen er zwar bestimmte, daß unter gleichen Voraussetzungen zu verstehen seien: Zahlungs- und Lieferungsbedingungen, Pflicht zur Abnahme aller vom Syndikat zur Verfügung gestellten Sorten und Qualitäten, zeitliche Verteilung der Abnahmen auf das ganze Jahr. Wurden diese Bedingungen und Pflichten von den Genossenschaften erfüllt, dann mußten ihnen die gleichen Vergünstigungen gewährt werden, die Widerverkäufern eingeräumt wurden, d. h. sie mußten zum Großhandelspreise und bei Lieferung an Untervereine unter Ausschüttung des Großhandelsrabatts beliefert werden.

Die wichtigste Aufgabe aber, die Übernahme der kostspieligen Lagerhaltung, war nicht erwähnt worden. Meist besaßen die Genossenschaften gar keine Lagerräumlichkeiten. Der Handel zwar sollte lagern und mußte teurer kaufen, sie aber wehrten sich gegen die Übernahme einer solchen kostenbringenden Verpflichtung und genossen dennoch die Vorzüge billigeren Einkaufes. Dabei waren sie nicht auf einen aus dem Kohlenhandel allein fließenden Gewinn angewiesen,[276]) sondern vertrieben noch andere Artikel. Die billige Kohle diente oft genug nur als Lockmittel der Mitgliedswerbung, und selbst über den Kreis der eigenen Mitglieder ging man beim Verkauf immer wieder hinaus, obwohl das gegen das Genossenschaftsgesetz (§ 8 Abs. 4) verstieß. Darüber hinaus wurde den Marktorganisationen des Handels das Recht verwehrt, Genossenschaften auf die Einhaltung der Konventionspreise festzulegen („Genossenschaftskompromiß" [277]) oder gar zum Anschluß zu

[276]) Wie die größte Zahl des selbständigen Kohleneinzelhandels, soweit er nicht, wie besonders auf dem Lande, mit anderen Erwerbsarten verbunden ist; vergl. S. 65 ff. „Die Hilfsgewerbe".

[277]) In den vom RKV. zur Durchführung des § 63 ABKWG. erlassenen

bewegen, so daß kein Händler mit einer genossenschaftlichen Verkaufsstelle konkurrenzfähig war und jede Handelskonvention durchbrochen werden konnte. Damit wurde die vom Gesetzgeber gewollte Gleichstellung in eine Vorzugsstellung verwandelt.[278])

**Die Abwehr durch den Handel.**

Die dauernden Hinweise aus Handelskreisen auf diese Ungerechtigkeit und die zahlreichen Eingaben des Centralverbandes führten nicht zur Behinderung oder wenigstens Gleichstellung der genossenschaftlichen Arbeitsweise. Die Anträge des Centralverbandes, Zweck- oder Gelegenheitsgenossenschaften ohne Rechtsform, die im Sinne der Genossenschaftsgesetzgebung keine Genossenschaften sind, nicht mehr zum Kohlenbezug zuzulassen, sondern nur noch Konsum- und Rohstoffvereine, hatten zunächst keinen Erfolg. Neben dem Ruf nach eigener Preisbemessung bekämpfte der Kohlenhandel gerade dieser Bevorzugung wegen das KWG. Sachverständiger Wiesinger [279]) forderte im Namen des ganzen Handelsstandes:

> „Solange die Genossenschaften nicht auch Lager halten müssen, genau wie der Handel, solange ist die Bevorzugung, die die Genossenschaften durch das KWG. genießen, durchaus ungerechtfertigt."

Und wenn Ferdinand [280]) den Genossenschaftsbezug aufs wärmste befürwortete und das Problem der Verdrängung des Handelsstandes mit den Worten abtat, daß es sich hier um die

„Schädigungen einer Übergangszeit"

handle (die zum Ausbau der Verbraucherlieferungen führe und nur vorübergehend schädigende Begleiterscheinungen mit sich bringe), dann sprach daraus nur der Geist einer Zeit, die die volkswirtschaftliche Bedeutung eines gesunden Handelsstandes nicht zu würdigen wußte.

---

Richtlinien heißt es: „Den Genossenschaften und ihren Vereinigungen (Wirtschaftszentralen) darf die Einhaltung von Kleinverkaufsmindestpreisen nicht auferlegt werden". (Nach „Taschenbuch für den Berliner Kohlenhandel" S. 77.)

[278]) Aus einer Eingabe des Centralverbandes an den RKV. vom 31. März 1927, zitiert aus Dietrich „Die Kohlenversorgung Süddeutschlands" S. 72.

[279]) „Die deutsche Kohlenwirtschaft" S. 438.

[280]) Ferdinand, Die Kartelle der Kohlenproduzenten und Händler und die Gegenbewegung der Verbraucher im Rhein-Main-Gebiet, S. 86.

**Der „Germanenwagenbezug".**

Ebenso wie der § 63 ABKWG. (Belieferung von Verbrauchergenossenschaften), so fand auch § 64 ABKWG. (Bezug von Originalwaggons) weitherzigste Gesetzesauslegung, und damit trat zur Konkurrenz der Verbrauchergenossenschaften der Wettbewerb loser Vereinigungen vom Gartenbauverein über Beamtenzusammenschlüsse bis zu den Mietern eines Hauses. Die genannte Bestimmung sicherte jedem deutschen Verbraucher den unmittelbaren Bezug geschlossener Wagenladungen von mindestens 15 Tonnen zum Syndikatspreise. Da sie allgemein als das „Grundrecht jedes Deutschen" bezeichnet wird, spricht man hier von „Germanenwagenbezügen". Ganz sicherlich hat der Gesetzgeber dabei nur an Abnehmer gedacht, die allein für ihren Privatbesitz eine ganze Wagenladung benötigten, keineswegs aber daran, die Ladung unter mehrere Abnehmer „aufteilen" zu lassen, also auf diese Einzelbezugsmöglichkeit ein neues Absatzsystem zu organisieren; [281]) denn von einem „Absatzsystem" konnte bei der Ausbreitung der Germanenwagenbezüge fast schon gesprochen werden. Gegen diesen Mißbrauch des 15-Tonnen-Bezugsrechtes wandte sich der Kohlenhandel. Denn solange jeder lose, nur vorübergehend und lediglich zum Zwecke verbilligten Brennstoffbezuges organisierte Verband das Recht für sich in Anspruch nahm, für seine Mitglieder geschlossene Wagenladungen unter Umgehung des (Zwischen-, mindestens des Einzel-) Handels zu beziehen, mußte er tatenlos zusehen, wie eine stets größere Anzahl von Verbrauchergruppen zum Originalwaggonbezug überging.

**Großhandel gegen Einzelhandel.**

Dieser Kampf des Platzhandels um seine Lebensrechte wurde nun aus Handelskreisen selbst, nämlich vom Großhandel, durchbrochen. Er forderte Privatleute [282]) unter Zusicherung von Kreditgewährung [283]) auf, derartige „Sammelbestellungen" zu organisieren, um sich (indem er damit

[281]) Nach Borchardt in „Kohlenhandelsfragen" S. 30; vergl. auch Dietrich a. a. O. S. 75 ff.

[282]) „Beamte, Friseure oder kinderreiche Familien"; nach Borchardt und Piltz a. a. O. S. 451.

[283]) Obwohl vorherige Barzahlung (Kannvorschrift) eine gesetzliche Bezugsvoraussetzung war.

die Ungeschlossenheit des Handelsstandes dokumentierte) die Mengen durch Ausschaltung des Einzelhandels, also unter direkter Übernahme der Kleinkundschaft zu sichern. Ähnlich verhielt er sich in der Frage der Genossenschaftsbezüge. Da es sich nämlich bei diesen Vereinigungen um Abnehmer handelte, die pünktlich zahlten und größere Mengen abschlossen, belieferte sie der Großhandel selbst gerne und machte so den Ansturm des Einzelhandels gegen die Verbraucherzusammenschlüsse durch deren bevorzugte Belieferung zunichte.

**Belegschaftslieferungen.**

Auch die Industrie beteiligte sich in verstärktem Umfange an diesem gegen die Händler gerichteten Kampf, indem sie Gemeinschaftsbezüge organisierte und als Arbeitgeberin durch Versorgung ihrer Arbeiter mit Brennstoffen (Belegschaftslieferungen) in den Verteilungsprozeß eingriff. Dadurch wurde dem selbständigen Handelsgewerbe die Lieferung beträchtlicher Mengen vorenthalten, die sich noch dadurch erhöhten, daß diesen Arbeitnehmer-Beziehern Brennstoffe weit über ihren eigentlichen Bedarf hinaus abgegeben wurden, um mit oder ohne Nutzen an Bekanntenkreise abgesetzt zu werden.[284])

**Soziale Ungerechtigkeit der Bestimmungen.**

Ein Teil der Bevölkerung, der sich finanziell nicht einmal in den schlechtesten Verhältnissen befand, war also vom Gesetz befugt, sich Brennstoffe unter dem durchschnittlichen Marktpreise zu verschaffen, was nur auf Kosten des größeren, ärmeren Teiles gehen konnte, der in kleinsten Mengen beim Kohlenhandel bezog und dort den üblichen Kleinhandelspreis anlegen mußte. Das sozial sein sollende KWG. wurde damit zum höchst unsozialen Gesetz:

> „Wer diese Frage unter sozialen Gesichtspunkten betrachtet, wird zugeben müssen, daß eine grundsätzliche Änderung in der Frage vornehmlich des 15-Tonnen-Bezugsrechts eintreten muß, um die leistungsfähige Käuferschaft dem Kohlenhandel wieder zuzuführen und dadurch

---

[284]) Genau so war es im übrigen beim Bezug der Eisenbahnerbrennstoff- und anderer Genossenschaften, deren Mitglieder ganze Häuserblocks, ja Stadtviertel mit billigerer Ware bedienten.

die Kosten der Lagerhaltung auf zahlreichere und stärkere Schultern zu verteilen. Der Bezug von 15 Tonnen für eigenen Verbrauch spielt nicht die entscheidende Rolle. Der Krebsschaden ist die Aufteilbarkeit."[285])

**Die Utopie eines genossenschaftlich organisierten Verteilungsapparates.**

Die dargestellten Regelungen des KWG. stellen für den Kohlenhandel Fragen von grundsätzlicher Bedeutung dar. Sie treffen seinen Lebensnerv. Denn entweder stellt man sich auf den Standpunkt,

„daß die Kohlenversorgung der Bevölkerung in der überwiegenden Zahl der Verbrauchsfälle den Weg über die Kalkulation des Platzhandels nehmen muß, weil die dem Platzhandel eigentümliche Funktion, nämlich des Auflagernehmens, nicht entbehrt werden kann, oder aber man stellt sich auf den Standpunkt, daß diese Lagerfunktion des Kohlenhandels entbehrt und die Versorgung der Bevölkerung über den Waggonbezug organisiert werden kann." [286])

Tatsächlich müßte die folgerichtige Fortführung dieses Gedankenganges eine vollständige Umorganisierung des heute geltenden Wirtschaftssystems zur Folge haben. Es würden Verteilerbüros (mit einem auf die Bedarfsanforderungen und Warenzuteilungen planwirtschaftlich eingerichteten Apparat) entstehen, die die Mängel aller Bürokratisierung mit sich bringen, indessen nicht auf die eigentlichen Belange der Wirtschaft, vornehmlich der Produktion, eingestellt wären. Denn auf den Mengenausgleich wird vornehmlich die Kohlenwirtschaft nicht verzichten können. Es würden dann nichts anderes als Groß- und Kleinverteilereinrichtungen geschaffen und lediglich selbständig wirkende Vermittlungsglieder einer vorzüglich eingespielten, in jahrhundertelangem Aufbau gewachsenen Handelsorganisation zerschlagen,[287]) ohne daß man die Kosten senken könnte. Denn erfahrungsgemäß pflegt jeder Verwaltungsapparat teurer zu arbeiten als eine private Unternehmung,

[285]) Aus einer Eingabe des Centralverbandes an den RKR. aus dem Jahre 1929.

[286]) Borchardt und Piltz a. a. O. S. 450.

[287]) Vergl. Geschäftsbericht des Centralverbandes vom Jahre 1929/1930 S. 20.

und mit der Übernahme der Handelsarbeiten (Lagerung) wären ja gerade jene Kosten zu tragen, die man sparen und allein dem Handel aufbürden wollte.

**Die Rechtfertigung der Handelstätigkeit.**

Das aber würde im Endergebnis das gleiche bedeuten wie eine Verstaatlichung des Kohlenhandels. Die Tatsache hingegen, daß besonders die Sozialisierungszeit diesen Weg in seiner letzten Konsequenz zu gehen gescheut, vielmehr dem Handel, wenn auch eingeengt, sein Tätigkeitsfeld gelassen und seine Existenz erhalten hat, beweist mehr als alle Argumente, daß auf die organische Eingliederung des Handelsstandes in unserer arbeitsteiligen Wirtschaft nicht Verzicht geleistet werden kann.[288])

> „Wer die Kohlenwirtschaft kennt, und wer insbesondere die starken Schwankungen der Bedarfsdeckung jahrelang verfolgt hat, wird ohne weiteres feststellen müssen, daß für eine ordnungsmäßige Versorgung der Bevölkerung mit Brennstoffen nur der Weg über den Platzhandel beschreitbar ist." [286])
>
> Niemals", so sagte Prof. Dr. Lüer, der Leiter der Reichsgruppe Handel, anläßlich einer Arbeitstagung vom Handelswesen, „werden kollektivistische Einrichtungen in der Lage sein, seine Funktionen voll zu erfüllen." [289])

Die hier versuchte Rechtfertigung der Handelstätigkeit, die vielleicht vor kurzem noch nötig war, da nach wie vor um die Ansicht gestritten wurde, ob denn der Handel im volkswirtschaftlichen Sinne „produktiv" wirke, hat heute durch die noch darzustellende praktische Entwicklung und durch die Betonung des mittelständischen Gedankens [290]) ihre Bestätigung gefunden. Damit ist zunächst der Kampf des Handels um seinen Marktanteil zu seinen Gunsten entschieden, das weitere Vordringen des Genossenschaftswesens in die Handelssphäre ist durch gesetzgeberische Maßnahmen [291]) beseitigt worden.

---

[288]) Vergl. auch die Ausführungen S. 59 ff. und S. 68 ff.

[289]) Aus einer Rede: „Bedeutung und Organisation des Handels", abgedruckt in „Deutscher Groß-, Ein- und Ausfuhrhandel" Heft 9 vom 15. Mai 1935.

[290]) Behandelt im letzten Abschnitt F, insbesondere auf den S. 177 ff., 181 ff., 198 ff.

[291]) Genannt im letzten Abschnitt F (S. 193).

## 4. Die Überfüllung des Berufsstandes.

**Die Vermehrung der Handelsgeschäfte.**

Schon unmittelbar nach Kriegsende, als die männlichen Arbeitskräfte in die Friedenswirtschaft zurückströmten und in ihr Betätigung suchten, war ein Anwachsen der Kleinhandlungen in jedem Zweige der Einzelhandelsbetätigung [292]) festzustellen, und selbst vor dem Kohlenhandel, der der Mengenbewirtschaftung unterlag, machte diese Bewegung trotz verminderter Warenmengen nicht Halt. Der Rückgang des Verbrauchs hatte nicht ebenfalls eine Verminderung der Kohlenhandelsgeschäfte zur Folge. Die vorhandenen Warenmengen zersplitterten sich in mehrere Hände, auf jeden Geschäftsbetrieb entfiel ein entsprechend geringerer Lieferanteil, und viele hofften insgeheim, jenen Verdienst, den der fehlende Umsatz nicht brachte, an der Dringlichkeit des Bedürfnisses wettzumachen.[293])

**Die Not des Kohlenhandels als Folge beruflicher Übersetzung und Preisschleuderei.**

Als aber der Kohlenmarkt in sein Gegenteil umschlug und das Bezugsscheinsystem ein Ende hatte,[294]) ergoß sich ein Strom von neuen Händlern in den Kohlenhandel, entstand ein

„ungesundes Treibhaus-Wachstum des Handels“ [295])

und führte zu einer allgemeinen Verwässerung des Berufsstandes. Dabei brachten alle jene Bevölkerungsteile (abgebaute Beamte, stellenlose Fabrikarbeiter usf.), die als Folge der wachsenden Arbeitslosigkeit zum Kohlenhandel drängten, neben ihrer meist

> „gänzlich unzulänglichen fachlichen Vorbildung immer die Gott weiß woher geschöpfte Erfahrung mit, daß zum Kohlenhandel überhaupt kein Kapital gehöre. Die Notwendigkeit der Kapitalbeschaffung stellt sich erst hinterher heraus, und es ist eine bedauerliche Tatsache . . ., daß sich immer wieder Leute finden, die gewillt sind, derartigen Existenzen mehrmonatige Lieferungskredite einzuräumen.“ [296])

---

[292]) Hirsch a. a. O. S. 21.

[293]) Statistisches Material für die Inflationszeit, das diese Angaben erhärten könnte, fehlt vollständig.

[294]) Handbuch der Kohlenwirtschaft S. 458.

[295]) Hirsch a. a. O. S. 6.

„Wilde" Händler, die oft nur das lohnende Wintergeschäft betrieben und den Verdienst nahmen, wo er sich bot, das Vordringen der Produktionshandelsgesellschaften,[297]) die Veranstaltung direkter Käuferbezüge [298]) und die ganze Unruhe und Unsicherheit der damaligen Wirtschaftsverfassung brachten den Kohlenmarkt in eine völlige Unordnung. Es gab keine vernünftige Kalkulation mehr, und mit Schleuderpreisen hoffte man den Gegner niederzukonkurrieren. Daß sogar unter den feststehenden Syndikatseinkaufspreisen verkauft wurde, kann seine Erklärung nur finden in der Vornahme von Betrügereien, d. h. in der Lieferung von Mindergewichten oder der Hergabe minderwertiger Qualitäten. Schiedsgerichte, Untersuchungsausschüsse und Kontrollvereinigungen der Handelsverbände, die in Form

„fliegender Marktgerichte" [299])

am Ort des Verkaufs Nachprüfungen anstellten („Brennstoffkontrollen", die die verkauften Mengen auf Gewicht und Sorte kontrollierten), konnten die Mißstände nachhaltig nicht abstellen.

**Statistische Angaben.**

Die Betriebszählung vom 16. Juni 1925[300]) führt unter der Überschrift „Handel mit Brennmaterial" . . . . . . . . . . . . . . . 22 139 Betriebe auf. Da eine Unterteilung in Groß- und Einzelhandel nicht erfolgt ist, muß angenommen werden, daß die Zahlen den Gesamtbestand jenes Jahres erfassen.

Die Betriebszählung vom 16. Juni 1933 [301]) unterscheidet zwischen:

| | | |
|---|---|---|
| 1. Großhandel . . . . . . | 2 476 Betriebe | 35 027 Betriebe, |
| 2. Einzelhandel . . . . . | 32 551 Betriebe | |
| zeigt also ein Mehr von . . . . . . . . . . | | 12 888 Betrieben. |

[296]) Geschäftsbericht des Centralverbandes vom Jahre 1928/1929 S. 2.

[297]) Vergl. die Ausführungen S. 149 ff.

[298]) Vergl. die Ausführungen S. 156 ff.

[299]) Rasch, „Der Kohlenhandel in Berlin" in „Kohlenhandelsfragen" S. 72.

Es ist denkbar, daß für das Jahr 1925 nicht alle Kohlen-(Groß- und Einzel-) Handlungen erfaßt, sondern an anderer Stelle mit anderem Namen (Gemischtwarenhandlung, Baumaterialien usf.) aufgeführt sind, während das Jahr 1933 genauere Feststellungen traf und der Wirklichkeit näher kommt. Die Gegenüberstellung dieser Zahlen jedenfalls zeigt in einer Zeitspanne von acht Jahren, in der die Arbeitslosigkeit ihr höchstes Ausmaß erreichte, eine Steigerung der Kohlenhandelsgeschäfte um rund 58 v. H. Dem entspricht durchaus die Steigerung bei statistischen Vergleichen kleinerer Gebietseinheiten:

Nach Untersuchungen des Verbandes rheinisch-westfälischer Kohlenhändler [302]) machten die 726 Neugründungen in seinem Verbandsgebiet von 1925 bis 1933 eine Zunahme von 56 v. H. aus. Die Zahl der Kohlenhändler in Leipzig im Jahre 1925 ist nach eingezogenen Auskünften (zwar nicht genau festzustellen, aber) auf etwa 200—250 zu schätzen. Selbst wenn man die Höchstzahl von 250 Handelsbetrieben im Jahre 1925 dem Mitgliederbestand der Leipziger Groß- und Einzelhandelsverbände im Jahre 1935 gegenüberstellt:

| | |
|---|---|
| 54 | Großhändler, |
| 372 | Einzelhändler, |
| 426 | Kohlenhandelsfirmen, |

ergibt sich für diese 10 Jahre eine Steigerung von rund 70 v. H. Wenn solche gewaltigen Steigerungen zuerst ganz allgemein auf den Zustrom organisationsunwilliger Kräfte, deren Arbeitsweise zum Preisverfall führt, zurückgeleitet werden können, so werden sie erfahrungsgemäß nach Anbahnung geordneter Marktverhältnisse weiter erhöht, denn nun verspricht man sich vom Handelsbetrieb und unter verstärktem Kartellschutz ein sicheres Auskommen. Aus diesem Grunde erfuhr der Kohlenhandel noch in den letzten Jahren einen ungeheuren Zustrom, der von den Verbänden aus Mangel an behördlicher Unterstützung nicht unterbunden werden konnte.

300) Statistisches Jahrbuch für das Deutsche Reich 1933 S. 97.

301) Statistisches Jahrbuch für das Deutsche Reich 1934 S. 110/111.

302) DKZ. Heft 7 vom 4. April 1933 S. 121.

Um welche Kleinstbetriebe es sich bei den in den Betriebszählungen erfaßten „Brennmaterialiengeschäften" handeln muß, geht aus einer durch Auskunft beschafften Statistik der Großhandels- und Lagerei-Berufsgenossenschaft hervor. Die Zahl der bei ihr versicherten Betriebe (Großhandel und derjenige Einzelhandel, der einen Lagerplatz besitzt) betrug:

1925 . . . . 4163
1926 . . . . 4558
1927 . . . . 5113
1928 . . . . 5609
1929 . . . . 5776
1930 . . . . 6438
1931 . . . . 6418
1932 ff.: die Zahlen werden erst Ende 1935 bekannt.

Werden von den 6418 versicherten Betrieben des Jahres 1931 die vom Centralverband für das Jahr 1929 genannten 1922 Großhandelsunternehmungen[303]) in Abzug gebracht, so bleiben als „Einzelhandel mit Lagerplatz" nur 4496 Niederlassungen übrig. Das Ergebnis, das allerdings nach Ansicht aus Fachkreisen bei weitem zu niedrig ausfällt, würde zu dem Schluß berechtigen, daß es sich bei den verbleibenden (32 551 — 4 496 =) 28 055 Nichtversicherungspflichtigen um solche Kleinstbetriebe handelt, die weder regelmäßig eine Arbeitskraft beschäftigen noch einen Lagerplatz unterhalten. Selbst wenn diese Zahl zu hoch gegriffen ist, zeigt sie doch in ungefährer Anschauung, welche große Zahl von Einzelhandelsgeschäften von „wilden" Händlern, als Keller- und Ladenhandel, als Hausier- und Landhandel, als Gemischtwarengeschäfte betrieben wurde, und mit welchen Schwierigkeiten die Kohlenhandelsverbände in ihrem Bemühen, nach den Bestimmungen des GA. nur noch lagerhaltende Kohlenhändler zuzulassen,[304]) zu rechnen haben.

**Die Einengung des Arbeitsgebiets des Handels.**

Weiterer Beweise bedarf es gewiß nicht, um die auch von ministeriellen Stellen[305]) verschiedentlich anerkannte Über-

---

[303]) Sonderdruck „Der Centralverband der Kohlenhändler Deutschlands e. V." S. 3.

[304]) Vergl. S. 185 ff.

[305]) Zum Beispiel Ministerialrat Kralik im „Handbuch der Kohlenwirtschaft" S. 440; vergl. auch S. 137.

füllung und die Notwendigkeit schärfster Abwehrmaßnahmen zu begründen. Je mehr nun über diese allgemeine Überfüllung hinaus die „unfreien" Kohlenhandelsfirmen, die Verbrauchergenossenschaften und losen Bezugsvereinigungen zahlen- und umsatzmäßig zunahmen, je mehr sich auch die öffentliche Hand auf dem Gebiete des Kohlenhandels betätigte,[306]) desto kleiner wurde das Feld jener risikoreichen Geschäftsverbindung, auf dem sich die „Freien" tummeln konnten. Die Abnehmer zweitrangiger Kreditklasse, die „faulen Kunden", waren oft noch das einzige ihnen nicht bestrittene Feld, auf dem sie ihr wirtschaftliches Dasein aufbauen mußten. Und das brachte ihnen wiederum erhöhte Unrentabilität, weil die Ausfälle groß waren und das Borgwesen oder besser -unwesen einen erstaunlichen Umfang annahm. Es war wie die Austrocknung eines Sees, in dessen letztem Tümpelrest ein hastendes Drängen entsteht.

## 5. Die Handelskartellierung.

**Die Bewegung zur Durchorganisierung des Kohlenhandels.**

So wurde mit dem Wachsen der wirtschaftlichen Notlage, mit der Zerfahrenheit und Zerrissenheit der Handelstätigkeit die Mitgliederzahl der Händlerverbände größer, denn man sah ein, daß diesem Treiben nur in Form gemeinschaftlichen Eintrittes ein wirksames Gegengewicht entgegengestellt werden konnte. Von Seiten der Händlerverbände setzte eine lebhafte Kleinarbeit mit dem Ziel der vollständigen Durchorganisation des deutschen Kohlenhandels ein. Während die Zahl der organisierten Handelsfirmen

im Jahre 1919 = 5 000 (in 124 Ortsvereinen),
im Jahre 1920 = 15 000,
im Jahre 1921 = 20 000,
im Jahre 1925 = 25 000 betrug, ist zwar nach dieser Zeit ein Rückgang der Mitgliederzahl eingetreten, denn es waren
im Jahre 1929 = 20 066 (in 664 Ortsvereinen) Betriebe organisiert.[307])

---

[306]) Städtische Behörden richteten eigene Kohlengeschäfte ein: z. B. der Magistrat der Stadt Berlin durch die Berliner Brennstoff-Gesellschaft m. b. H.

[307]) Nach eingezogenen Erkundigungen, nach dem Handbuch der Kohlenwirtschaft S. 458, nach dem Geschäftsbericht des Centralverbandes

In der gestiegenen Zahl der örtlichen Händlervereinigungen indessen kommt jene erwähnte Kleinarbeit zum Ausdruck.

**Die Ortsverbände des Kohlen e i n z e l handels und ihre Preispolitik.**

Die Aufgabe der Ortsverbände des Einzelhandels bestand darin, durch gemeinschaftliche Herausarbeitung von Preisschutzverträgen sowohl den Markt zu bereinigen als auch durch Schutz der Handelsbräuche eine gesunde Preismoral im Absatz zu schaffen, um die Unkenntnis des letzten Verbrauchers über Preis, Güte und richtiges Gewicht der ihm gelieferten Ware nicht mißbräuchlich auszunutzen. Einwandfreie Mengen- und Sortenbedienung konnte aber nur überprüft werden, wenn der Verkaufspreis einheitlich festgesetzt war.

So mußten die Ortsvereine des Kohlenhandels notwendigerweise zu Kartellen werden,[308]) d. h. regelnd in die Marktgestaltung eingreifen. In der Mustersatzung, die der Verband rheinisch-westfälischer Kohlenhändler e. V. in Essen (als Landesverband seiner Ortsvereine) herausgegeben hat, bestimmen §§ 1 und 3:

> „Der Verein bezweckt ... die Durchführung der volkswirtschaftlichen Aufgaben des Brennstoffeinzelhandels ... sowie die Wahrung der Berufsehre und der Berufsinteressen seiner Angehörigen. Insbesondere bezweckt er die Regelung des Wettbewerbes im Handel mit Brennstoffen durch Festsetzung einheitlicher Kleinverkaufspreise, Wettbewerbs- und Lieferungsbedingungen und ähnliche Maßnahmen."
>
> „Die Mitglieder sind verpflichtet, ... die festgesetzten Preis-, Wettbewerbs- und Lieferungsbedingungen innezuhalten."

Dabei kann von einer Preisübervorteilung, als die die Verbraucherschaft die Konventionsbestrebungen oftmals betrachteten, wirklich keine Rede sein. Denn sie stellten ja letzten Endes nur die

---

1928/29 S. 1 und nach dem Sonderdruck des Centralverbandes der Kohlenhändler Deutschlands S. 3:

18 144 Platzhändler,
1 922 Großhändler.

[308]) Vergl. auch S. 148 ff.

„Fortsetzung der gesetzlich festgelegten Preispolitik der Regierung dar, ... die, vom Standpunkt des Verbrauchers aus betrachtet, nur begrüßt werden könnte, da sie darauf hinzielt, Übervorteilungen des Verbrauchers ... zu vermeiden. Diesen Konventionen des Kohlenhandels fehlt wahrlich jede Tendenz preistreibender oder preishochhaltender Art." [309])

**Die Landesverbände des Kohlen e i n z e l handels.**

Den Landesverbänden des Einzelhandels kann der Charakter von Preiskartellen nicht zugesprochen werden. Sie umfassen als territoriale Gliederungen die Ortsverbände ihres Bezirks und wurden (soweit sie nicht schon vorher bestanden: z. B. seit 1 8 9 7 die Vereinigung Thüringer Kohlenhändler e. V.) als Bindeglieder zwischen Centralverband und Ortsverbänden nach 1 9 2 0 gegründet, als nämlich der Centralverband das bis dahin befolgte Prinzip der organisatorischen Zentralisation ersetzte durch den dezentralistischen Aufbau seiner Vereinigungen. Ihr Wirken erstreckt sich auf allgemeine Maßnahmen zur Beratung der Ortsverbände, zur Beseitigung des unlauteren Wettbewerbs, zur Rechtsberatung und Vertretung der Interessen ihrer Mitgliedsvereine, und da sie die Führung der Preisschutzfrage für ihre Mitgliedsvereine übernahmen, kann man sie mit Recht als „Ordnungskartelle" [310]) bezeichnen.

**Die Landesverbände des Kohlen g r o ß handels.**

Das nach 1 9 2 0 angewandte und soeben erwähnte Prinzip der Dezentralisation wurde so durchgeführt, daß innerhalb des Centralverbandes neben der Gruppe Platzhandel eine besondere Gruppe Großhandel geschaffen wurde,[311]) die sich ebenfalls aus Landesverbänden zusammensetzt. Sie erreicht jedoch nach unten hin mit dem Landesverband ihr Ende, denn dessen Mitglieder sind nicht Untervereine, sondern die einzelnen Groß-

---

[309]) D K Z. 1925 Heft 20 S. 231, Aufsatz von B o r c h a r d t: „Kartellprobleme im Kohlengroßhandel"; vergl. auch „D i e d e u t s c h e K o h l e n - w i r t s c h a f t" S. 411 und S. 412, Sachverständiger Dröge.

[310]) Handbuch der Kohlenwirtschaft S. 458. Die Bezeichnung „Ordnungskartell" ist zwar im wissenschaftlichen Schrifttum nicht üblich, sie ist aber vom Verfasser übernommen worden, da sie seines Erachtens das Wesensmerkmal jener Verbände treffend kennzeichnet.

[311]) Nach Handbuch der Kohlenwirtschaft S. 457.

handelsfirmen. Da die Verkaufspreise im Großhandel [312]) fest bestimmt sind, fehlen auch diesen Landesverbänden die Merkmale preisbestimmender Kartelltätigkeit, sie stellen sich ebenfalls als „Ordnungskartelle“ dar.

**Die eigentlichen Kartellstufen des Kohlenhandels.**

Da die horizontalen Preisabreden des Kohleneinzelhandels als Kartelle ersten Grades [313]) nicht genügenden Rückhalt für die Durchgliederung des Marktverkehrs boten, wurden Abmachungen zwischen den Organisationen des Kohlengroß- und des Kohlenplatzhandels mit Ausschließlichkeits- oder Gegenseitigkeitscharakter angestrebt, die als Kartelle zweiten Grades und mit dem Ziele des ausschließlichen Verbandsverkehrs (regionale Arbeitsgemeinschaftsverträge) [314]) die Abgrenzung der Aufgabenkreise vornahmen, um gegenseitige Übergriffe in den der betreffenden Handelsstufe zustehenden Arbeitsbereich zu vermeiden und Außenseiter zum Anschluß zu zwingen. Während nach diesen Verträgen dem Großhandel vornehmlich die Belieferung des Einzelhandels, landwirtschaftlicher und industrieller Betriebe sowie der Genossenschaften zusteht, gehört die Belieferung aller sonstigen Verbraucher (Privatverbraucher, Kleingewerbetreibende usf.) zum Arbeitsbereich des Einzelhandels. Der Geschäftsverkehr mit Nichtmitgliedern ist untersagt.

In dem Streben nach Marktordnung trafen sich nun die Interessen von Großhandel und Einzelhandel auch mit denen der Industrie. Die Syndikate unterstützten die Bemühungen der Händlerschaft, zu Preisvereinbarungen und Lieferungsverabredungen zu kommen, indem sie jenen Preis- und Lieferungsbedingungen Schutz gewährten, die von Händlervereinigungen unter ihrer Mitwirkung festgestzt wurden [315]) und mancherorts derartigen Ausschließlichkeitsvereinbarungen beitraten (z. B. das RBS.). Damit war als Kartell dritten Grades jener „Dreiparteienvertrag“ geschlossen, der Pro-

[312]) „Reichskohlenverbandspreise“; vergl. S. 139.

[313]) Vergl. Geschäftsbericht des Centralverbandes 1928/29 S. 3.

[314]) Zum Beispiel die „Südwestdeutsche Arbeitsgemeinschaft zwischen Kohlengroß- und Kohlenplatzhandel“, die „Arbeitsgemeinschaft des ostsächsischen Brikettthandels“.

[315]) Vergl. über die „Preisschutzklausel“ S. 138.

duktion, Großhandel und Einzelhandel umschließt und die höchste Form des Kartellwesens auf dem Gebiete des Handelsverkehrs darstellt. Jedoch gelangten nur einzelne Landesverbände zu Kartellen zweiten und dritten Grades, und erst der Abschluß des Generalabkommens [316]) hat jenem Dreiparteienvertrag für das ganze deutsche Reichsgebiet zur Wirksamkeit verholfen.

**Die „Organisationsunwilligen".**

Bezeichnend für die innere Gegensätzlichkeit des Kohlenhandels ist es nun, daß

> „mit dieser Entwicklung der steigenden wirtschaftlichen Gebundenheit die geistige Einstellung der von ihr Betroffenen nicht Schritt zu halten vermocht hat. Das Denken der im Erwerbsleben stehenden Menschen ist noch viel zu sehr von den Prinzipien des wirtschaftlichen Liberalismus, um dessen Verwirklichung vor einem Jahrhundert erbittert gerungen werden mußte, beherrscht, als daß es ihnen schon möglich gewesen wäre, sich rückhaltlos auf die Tendenzen der Gegenwart umzustellen. Im Bewußtsein des Einzelnen hat sich das Gefühl der Solidarität, das der Erkenntnis der Schicksalsverbundenheit zwangsläufig folgen muß, neben dem ... wirtschaftlichen Egoismus noch nicht den genügenden Platz verschaffen können, der ihm auf Grund der modernen wirtschaftlichen Entwicklung eigentlich gebührt." [317])

Der zahlenmäßige Beweis für die Richtigkeit dieser Ausführungen liegt in der (bereits auf S. 167 gebrachten) Gegenüberstellung der 1921 und 1929 organisierten Handelsfirmen: Es waren in beiden Jahren gleichmäßig 20 000. Wenn auch Inflationszusammenbrüche der Nachkriegszeit einen gewissen Rückgang der Mitgliederzahl veranlaßt haben mögen, der erst wieder aufgeholt werden mußte, so bringt doch die Tatsache, daß sich nach Anwendung des Organisationszwanges [318]) im Jahre 1933 rund 55 000 Unternehmungen in den Gliederungen

---

[316]) Behandelt S. 185 ff.

[317]) Georgi, „Kohlenhandel und Schiedsgerichtsbarkeit" in „Kohlenhandelsfragen" S. 202.

[318]) Vergl. S. 183 ff., S. 191.

des Centralverbandes trafen, eindeutig genug zum Ausdruck, welche Menge „Organisationsunwilliger" sich vorher noch in den Reihen des Berufsstandes befand.

**Die Verbände als Organisationen der „inneren Festigkeit".**

Es ist dagegen nicht unberechtigt, von den Kohlenhandelsverbänden in ihrer Gestalt vor 1933 als Organisationen (zwar nicht der Zahl, aber) der inneren Festigkeit zu sprechen, deren Marktpolitik gegenüber die Rechtsprechung des Kartellgerichts endlich auch eine grundsätzlich billigende Stellung bezog.[319]) So haben sie sich zu den höheren Formen der Kartellbildung entwickeln können. Im Centralverband als der Spitzenbehörde gipfelt das ganze Kartellgebäude, in ihm sind Großhandel[320]) und Platzhandel, jeder in einer besonderen Fachgruppe, vereinigt und durch die Zentralarbeitsgemeinschaft des Deutschen Kohlenhandels als Bindeglied miteinander verbunden. Und damit stand eine Wirtschaftsorganisation zur Verfügung, deren sich bei vervollkommnetem Ausbau zum ausschließlichen Selbstverwaltungsorgan des Kohlenhandels die nationalsozialistische Wirtschaftsführung bei der planvollen Durchführung ihres Wirtschaftsneubaues bedienen konnte.

## F. Die nationalsozialistische Wirtschaftsführung.

### I. Der Wandel der Wirtschaftsgesinnung.

**Der Entwicklungsgang vom Liberalismus zum Nationalsozialismus.**

Liberalismus und Nationalsozialismus sind Ideen zweier grundsätzlich entgegengesetzter Bewegungen. Die Demokratie und der totale Staat sind die politischen Ausdrucksformen, die jenen Ideen entsprechen und auch im Bereich der Wirtschaft Gestalt gewinnen.

Wir verfolgten den Weg der neueren Wirtschaftsentwicklung vom reinen Liberalismus, der in dem selbstheilenden

---

[319]) Vergl. Geschäftsbericht des Centralverbandes vom Jahre 1929/30 S. 13.

[320]) Jedoch nicht die Syndikats- und Zechenhandelsgesellschaften ersten Grades, die vom Bergbau als integrierende Bestandteile der Industrie angesehen wurden und daher den Handelsorganisationen des Centralverbandes nicht beitraten.

Automatismus der gegeneinander wirkenden Kräfte die Lösung der wirtschaftlichen Spannungsmomente erblickte, zum gebändigten Liberalismus, der mit dem Zuge zur Korporationsbildung freiwilliger Richtung die ersten Formen gemeinschaftlicher Marktbindung mit sich bringt. Diese verstärkten sich mit der betonten Schärfe des Wirtschaftskampfes und dem wachsenden Einfluß der staatlichen Hand, ohne daß man doch hätte einen klaren Linienplan zukünftiger Wirtschaftsgestaltung erkennen können. Noch tastend sagt Sombart 1932:

> „Die Gegenwart kennzeichnet planlose Bindung und Reglementierung, die Vergangenheit planlose Freiheit und individuelle Willkür, die Zukunft kann nur durch planvolle Gestaltung der Wirtschaft gekennzeichnet sein. Indem ich dieses Wort ausspreche, das heißt also ...
>
> Planwirtschaft
>
> als den Grundgedanken der Zukunft voraussage, bin ich mir bewußt, ... eine Fülle der verschiedenartigsten Vorstellungen wachzurufen und in vielen auf einen entschiedenen Widerspruch zu stoßen.“ [321])

Dabei versteht er aber unter Planwirtschaft nichts Starres; sie ist ihm das

> „Nebeneinanderbestehen und Ineinandergreifen einer bunten Fülle von Wirtschaftsformen und Wirtschaftssystemen.“ [322])

Das ist folgendermaßen aufzufassen:

**Die Forderung nach dem Primat der Politik.**

Die Grundlage der 1933 vollzogenen Staatsumwälzung ruht auf der Änderung der Anschauungen, die sich über das Verhältnis von Persönlichkeit, Volk und Staat herausgebildet hat. Sie erschöpft sich in der Idee stärkster Pflichtgebundenheit gegenüber der Volksgesamtheit.

Damit ist auch eine Änderung des staatlichen Verhaltens gegenüber der Wirtschaft verbunden, der der Staat die Führung nicht ausschließlich nach eigenen, eigengesetzlichen Richtlinien überläßt. Er setzt seinen Willen dem der Wirtschaft voran.

---

321) Sombart, Die Zukunft des Kapitalismus S. 18.

322) Sombart a. a. O. S. 27.

Das bedeutet nicht etwa das Primat der Politik ohne Rücksichtnahme auf die Erfordernisse des gewachsenen Wirtschaftsorganismus; aber die wirtschaftlichen Prinzipien werden nun in die vom Staat nach völkischen Gesichtspunkten geleitete wirtschaftspolitische Sphäre eingespannt. Der Staat erkennt die Gültigkeit der Wirtschaftsgrundsätze, die dem Marktleben ihren Stempel aufdrücken, an und will nichts zerschlagen, was sich im Laufe der Entwicklung als nationalwirtschaftlich fördernd bewährt hat. Da aber, wenn man die Wirtschaft um der Wirtschaft willen betreibt, Ziele verfolgt werden, die dem staatlichen Willen entgegengesetzt sind, muß der Staatsträger als Vollstrecker des Gemeinwohles zur lenkenden Macht werden, ohne selbst zu wirtschaften oder die wirtschaftlichen Gesetzmäßigkeiten zu verleugnen, deren er sich im Gegenteil bedient. Nur in diesem Sinne ist die Forderung nach dem Primat der Politik über die Wirtschaft zu verstehen.

## II. Der Staat und das Kartellwesen.[323])

### 1. Der Begriffsinhalt des Kartellwesens und die Neuregelung der deutschen Kohlenwirtschaft.

**Das Ziel der heutigen Kartellpolitik.**

Diese Umstellung hat notwendigerweise auch eine Neugestaltung des so viel angefeindeten Kartellwesens zur Folge. Diente die Kartellpolitik als Kampfmittel des wirtschaftlichen Partikularismus bislang und trotz aller staatlichen Einflußnahme dem Interesse der in dem Marktverband zusammengeschlossenen Mitglieder, so hat sie sich jetzt als Instrument der Planung dem Rahmen organischer Wirtschaftsgestaltung einzufügen, die ihr ganzes Wesen herleitet von dem Grundsatze des Gesamtwohles. Er gibt der unternehmerischen Tätigkeit den marktwirtschaftlichen Sinn, Gemeinschafts- und Leistungsprinzip miteinander zu verknüpfen.

**Die Stellung des neuen Staates zum bestehenden Kartellwesen.**

Nach der Auffassung des neuen Staates sind Kartelle weder gut noch böse, sie wirken weder grundsätzlich fördernd noch all-

[323]) Die theoretische Behandlung der Kartellprobleme geschah zum Teil in Anlehnung an die Ausführungen Beckers in „Die Kartellpolitik der Reichsregierung“.

gemein schädigend, und wenn auch der Staat Kartellbindungen und Preisverabredungen als unerwünscht bezeichnet und sie wohl auch als Übergangserscheinungen betrachtet, so ist er sich gewiß des Wertes dieser Organisationen für den Aufbau eines gesicherten, aber doch lebendigen Marktgefüges bewußt.[324]) Denn die Kartellpolitik früherer Zeit war auch auf eine Beruhigung der Wirtschaft und die Befestigung des Marktes gerichtet und trifft sich hier als Wegbereiterin des Marktausgleichs mit dem Willen der wirtschaftssteuernden Staatsführung. Insoweit wird sie daher den marktaufteilenden und preislichen Ausgleichsbestrebungen der Kartelle ihre Stütze verleihen.

**Die deutschen Kohlensyndikate in der neuen Marktordnung.**

Diese Einstellung wird vornehmlich der Urproduktion, also auch den Kohlensyndikaten gegenüber befolgt. Denn die von ihnen zum Teil bereits durchgeführte räumliche und fachliche Marktaufgliederung und die planmäßige Marktbeobachtung [325]) stellen m. E. bereits das dar, was der Staat innerhalb des organischen Aufbaus der Marktwirtschaft allgemein erreichen will, und was die Kohlenwirtschaft der neuen Marktordnung in gewissem Umfange als Vorarbeit schon entgegenbringt. Die Bestrebungen zur Konsolidierung des Binnenmarktes der Kohle gipfeln in dem Ziel, durch Weiterentwicklung der vom KWG. geschaffenen oder bestätigten Syndikatsgebilde ein das gesamte Reichsgebiet umfassendes „Reichskohlensyndikat" zu schaffen,

> „ohne dabei eine starre Zwangs- und Planwirtschaft nach östlichem Muster nur annähernd zu verfolgen." [326])

Denn so wie Marktaufteilung und Preisausgleich die ersten Voraussetzungen der organisatorischen Neubildung sein müssen, ist die Beseitigung der kartellbedingten Preisstarre anzustreben und für die Erhaltung der notwendigen Konkurrenzwirtschaft innerhalb jener Grenzen zu sorgen.

---

[324]) Daher auch übt er zunächst allgemeine Zurückhaltung vor zwangsweisen Eingriffen in die Kartellwirtschaft. Von den Gesetzen über Änderungen der Kartellverordnung (Änderungsgesetz) und betreffend die Errichtung von Zwangskartellen, beide vom 15. Juli 1933, ist bisher kein genereller Gebrauch gemacht worden.

[325]) Nach Becker a. a. O. S. 59.

[326]) Bergrat v. Marées. „Wege zur Ordnung der Kohlenwirtschaft" in „Der deutsche Volkswirt" Nr. 23 vom 9. März 1934 S. 997.

Aufgaben, die bisher bezirksweise von den Syndikaten ausgeübt wurden, wären dann einheitlich von einer Stelle zu lösen, während jedem Syndikat, ob nun durch Absatzkontingentierung oder Gebietsabgrenzung, durch Kundenschutz oder auf andere Weise geregelt, die Betreuung vornehmlich seines natürlichen Absatz- und Wirtschaftsraumes zukommen würde. Zwar ist es außerordentlich schwierig, Beteiligungsverhältnisse, Absatzgebiete und Verbraucherprovinzen gegeneinander abzustecken und aufzuteilen, denn historische Entwicklungen, Käufergewohnheiten und feuerungstechnische Erfordernisse, die ganze wirtschaftliche Verzahnung organisch gewachsener Marktverhältnisse widerstreben jeder schematischen Lösung von oben her. Aber eine rein schematische Lösung kann nicht gewollt sein; zur Versorgung qualitätsgebundener, qualitätsempfindlicher oder solcher Betriebe, für die die Aufdrängung bestimmter Brennstoffsorten zu bestimmten Preisen die Konkurrenzunfähigkeit gegenüber anderen, auf günstigeren Kraftquellen-Standorten gelegenen Industrien der gleichen Branche im Gefolge hätten, wird man die Grenzen jener Marktgebiete als Ausnahmeregelung durchbrechen und größere Syndikatsgebiete zur beweglicheren Marktbetreuung in sich gliedern müssen.

Die daraus folgende Einschränkung der syndikatlichen Konkurrenzwirtschaft stellt den schädigenden, insbesondere im Industriegeschäft angewandten Marktkampf zwischen Revier und Revier, zwischen Steinkohle und Braunkohle insoweit ab, als die Syndikate zur Erzielung von Absatzsteigerungen über ihre natürlichen Absatzgebiete hinaus nicht mehr Gegenden beliefern können, deren Versorgung im Hinblick auf günstigere Frachtlage von anderen Revieren geboten erscheint, so daß nicht alleine eine unwirtschaftliche Erlösminderung für die Produktion vermieden, sondern ebenso die Minderung der Frachtkosten für den Verbraucher erzielt wird. Dann kann sich ein Preisdruck, ohne für die Produktion untragbar zu sein, auch volkswirtschaftlich vertretbar als eine Wohltat für den Verbraucher auswirken. Marktvereinbarungen und -abgrenzungen, die bereits zwischen den drei Braunkohlensyndikaten (MBS., OBS., RBS.) bestehen, ihnen Ausschließlichkeitsgebiete schaffen und große Verwaltungs- und Absatzkostenersparnisse bringen, sind zum Teil schon früh und vornehmlich aus dieser Erwägung entstanden.[327]) Auch für die Marktfelder des Steinkohlenbergbaus bemüht man sich um marktorganisatorische Regelungen,[328]) so daß das Bild der Marktgestaltung an Ruhe gewinnt und schon heute andeutend die Wege zeigt, die die Kohlenwirtschaft allem Anscheine nach künftighin verstärkt beschreiten wird. Dabei scheint es, als wenn die Maßnahmen der deutschen Braunkohlensyndikate mehr zu einer solchen Beruhigung beigetragen haben, als jene der deutschen Steinkohlensyndikate, denen eine grundsätzliche Abgrenzung ihrer Arbeitsgebiete bisher nicht in gleichem Maße gelungen ist.

Im Rahmen dieser größeren Marktgliederung aber wird man darauf abzielen müssen, den wirtschaftsnotwendigen Konkurrenzkampf innerhalb der einzelnen Absatzräume als Lebenselixier des Fortschrittes namentlich von einem freien, persönlichkeits- und finanzgesunden Handelsstande tragen zu lassen.[329]) Wenn schon die Untersuchungen über die deutsche Kohlenwirtschaft im Jahre 1928 [330]) sagen, daß die Organisation der Kohlenverteilung

> „den Erfordernissen höchster Wirtschaftlichkeit nicht voll entspricht,"

[327]) Schon 1910 wurde zwischen den Kerngebieten von MBS. und OBS. ein sogenannter „Brikettzaun" errichtet, der in nord-südlicher Richtung (etwa in der Linie Wismar—Rathenow—Dippoldiswalde an der böhmischen Grenze) verläuft. Er stellt die Sperrgrenze für die Verkaufstätigkeit der Syndikate herüber und hinüber dar.

Im April 1933 schlossen MBS. und RBS. ein ähnliches Abkommen, das sich nach den bisherigen Erfahrungen zu beider Zufriedenheit ausgewirkt hat. Die ungefähren Grenzlinien Bremerhaven—Konstanz im Westen und Bayrisch-Zell—Cuxhaven im Osten umschließen das „Puffergebiet", das beiden Syndikaten zur Belieferung freisteht, und für das Preisabreden im Hausbrandabsatz, Kundenschutz bei den industriellen Abnehmern sowie Reklamebestimmungen bestehen. Über die Westgrenze hinaus darf aber das Leipziger MBS., über die Ostgrenze hinaus das Kölner RBS. nicht verkaufen.

[328]) Zum Beispiel die 1933/34 geschehene Vereinigung von Aachener und Ruhrkohlensyndikat, der 1935 der Anschluß des Saarkohlenrevieres folgte; ferner ein Abkommen zwischen RWKS. (bezw. Saarkohle) einerseits und OSS. andererseits für die Belieferung Südwestdeutschlands.

[329]) Vergl. hierzu Professor Lüer in „Der Handel im neuen Staat", Deutsche Bergwerkszeitung Nr. 303 vom 30. Dezember 1934 S. 9. Ferner Bergrat Marées a. a. O. S. 998.

[330]) „Die deutsche Kohlenwirtschaft" S. 170.

dann ist der Grund genannt, dessentwegen eine Neuorientierung des Kohlenmarktes notwendig ist, und zwar auch betont mit dem Ziele der Aufrichtung „freier" Handelsfirmen.[331]) Die Entwicklungsdarstellung dieser Arbeit hat immer wieder erkennen lassen,[332]) daß der Neubau unserer Wirtschaft und die Erzielung wirtschaftlicher Höchstleistungen nicht durch ein Absatzsystem von Produktionshandelsgesellschaften erreicht werden können, sondern daß die Erfüllung der heute und für die Zukunft erforderlichen Marktaufgaben nur von der Eigenverantwortlichkeit privatunternehmerischer Tätigkeit gewährleistet werden kann.

So dürften die Bemühungen um den Neubau der deutschen Kohlenwirtschaft wohl zu zwei Zielen führen:

1. zu dem der marktwirtschaftlich orientierten Gebietssyndizierung, und
2. zu dem der verstärkten Aufgaben r ü c k übertragung eigentlicher Handelsarbeit von großen Verkaufsverbänden auf den freien Handel.[331])

   „Werbung und Handel sollten ... ausschließlich dem freien Kaufmann in jeder Form überlassen bleiben, und die Einschränkungen hier lediglich in der Abgrenzung der Versorgungsgebiete bestehen." [333])

Unter dieser Voraussetzung wird man tatsächlich von einer Erhaltung der notwendigen Konkurrenzwirtschaft im Rahmen volkswirtschaftlich bedingter Begrenzung sprechen können. Die Durchdringung des Marktverkehrs innerhalb syndikatlicher Markträume muß bei Aufrechterhaltung einer durch Selbstverantwortung gezügelten freien Konkurrenz zum ausschließlichen Arbeitsgebiet des freien Kohlenhandelsstandes werden.

## 2. Die Preisgestaltung.

### Der neue Wertinhalt des „gerechten Preises".

Gleich dem Inhaltswandel des Kartellbegriffs erhält auch die Idee des „gerechten Preises" einen neuen Gehalt. Der Ausgleich gegensätzlicher Interessen soll seiner endlichen Ver-

---

[331]) Vergl. über das Problem der Produktionshandelsgesellschaften die noch folgenden Ausführungen S. 196 ff.

[332]) S. 59 ff., S. 68 ff., S. 109 ff., S. 153 ff.

[333]) Bergrat M a r é e s a. a. O. S. 997.

wirklichung entgegengeführt, der Preis als Ausdruck des Marktkampfes seinem Zufallsspiel entzogen werden.

„Unter nationalsozialistischer Wirtschaftsauffassung bestehen die Begriffe Wert und Preis niemals um ihrer selbst willen, sondern sie stellen Mittel für Ziele dar, die im Dienste der Volksgesamtheit stehen.“ [334]

**Der Festpreis als Übergangsstufe.**

Gewiß mag das dem Ziele nach nichts Neues sein; auch das KWG. strebte jenen Interessenausgleich an. Der wesentliche Unterschied zur Jetztzeit aber scheint mir darin zu liegen, daß bisher die Wirtschaftsgegensätze nie in Übereinstimmung zu bringen waren, so daß man endlich im Festpreis als Ausweg die einzig mögliche Lösung der Konflikte sah, während er heute lediglich zur Übergangsstufe geworden ist. Denn Preisbindungen, die den Wettbewerb als den Träger der Fortschrittsidee ausschließen und die Erstarrung des Preisgebäudes begünstigen, dürften als heute noch notwendige Übergangsmaßnahmen unentbehrlich sein, um eine wesentliche Preiserhöhung, die die Mengenkonjunktur abdrosseln würde, oder ein weiteres Absinken der Preise (denn auch das ist ein Verstoß gegen den Gedanken des gerechten Preises) zu verhindern. Jetzt gilt es zunächst, wieder gesunde Marktverhältnisse zu schaffen, die Mißstände der Preisschleuderei zu unterbinden (auch bei dem wichtigen Wirtschaftsgut Kohle, das infolge überstarken Angebots schon früher einer preislichen Untergrenze bedurfte) und dadurch den an sich gesunden Wirtschaftsexistenzen erst einmal eine nötige Wirtschaftsgrundlage zu geben. Die Mittel dazu sind der Organisationszwang,[335] der gleicherweise dem Aufbau ständischer Wirtschaft dient, und das Mindest- oder Festpreissystem.[336] In der Kohlenwirtschaft sind beide, soweit nicht der Kampf der Syndikate um die Belieferung industrieller Großabnehmer in Betracht kommt, durch den Abschluß des GA. zwischen den bergbaulichen Syndikaten und dem Kohlenhandel verwirklicht.

---

[334] Becker a. a. O. S. 24.

[335] Vergl. S. 183 ff.

[336] Vergl. die Kartellnovelle vom 15. Juli 1933 und die für die Kartelldreisstellung wichtige Verordnung über Preisbindungen und gegen Verteuerung der Bedarfsdeckung vom 12. November 1934, im übrigen die Ausführungen S. 183 ff., 192.

**Das Preissystem der Zukunft.**

Zur Anpassung an nicht auszuschaltende konjunkturelle Schwankungen bedarf es indessen der Veränderungen und Auflockerungen des festgespannten Preisgefüges, um die preisbildenden Marktfaktoren von Angebot und Nachfrage auf die Dauer nicht auszuschalten. An die Stelle von Kommissionsbeschlüssen müßten wieder, nach oben und unten begrenzt, jene Marktkräfte und an die Stelle der kartellmäßigen Berechnungsweise auf der Grundlage schärfster betriebswirtschaftlicher Kalkulation

> „ein dehnbares Preisgefüge treten, das dem wirtschaftlichen Entfaltungsdrang genügend freien Raum für eine schnelle Anpassung an eine etwaig verringerte Kaufkraft läßt, so daß sich das Verhältnis von Lohn und Preis letzten Endes auf der gleichen Linie wie bisher hält.“ [337])

So wird der Weg zu Kalkulationskartellen führen, die in Form selbstverantwortlicher Preiskontrollen und unter Zuhilfenahme einheitlicher Selbstkostenberechnungen den Markt regulieren, indem sie mit Richtpreisen als maßgebenden Mittellinien arbeiten, um die die Preisbildung der Mitgliedsbetriebe tendiert und ihren tatsächlichen Kostenverhältnissen Spielraum gibt. Als Aufgabe marktpolitischer Natur dürfte dann das Nachprüfungsrecht der einzelnen Wirtschaftsgruppen innerhalb des berufsständischen Ordnungssystems die maßgebliche Kontrollinstitution sein, um Mißstände der Preisschleuderei, des unlauteren Wettbewerbs und der Verbraucherübervorteilung zu verhindern. Zwar ist es ein Vorteil des normierten Preises, daß er solche Nachprüfungen erleichtert, ja oft erst ermöglicht.[338]) Aber wenn auch die Frage nach dem gerechten Preis heute noch durch seine Normierung gelöst werden muß (die indessen durch das Fehlen einheitlicher Syndikats-Bedingungen über Handelsrabatte, Gleichmäßigkeitsprämien, Mengenrabatte, Sommerabschläge usf. durchbrochen wird), und wenn es auch so scheint, als wenn sich die Kohle als erdgebundenes Gut nicht für den Verkehr auf dem freien Markt eignet, so wird sie wahrscheinlich letzten Endes aus einer allgemeinen Preisordnung im dar-

---

[337]) Becker a. a. O. S. 63.

[338]) Wie in der Kohlenwirtschaft; vergl. Fußnote 192.

gestellten Sinne nicht herausgelassen werden können. Diese Preisordnung wird dann allerdings zweifelsohne auch ein wesentlicher Inhalt unserer künftigen berufsständischen Erziehungsarbeit sein müssen.

## III. Das Generalabkommen als Marktregel des Kohlenhandels.

### 1. Der Kohlenmarkt als besondere Einheit in der neuen deutschen Marktordnung.

**Die Sonderstellung des deutschen Kohlenhandels.**

Seit Erlaß des Grundgesetzes der deutschen Kohlenwirtschaft, des KWG., hat der deutsche Kohlenhandel im Handelswesen eine Sonderstellung eingenommen. Die staatliche Betreuung, die Bestimmung der Preisbildung haben andere Wirtschaftsgruppen nicht im gleichen Umfange zu erfahren gehabt, und wenn auch der Kohlenhandel in diese Gesetzesregelungen nicht ausschließlich und nur mittelbar einbezogen wurde, so haben sie doch, ergänzt durch kartellrechtliche Normen,[339]) entscheidenden Einfluß auf die Handelsentwicklung und die Ausgestaltung der Organisationen des Kohlenhandels genommen. Örtliche Preis- und Wettbewerbsbestimmungen privater Art mußten versuchen, die Tätigkeit des Handels an jene Bestimmungen und an die Marktarbeit der ihm vorgelagerten Wirtschaftsstufen [340]) anzupassen und haben endlich zur besonderen Aufstellung marktwirtschaftlicher Spezialregeln geführt.

**Die Schaffung einer besonderen Markteinheit.**

Das Prinzip der Organisation, im Kohlenbergbau schon lange durchgeführt, im Kohlenhandel zunächst in schwachen Ansätzen vorhanden, hat seit Jahren an Boden gewonnen und ist heute zum Kriterium zukünftiger Wirtschaftsgestaltung überhaupt geworden. Es stemmt sich jeder Vergrößerung privatwirtschaftlicher Freiheit entgegen, will aber die Existenz gesunder Unternehmungen im Rahmen geregelter Marktversorgung und ausgeglichener Konjunktur sichern.

---

339) Behandelt S. 136 ff.

340) Vergl. S. 148 ff.

„Marktbereinigung, Marktausgleich, Marktordnung und Marktgesundung, diese Worte kennzeichnen die Richtung der vorläufigen Organisationsmaßnahmen." [341])

Diesem Ziele geht in Erweiterung der bisherigen handelsverbandlichen Vereinbarungen auch der im Juni 1933 zwischen den deutschen bergbaulichen Syndikaten und dem Centralverband der Kohlenhändler Deutschlands e. V. abgeschlossene Vertrag nach, der seiner umfassenden Bedeutung wegen den Namen „Generalabkommen" (GA.) erhielt; mit ihm ist der Kohlenhandel wegweisend einen Schritt in der deutschen Marktordnung durch Schaffung einer besonderen Markteinheit vorangegangen.

**Die Übereinstimmung staats- und wirtschaftspolitischer Ziele.**

Zur Durchsetzung seiner wirtschaftspolitischen Ziele und zur lebendigen Fühlung mit der wirtschaftlichen Praxis bedient sich der Staat in weitestem Maße der wirtschaftlichen Selbstverwaltungsorganisationen als Mittelsstellen, denn die von ihnen (und auch vom Centralverband bezw. seinen Unterverbänden) angestrebte planmäßige Sichtung und Reinigung des Bestandes der Mitgliedsfirmen (nach den im GA. festgelegten Richtlinien) wird zur notwendigen Voraussetzung des vom Staat selbst verfolgten Gesundungsprozesses der gesamten Wirtschaft. Daß das Streben jener Verbände dem seinen gleichartig, untergeordnet sein muß, daß ihre Zielsetzungen mit denen des Staates in einer Linie stehen müssen, ist Voraussetzung, um der gewollten Gesellschaftsordnung und Rechtsanschauung zum Durchsatz zu verhelfen. Die Arbeit der Organisationen des Kohlenhandels beweist, daß dieser Grundsatz auch in ihnen verwirklicht wurde. Die Fachgruppen Einzelhandel und Großhandel des Centralverbandes sind in die Wirtschaftsgruppen „Einzelhandel" bezw. „Groß-, Ein- und Ausfuhrhandel" und damit in den fachlichen Aufbau der gewerblichen Wirtschaft eingegliedert, so daß ein gemeinsames Zusammenwirken von Kartellführung des Centralverbandes und berufsständischer Fachgruppenarbeit im Kohlenhandel gewährleistet ist.

---

[341]) Becker a. a. O. S. 35.

## 2. Der Organisationszwang.

### Der Organisationszwang als Marktordnungsmaßnahme.

Solange ein Kartell durch private Vereinbarung zustandegekommen ist, besteht, gerade im Handel, die dauernde Gefahr der Durchbrechung mühsam errichteter Marktlinien durch Außenseiter. Erst ein lückenloser Zusammenschluß erlaubt straffe Marktführung und die Durchführung der jeweiligen Kartellaufgaben. Im Handel der freien Wirtschaft war eine so geschlossene Marktorganisation nicht aufzubauen, denn jedermann konnte kraft Gewerbefreiheit ein Handelsgewerbe eröffnen und führen, ohne daß man ihn von Verbandsseite aus in seiner Geschäftsführung hätte wirksam behindern können; dazu war ein solcher Handelsverband ein zu unvollkommenes und zu machtloses Gebilde. Die Nachkriegsgesetzgebung, die dem Kohlenhandel weder seine völlige Freiheit zurückzugeben noch ihn andererseits als Beamten in einen staatlichen Verteilungsapparat einzubauen wagte,[342]) enthielt ihm die Einrichtung zwangsweisen Beischlusses vor, ja verbot hier das, was ihr für den Kohlenbergbau unerläßliche Bedingung erschien. Die Handelskartelle waren solange keine herrschende Wirtschaftsmacht (wobei man sich bei dem Begriffe der „Macht" von dem ihm oft innewohnenden Beigeschmack des „Mißbrauchs" der Macht befreien muß), sie konnten in ihren Bestrebungen nach Marktordnung solange von den störenden Einflüssen der Außenseiter gehemmt werden, als der von ihnen durch private Vereinbarungen angestrebte Organisationszwang nicht staatliche Anerkennung fand.

### Die Einstellung des neuen Staates.

Heute nun nimmt der Staat zur Frage der Verhängung von Sperren und der unverantwortlichen Unterbietung von Kartellpreisen eine grundlegend andere Stellung ein als früher, ohne jedoch nun in das Gegenteil einer parteiischen und deshalb ungerechten „Sperrfreudigkeit" zu verfallen. Aber das Streben der privaten Handelsorganisationen, ihren Beruf von ungeeigneten Schädlingen des Standes zu reinigen, entspricht ja dem seinen, denn sein Ziel ist der Zusammenschluß zuverlässiger Fachleute in ihrem Berufsstande und die einheitliche Zusammen-

[342]) Vergl. S. 142 ff. und S. 162.

fassung aller Berufe in der berufsständischen Gliederung, die ja nicht nur ein Organisationsprinzip schlechthin ist, sondern eine zur Wertarbeit erziehende und Berufsehre pflegende Wirtschaftsgemeinschaft darstellen soll. So kommt heute der mängelfreien und lückenlosen Verbandsdisziplin besondere Bedeutung zu. Der Staat, das Gesetz, die ständige Rechtsprechung des Kartellgerichts gehen nach sachlicher Beurteilung davon aus, daß es für den Markt, für Händler und Verbraucher, ja für die gesamte Volkswirtschaft kein Gewinn, sondern ein Verderb ist, wenn man sich schützend vor Wirtschaftsexistenzen stellt, die durch unlautere Verkaufsgebarung, ungerechtfertigte Preisstellung nach oben und unten, Unzuverlässigkeit im Geschäftsverkehr und Organisationsunwilligkeit das Recht der Zugehörigkeit zu ihrem Berufsstande verwirkt haben.[343]) In diesen Fällen ist die Einschränkung der wirtschaftlichen Bewegungsfreiheit im Sinne der Kartellverordnung von 1923 und die Verhängung der gewerblichen Sperre nicht als unbillig zu betrachten: das wird im

> „Gesetz über Änderung der Kartellverordnung vom 15. Juli 1933" (Änderungsgesetz)

ausdrücklich bestätigt: [344])

> „Unbillig ist die Einschränkung der wirtschaftlichen Bewegungsfreiheit insbesondere dann nicht, wenn der Geschäftsbetrieb des Betroffenen von Personen geleitet wird, welche die im Geschäftsverkehr erforderliche Zuverlässigkeit nicht besitzen. Der Unzuverlässigkeit ist es gleichzuachten, wenn in dem Geschäftsbetrieb des Betroffenen die Güter oder Leistungen, auf die sich die Maßnahmen beziehen sollen, zu Preisen angeboten oder verkauft werden, die unter Würdigung der Belange des Betriebes sowie der Gesamtwirtschaft und des Gemeinwohls als volkswirtschaftlich ungerechtfertigt anzusehen sind, und die Fortsetzung einer solchen Preisgebarung zu besorgen ist."

**Das Generalabkommen als kartellrechtliche Grundlage des Handels.**

Damit ist der Aufrichtung einer Ordnung des deutschen Kohlenhandels der Rechtsboden bereitet, auf dem er in völliger

---

[343]) Näher ausgeführt S. 185 ff.

[344]) Zusatz zum § 1 der KartellVO. vom 2. November 1923.

Übereinstimmung seiner rechtlichen Verbandsnormen mit den staatlichen Gesetzesnormen und unter tätiger Mitarbeit der Kohlensyndikate im Sinne des „Dreiparteienvertrages“ [345]) seine seit Jahren verfolgte Säuberungsaktion durchführen konnte. Die Ausrüstung der Marktordnungsmaßnahmen der Händlerkartelle mit Staatsautorität ist durch die angeführte Rechtssetzung und durch die (im folgenden Absatz zu behandelnde) Rechtsprechung des Kartellgerichtes dem Kohlenhandel als geschlossener Handelsorganisation praktisch zugestanden. Das GA. als die kartellrechtliche Grundlage der Verbandstätigkeit hat den Organisationszwang, wenn er auch ausdrücklich nicht ausgesprochen wurde, tatsächlich wirksam werden lassen.[346]) Es will nicht etwa durch Einführung eines feststehenden Numerus clausus jeden Zuzug neuer Händler hermetisch abbinden, sondern lediglich erreichen, daß nur volkswirtschaftlich und moralisch gesunde Kräfte Eingang in den Berufsstand finden, um eine endliche Gesundung des Kohlenmarktes herbeizuführen.

### 3. Inhalt und Wesen des Generalabkommens.[347])

**Die Grundsätze des Vertragswerkes.**

Als sich Kohlenbergbau und Kohlenhandel durch den Abschluß des Generalabkommens (GA.) vom 15. Juni 1933 [348]) nebst den Ausführungsbestimmungen (ABGA.) vom 27. Juli 1934 [349]) zur gemeinschaftlichen Regelung der Absatzseite des Kohlenmarktes zusammenfanden, ging man von dem (aus der ausführlich geschilderten Entwicklung zwangsläufig gewachsenen) Gedanken aus, daß nur eine allesumfassende Klärung der vom KWG. aufgeworfenen Probleme die endliche Befriedung des Marktes und die Erstarkung des Handelsstandes

---

[345]) Vergl. S. 170.

[346]) Vergl. die Ausführungen des ehemaligen Präsidenten Freudemann vom Centralverband, abgedruckt in Deutsche Bergwerkszeitung Nr. 124 vom 29. Mai 1935 S. 2.

[347]) Die Behandlung erfolgt zum Teil in Anlehnung an eine nicht veröffentlichte Denkschrift des „Centralverband der Kohlenhändler Deutschlands e. V.“ vom Jahre 1935.

[348]) Vergl. Anlage 1.

[349]) Vergl. Anlage 2. Ergänzt durch eine „Gemeinschaftliche Erklärung“ der im RKV. zusammengefaßten Syndikate und des Centralverbandes vom 27. Juli 1934; vergl. Anlage 3.

bringen könne. Daher beschränkte sich das GA. nicht auf Teillösungen und seine Wirkung nicht auf einzelne Landesgebiete (wie die örtlich begrenzten Arbeitsgemeinschaftsverträge), sondern versucht jedes aufgetauchte Problem des Kohlenmarktes zu erfassen [350]) und erstreckt sich auf die gesamte deutsche Kohlenhändlerschaft.

**Verwirklichung des ausschließlichen Verbandsverkehrs.**

Im Mittelpunkt des Vertragswerks steht die Zulassung zum Handelsgewerbe. Der Centralverband läßt „Register des deutschen Kohlenhandels" aufstellen, in die die Kohlenhändler als seine Mitglieder eingetragen werden unter den Voraussetzungen

1. fachmännischer und kaufmännischer Eignung,
2. Unbescholtenheit und Zuverlässigkeit im Geschäftsverkehr,
3. für den Platzhandel Besitz der erforderlichen Betriebseinrichtungen,
4. Bejahung der Bedürfnisfrage.[351])

Die §§ 8 ABGA. und 2 GA. als Grundlagen des „Dreiparteienvertrages" bestimmen:

„Ausschließlicher Geschäftsverkehr zwischen registrierten Kohlengroßhändlern und registrierten Kohleneinzelhändlern:

I. Die registrierten Kohlengroßhändler dürfen Brennstoffe zum Zwecke des Wiederverkaufs nur an registrierte Kohlenhändler abgeben.
II. Die registrierten Kohleneinzelhändler dürfen vom Kohlengroßhandel Brennstoffe nur beziehen, wenn dieser registriert ist."

„Die Syndikate verpflichten sich, nur an solche Firmen zu liefern, die in einem Register stehen."

Der damit festgelegte Ausschluß eines Kohlenhändlers vom Marktverkehr durch Verweigerung seiner Aufnahme in die

---

[350]) Über die noch nicht behobenen Mängel vergl. S. 196 ff.

[351]) Vergl. den allgemeinen Teil der Begründung von Sperranträgen beim Kartellgericht, abgedruckt in „Deutsche Kohlen-Zeitung" Heft 3 vom 6. Februar 1934, Aufsatz Dr. Ernst Eckelt: „Die Säuberung des Kohlenhandels", S. 53 ff.

Verbände würde eine Sperre im Sinne des § 9 KartellVO.[352]) bedeuten. Sie kann aber nur mit Einwilligung des Vorsitzenden des Kartellgerichts verhängt werden, und daher sagt § 1 ABGA.:

„Personen oder Firmen, deren Übernahme in ein Register vom Centralverband verweigert wird, sind von den Wirkungen des GA. bis zur rechtskräftigen Entscheidung des Kartellgerichts über die verweigerte Aufnahme freizustellen."

Das heißt, daß die Belieferung solcher Händler nicht unter Berufung auf das GA., also nicht mit der Begründung verweigert werden darf, daß der Händler keine Kohlenhändlerkarte besitze. Damit ist den Bestimmungen der KartellVO. entsprochen und die Entscheidung über die Zulässigkeit beantragter Sperrmaßnahmen nach wie vor in die Hände des Kartellgerichts gelegt.

**Die Zulassungsbedingungen.**

Das „Änderungsgesetz" bringt nun eine gewisse Lockerung des § 9 KartellVO. (Sperrparagraph), indem es der Spruchstelle die Handhabe verleiht, solche Personen vom Geschäftsverkehr auszuschließen, die die erforderliche Zuverlässigkeit nicht besitzen oder Waren zu volkswirtschaftlich ungerechtfertigten Preisen verkaufen. Dabei hat die bisherige Kartellrechtsprechung [353]) bei Urteilsverkündungen über Sperranträge des Centralverbandes folgende Grundsätze herausgearbeitet:

1. Fachmännische und kaufmännische Eignung bedingen ausreichende fachliche Kenntnisse, Vorhandensein des erforderlichen Betriebskapitals bei Neugründungen und Erfahrungen im kaufmännischen Geschäftsverkehr.
2. An die persönliche Zuverlässigkeit des Händlers stellt das Kartellgericht hohe Anforderungen, da es selbst den Kohlenhandel als ein Gewerbe bezeichnet,[354])

[352]) Vergl. S. 136.

[353]) Folgendes nach Ernst Eckelt, Sonderdruck aus der DKZ. Nr. 2 vom 22. Januar 1935: „Ein Jahr Kartellrechtsprechung zum Generalabkommen".

[354]) Sonderdruck aus der DKZ. Heft 3 1934 a. a. O. S. 7.

„für dessen Führung infolge seiner besonderen Verhältnisse im Interesse der Verbraucher ein besonders hohes Maß von Zuverlässigkeit vorauszusetzen ist".

Die Tatbestände der Bescholtenheit und Unzuverlässigkeit, die zum Ausschluß eines Händlers führen können, lassen sich zusammenfassen in

a) strafrechtliche Verurteilung, d. h.
Betrug, Untreue, Unterschlagung usw.;

b) Verstoß gegen die Grundsätze lauteren Geschäftsgebarens, d. h.
Gläubigerbenachteiligung usw.;

c) Verstoß gegen die Grundsätze lauteren Wettbewerbs, insbesondere
Unterbietung der festgesetzten Brennstoffkleinverkaufspreise. Die (auf S. 138 erwähnte) Bestimmung des § 3 der Vierten Notverordnung vom 8. Dezember 1931, nach der preisunterbietende Händler nicht gesperrt werden durften, ist durch Verordnung vom 20. Mai 1933 aufgehoben worden.

3. Die Frage der Lagerhaltung ist vom Kartellgericht in zahllosen Entscheidungen rückhaltlos bejaht und damit der Besitz der zum Einzelhandelsbetrieb erforderlichen Einrichtungen zur Voraussetzung jeder Gewerbeausübung im Kohlenhandel gemacht worden. In einem Beschluß des Kartellgerichts[355]) heißt es:

„Ein Platzhändler, der nicht lagert, erfüllt die volkswirtschaftliche Aufgabe eines Kohlenplatzhändlers nicht. Daran muß schon deshalb festgehalten werden, weil andernfalls die minderbemittelte Bevölkerung außerstande wäre, sich die benötigten Brennstoffe zentnerweise oder in noch kleineren Mengen zur Vermeidung von Zubringekosten selbst vom Händler zu holen."

Für die Beweisführung ergibt sich, daß sich das Kartellgericht nicht auf eine Prüfung an Ort und Stelle einlassen

[355]) Angeführt von Eckelt a. a. O. S. 11.

kann, sondern auf die ihm vorgelegten Beweismittel verlassen muß. Dazu bedient man sich der zuständigen Ortspolizeibehörden, der NS.-Hago und sonstiger Dienststellen.

4. Gleichzeitig mit dem GA. trat das Gesetz zum Schutze des Einzelhandels vom 12. Mai 1933 in Kraft, das die Eröffnung neuer Verkaufsstellen grundsätzlich verbot und die Prüfung der Bedürfnisfrage in die Hände behördlicher Stellen legte. Damit konnte die Verneinung der Bedürfnisfrage seitens der Handelsverbände für sich allein nicht zur Begründung eines Sperrantrages, wohl aber zu seiner Unterstützung herangezogen werden. Die Einwilligung zur Versagung der Mitgliedschaft ist aber vom Kartellgericht in solchen Fällen erteilt worden, in denen der Kohlenhandel neben einem anderen Gewerbebetrieb und offensichtlich nur als „artfremder Nebenbetrieb" ausgeübt wurde, in denen also das Verbot nicht zur Existenzgefährdung des Betroffenen führte.

Wenn auch das Verbot der Errichtung bezw. der Übernahme bestehender Facheinzelhandelsgeschäfte [356]) zugunsten persönlich Zuverlässiger und sachlich Geeigneter praktisch aufgehoben ist, so stellen die Prüfungsrechte der durch jene Verordnungen beauftragten Behörden doch nichts anderes dar, als die praktische Unterstützung der aus dem GA. ersichtlichen Forderungen. Da aber das Kohlenhandelsgewerbe unter einer besonderen Berufsüberfüllung zu leiden hat, plant man in Fachkreisen die Eingabe zur Durchführung eines Errichtungsverbotes für Kohlenhandelsgeschäfte, über dessen Schicksal noch nichts kekannt geworden ist. In diesem Zusammenhange bieten die Verhältnisse beispielsweise im graphischen Gewerbe, die ganz ähnlich liegen, eine interessante Parallele, denn auf Grund des Gesetzes über die Errichtung von Zwangskartellen vom 15. Juli 1933 hat der Reichswirtschaftsminister im Verordnungswege ein Verbot der Neuerrichtung und der Erweiterung von Druckereibetrieben erlassen.

---

[356]) Durchführungsverordnung vom 23. Juli 1934 und Änderungsgesetz vom 13. Dezember 1934.

**Die praktische Verwirklichung des Organisationszwanges.**

Von 1605 geprüften Sperranträgen,[357]) die dem Centralverband in der Zeit von April 1933 bis Dezember 1934 von den Verbänden zur Durchführung zugeleitet wurden, hat er selbst 844 als zur Behandlung vor dem Kartellgericht ungeeignet

| | |
|---|---|
| zurückgegeben. Von den verbleibenden . . . . . . . . . . | 761 |
| Anträgen waren bis zum 31. Dezember 1934 . . . . . . | 509 |
| Verfahren, und zwar mit folgendem Erfolg, entschieden: | |
| durch rechtskräftige Erteilung der Erlaubnis zur Verhängung der Liefersperre . . . . . . . . . . . . | 168 |
| durch rechtskräftige Versagung der Einwilligung, aber unter der Voraussetzung des Beitritts zum Verband | 118 |
| durch Vergleich . . . . . . . . . . . . . . . . . . . | 70 |
| durch Rücknahme des Sperrantrages . . . . . . . . | 149 |
| durch Aufgabe des Betriebes des Betroffenen . . . . | 4 |
| Zusammen: | 509 |

In diesen seinen Entscheidungen hat das Kartellgericht die Anwendung des [358]) äußeren Organisationszwanges (zum Zwecke nicht nur der Fernhaltung unzuverlässiger, sondern auch zur Ausschaltung ungeeigneter Unternehmer vom Kohlenhandel) grundsätzlich gebilligt, und damit ist der ausschließliche Verbandsverkehr als Marktordnung höherer Art nach dem Grundsatz

registriert = organisiert

durchgeführt. Jeder Groß-[359]) und Einzelhändler, der die aufgestellten Voraussetzungen erfüllt, wird durch Eintragung seiner Firma in das Register und Aushändigung einer Mitgliedskarte zur Führung seines Geschäftes autorisiert. Nach Mitteilungen des Centralverbandes sind heute rund 55 000 Kohlenhändler (davon 2100 Großhändler) in 25 Landesverbänden und rund 1500 Ortsvereinen organisiert.[360])

[357]) Nach Eckelt a. a. O. S. 4/5.

[358]) Im § 2 ABGA. verankerten.

[359]) Und zwar nach § 1 Abs. 3 GA. auch die Syndikats- und Zechenhandelsgesellschaften; vergl. Fußnote 320. Als weitere Aufnahmebedingungen sind für den Großhandel im § 2 ABGA. genannt: Eintragung im Handelsregister, ein jährlicher Mindestumsatz von (gewöhnlich) 1500 Tonnen.

[360]) Die schon auf S. 164 ausgewerteten Ergebnisse der Betriebszählung des Deutschen Reiches nennen für 1933 rund 35 000 gewerbliche Nieder-

**Die Verbandsbestimmungen als Marktregeln.**

Verstöße der Verbandsmitglieder gegen die Satzungen, Arbeitsgemeinschaftsverträge und Wettbewerbsbestimmungen der Landesverbände [361]) werden durch Mittel des inneren Organisationszwanges,[362]) durch den Strafentscheid des Schiedsgerichtes, geahndet, und wer sich dauernder Verstöße schuldig macht, sich seiner volkswirtschaftlich unentbehrlichen Lagerhaltungspflicht entzieht, kreditmäßige oder Lieferungsverpflichtungen verletzt, hat durch Sperrmaßnahmen seine Ausschließung zu gewärtigen. Die Mustersatzungen der Kohlenhandelsverbände (Ortsvereine) bestimmen in §§ 3 und 4:

> „Mitglieder, die das Ansehen oder die Interessen des Vereins oder des Berufs schädigen oder den Bestimmungen ... zuwiderhandeln, können bestraft werden:
>
> a) durch Verwarnung oder
>
> b) durch Auferlegung einer Vertragsstrafe oder
>
> c) durch Ausschluß aus dem Verein.
>
> Verwarnungen können durch den Verbandsführer ... ausgesprochen werden. Die Vertragsstrafe wird durch das Schiedsgericht festgesetzt. Der Ausschluß bedarf der Zustimmung des Vorsitzenden des Kartellgerichts und der Mehrheit der Syndikate."

Damit wird das Prinzip der Auslese angewandt, Ordnung und Sauberkeit in den Reihen des deutschen Kohlenhandels hergestellt und erzieherisch hinsichtlich der Anwendung von Regeln des anständigen Wettbewerbs gewirkt.

---

lassungen des Kohlengroß- und Einzelhandels. Wenn die Zahl der seit Inkrafttreten des Generalabkommens beim Centralverband gemeldeten Kohlenhandelsfirmen rund 55 000 beträgt, so kann es sich bei den in der Betriebszählung fehlenden 20 000 nur um solche Kohlenhandlungen handeln, die überwiegend andere Warenarten vertreiben und in der Betriebszählung unter anderen Handelszweigen (Gemischtwarenhandel, Bau- und Brennstoffhandel, Landhandel usw.) aufgeführt sind.

[361]) Die nach § 10 ABGA. dem GA. anzugleichen sind, das damit zum verbindlichen Satzungsrecht für alle Mitglieder wird.

[362]) „Die Kartellverpflichtungen sind in Deutschland grundsätzlich ebenso klagbar wie jede andere Vertragsverpflichtung". (Nach Kestner-Lehnich, Der Organisationszwang S. 78.)

**Die Preisbindung.**

Das Preisbindungssystem hat erst durch das GA. mit seiner Erfassung aller auf dem Kohlenmarkt Tätigen seinen eigentlichen Wert erhalten. Horizontale und vertikale Preisbindung sind durchgeführt [363]) und werden durch die geschlossene Front von Bergbausyndikaten und Kohlenhandelsverbänden geschützt: die Preis- und Lieferungsbedingungen sind durch inhaltlich grundsätzliche Einheit von Syndikatsbestimmungen und Wettbewerbsbestimmungen der Handelsverbände in einen Rahmen gespannt. Ihre Durchbrechung kann sowohl auf dem Wege der Selbsthilfe des Kohlenhandels als auch durch syndikatliche Verfolgung bestraft werden, denn die Preisschutzklausel wird in die Kauf- und Lieferungsbedingungen sämtlicher Syndikate aufgenommen (§ 4 GA.). Der Festpreis kann aber sicherlich keine endgültige Lösung sein, sondern nur eine Übergangsstufe auf dem Wege zur letztlich angestrebten Marktauflockerung darstellen.[364]) Und daß ihn auch die Führung des Centralverbandes nicht als ein Schutzmittel vor volkswirtschaftlich notwendigen und betriebswirtschaftlich vertretbaren Preissenkungen betrachtet, lassen folgende Worte seines Präsidenten [365]) anläßlich einer Verbandsführerbesprechung erkennen:

> „Der Kohlenhandel muß ganz besonders zu der Erkenntnis gelangen, daß nicht eine Preiserhöhung, sondern ausschließlich eine Preissenkung die erste volkswirtschaftliche Notwendigkeit ist und bleibt."

**Abgrenzung der Arbeitsweise.**

Schon die bis 1933 in Kraft getretenen regionalen Arbeitsgemeinschaftsverträge enthielten die Abgrenzung der Aufgabenkreise von Kohlengroß- und Kohleneinzelhandel.[366]) In dem jene Verträge dem GA. angepaßt werden, wird die Aufteilung der Interessensphären jetzt für den Handel des ganzen deutschen Reichsgebietes zum Rechtssatz. Es bestehen Bestimmungen

---

[363]) Die Neubindung von Preisen bedarf nach der Verordnung gegen Preissteigerungen vom 16. Mai 1934 der Genehmigung des RWM.; die Landesverbände haben also ihre Genehmigung und auch die Zustimmung der Syndikate einzuholen; vergl. Kommentar zum GA. S. 18.

[364]) Vergl. die Ausführungen S. 180 ff.

[365]) Nach DKZ. 1933 S. 384/85.

[366]) Vergl. S. 170 ff.

darüber, wer die einzelnen Verbrauchergruppen zu beliefern hat: Industrie, Landwirtschaft, Genossenschaften und Wiederverkäufer durch den Großhandel; Privatverbraucher, Kleingewerbe, Gasthäuser usf. durch den Einzelhandel.[367])

**Die Genossenschaftsfrage.**

Nachdem die Lagerhaltungspflicht der Genossenschaften im Wege der Auslegung des § 63 ABKWG. begründet worden war, hat dieses den Kohlenhandel durchdringende Vertragssystem seine notwendige Abrundung erfahren durch Verträge, die mit den Genossenschaften geschlossen wurden, um auch sie in die bestehende Marktordnung einzufügen. Die wichtigsten genossenschaftlichen Organisationen (Centralverband Deutscher Konsumvereine, Reichsverband der Deutschen Landwirtschaftlichen Genossenschaften Raiffeisen [368]) usf.), verpflichteten sich, nach Aufhebung des Genossenschaftskompromisses,[369]) sich bei der Weitergabe von Brennstoffen an die Ortshandelspreise zu halten. Das ist unter sonstiger Aufrechterhaltung des bestehenden Zustandes im Kohlenhandel schon als ein großer Fortschritt und grundsätzlich als eine Zwischenregelung aufzufassen bis zu jenem Zeitpunkt, an dem die endgültige Klärung des Verhältnisses zwischen freiem Handel und Genossenschaft herbeigeführt werden kann. (Das „Gesetz über Verbrauchergenossenschaften vom 21. Mai 1935" bringt keine grundsätzliche Lösung der Genossenschafsfrage überhaupt, ist aber ein erster Schritt dazu, indem liquidationsreife Genossenschaften aus dem Wirtschaftskörper herausgeschnitten und alle weiteren Maßnahmen der ausschließlichen Zuständigkeit des RWM. übertragen werden.)

**Waggonbezüge von Privatverbrauchern.**

Die Frage des Germanenwagenbezuges wurde gelöst durch die Bekanntmachung des RKR. vom 25. April 1933, die erst-

---

[367]) Über den Schutz „gewohnheitsmäßiger" Belieferung bestimmter Verbraucher, Behördenlieferungen, Belegschaftslieferungen und andere Sonderregelungen vergl. §§ 4—6 ABGA.

[368]) Gerade die wachsende Bedeutung der landwirtschaftlichen Genossenschaften hat zu einer immer größeren Konkurrenz für den Kohlenhandel geführt. Nach Auskunft des Centralverbandes wird zur Zeit energisch eine Bereinigung der Mitgliederlisten jener Genossenshaften angestrebt, da sie, teilweise bis 90 v. H., Nichtlandwirte als Mitglieder führen, die alle den Kohlenbezug durch die Genossenschaften beanspruchen.

[369]) Durch Beschluß des RKV. vom 7. Juni 1933; im übrigen vergl. S. 157.

malig besagt, daß demjenigen Verbraucher von Brennstoffen der Anspruch auf den Waggonbezug nicht zusteht, der ihn „für Dritte" mitbesorgt. Durch den Einbau dieses Lieferungsverweigerungs r e c h t e s in die mit dem GA. (§ 7 ABGA.) verbundenen Wettbewerbsbestimmungen wurde dem Handel die V e r p f l i c h t u n g auferlegt, derartige Sammellieferungen zu unterlassen und auch den Waggonbezug e i n z e l n e r Privatbezieher nach Möglichkeit einzuschränken. Ihre Ausführung ist grundsätzlich Sache des Einzelhandels.

**Die Landabsatzfrage.**

Das KWG. gab den Mitgliedern der Syndikate das Recht, ihre Erzeugnisse im Wege des Landabsatzes unmittelbar an die Verbraucher zu veräußern (§ 72 ABKWG.). Da die ständig fortschreitende Motorisierung des Verkehrswesens zu einer bedeutenden Ausdehnung des Landabsatzes und damit zur Existenzgefährdung des lagerhaltenden Kohleneinzelhandels führte, strebten seine Organisationen eine Begrenzung dieser Vertriebsart an. Das ist bisher allerdings nur in wenigen Fällen durch Abkommen mit einigen Zechen gelungen.[370]) In ihnen ist die Zulassung zum L a n d a b s a t z h a n d e l geregelt, während der H a u s i e r h a n d e l ganz allgemein beseitigt wird, da bei ihm nach den als Zulassungsmerkmalen aufgeführten Grundsätzen [371]) von ordnungsmäßig geführtem Geschäftsbetrieb nicht gesprochen werden kann.

**Die Schließung des Marktringes.**

Diese Ordnung kommt nicht nur den im Handel selbst Tätigen, sondern darüber hinaus dem Bergbau und der gesamten Wirtschaft zugute. Sie geht über die Teilgebiete der Bestimmungen von zur Zeit geltenden gewerbepolizeilichen Gesetzen und Verordnungen, der Preisüberwachung und des Gesetzes zum Schutz des Einzelhandels hinaus,[372]) indem sie

---

[370]) Im Jahre 1 9 3 4 haben eine Reihe ostelbischer Werksvereine und der Centralverband ein regionales Abkommen getroffen, nach dem Gelegenheitshändler ausgeschaltet und Landabsatzbezirke bestimmt wurden, über deren Grenzen hinaus nur registrierte Kohlenhändler zu festgesetzten Kleinverkaufspreisen liefern dürfen. Vergl. im übrigen S. 64.

[371]) Vergl. S. 185 ff. und S. 166.

[372]) Vergl. E c k e l t a. a. O. S. 18 ff.

„einmal die Ausschaltung aller für den Kohlenhandel und damit für den Verkehr mit einem lebenswichtigen Gut ungeeigneten Elemente, zum anderen die organisatorische Erfassung aller anerkannten Kohlenhändler“ [373])

erstrebt und damit im Wege der Selbstverwaltung den in seiner Abrundung bisher nicht erreichten Marktring schließt. Selbstverwaltung aber bedeutet Selbstverantwortung. Das ist die tragende Idee der erst mit der nationalsozialistischen Erhebung ermöglichten Gesamtlösung, die nicht den eigensüchtigen Interessen einzelner Gruppen dienen soll, sondern auf die Bedürfnisse des Gemeinwohls ausgerichtet ist. So wird im Kohlenhandel das Kartellrecht als Gruppenschutzvereinbarung aus seiner ehemals privatwirtschaflichen Bestimmung herausgelöst und zum Mittel der gesamtheitsbedingten Marktordnung unserer Nationalwirtschaft.

**Der Kohlenhandel und das Winterhilfswerk.**

Die so geschaffene Einheit des deutschen Kohlenmarktes verbürgt dem Staat die Durchführung seiner Anordnungen und Ziele. Er kann sich auf Anweisungen und Kontrollen beschränken, während der Centralverband über seine Unterorganisationen sowie die Fachgruppen für die Einhaltung solcher Bestimmungen sorgen. Dafür ist lebendiger Ausdruck die Brennstoffversorgung der Bevölkerung im Rahmen des Winterhilfswerkes. Zur Unterstützung und Durchführung dieses gewaltigen sozialen Werkes hat die organisatorische Einheit des Kohlenmarktes, in der Syndikate, Kohlengroß- und Platzhandel vereinigt sind, viel beigetragen. Die Maßnahmen des Reichsbeauftragten für das Winterhilfswerk werden daher im Einvernehmen mit den Kohlensyndikaten und dem Centralverband getroffen, und die auch in diesem Zusammenhange wichtige und von den Organisationen des Kohlenhandels seit Jahren verlangte Lagerhaltungspflicht des Platzhandels erhält eben deswegen ihre staatliche Begründung:

„Die Unterhaltung eines Lagers in allen gangbaren Sorten ist auch notwendig zur Sicherstellung einer regelmäßigen Durchführung der Versorgung der Volksgenossen

[373]) Kommentar zum GA. S. 7.

> im Rahmen des Winterhilfswerks; denn nur ein Händler, der ein ordentliches Lager unterhält, ist jederzeit in der Lage, Kohlengutscheine einzulösen.“ [374])

**Produktionshandel und freier Handel.**

Während nun die sogenannte „Gemeinschaftliche Erklärung“ [375]) der im RKV. zusammengefaßten Syndikate und des Centralverbandes dem Gedanken Raum gibt, daß das Vertragswerk

> „im Interesse einer Erstarkung des mittelständischen Kohleneinzelhandels“

geschlossen worden sei, findet sich doch nirgends eine Bestimmung, die diesem Ziele auch von der Seite der Produktion her gerecht zu werden geeignet sein könnte. Die Syndikatshandelsgesellschaften als Großhandel erster Hand behalten das Monopol zum direkten Bezug bei den Syndikaten, so daß keine andere Großhandelsfirma die Aufstiegsmöglichkeit zum Händler erster Hand hat, sofern sie eine bestimmte Jahresabnahme überschreitet. Den Syndikaten bezw. ihren Verkaufsgesellschaften bleibt nach wie vor die unmittelbare Belieferung größerer Industriebetriebe und sonstiger Großabnehmer vorbehalten, so daß dem freien Großhandel ein wichtiger Teil des Geschäfts entzogen und seine Erwerbs- und Finanzkraft beeinträchtigt ist. Die Bevorzugung des Syndikatshandels bei Bemessung des Handelsnutzens vor dem freien Großhandel, selbst wenn er größere Umsätze hat, bleibt bestehen. An dem Bestand der Werkshandelsgesellschaften, deren starken Wettbewerbsdruck der freie Handel ständig zu verspüren hat, wird nicht gerüttelt. Die Frage des (von den Zechen selbst forcierten) Landabsatzes, der den ortsansässigen Platzhandel in seinem Bestand gefährdet, harrt heute noch grundsätzlicher Lösung. Bemühungen, die an die Produktion angelehnten Platzhandelsgeschäfte entweder in ihrem Arbeitsbereich zu beschränken oder an unabhängige, mittelständische Kohlenhändler zu übertragen, sind nicht einmal im Ansatz vorhanden. Immer wieder, wenn diese Untersuchung die Marktarbeit des Werkshandels einerseits

[374]) Kartellgerichtsbeschluß aus Eckelt a. a. O. S. 11.

[375]) Vergl. Anlage 3 zu § 4 der ABKWG.

und des freien Handels andererseits wertend gegenüberstellte, ist sie hingegen zu dem Ergebnis gekommen,[376]) daß die Rückübertragung der Marktaufgaben im Verteilungsprozeß vornehmlich auf den freien Kohlenhandel die große Voraussetzung für den begonnenen Neubau der Kohlenwirtschaft sein muß. Hat dieser Gedanke erst einmal in den zuständigen Fachkreisen der Kohlenwirtschaft allgemeine Anerkennung gefunden, dann wird es die Aufgabe der vom GA. begründeten und aus Vertretern der Syndikate und des Centralverbandes bestehenden „Ständigen Kommission" sein, Pläne auszuarbeiten, nach denen man die Umbildung der kohlenwirtschaftlichen Absatzorganisation und die Neufassung des KWG. im Sinne der in dieser Arbeit vertretenen Auffassung ins Werk setzen kann. Denn der letzte Sinn jeder wirtschaftlichen Arbeit ist doch, der Volksgesamtheit zu dienen. Dem aber widerstrebt das heutige Gegen- und Auseinander eines wenig rationell arbeitenden Kohlen-Vertriebsapparates, dessen wesentlichste Merkmale in einer Bürokratisierung und Übersetzung, in einem ungesunden Wettbewerb der Syndikate und in der Zurückdrängung der Kaufmannspersönlichkeit durch die Verwaltungsfirma bestehen. Dienst am Verbraucher erfordert niedrige Preise, deren Erzielung indessen auch die höchste Durchbildung der Organisation bedingen.

## IV. Der Einsatz der Persönlichkeit als treibende Wirtschaftskraft.

### Der Mensch als Träger der Gemeinwirtschaft.

Es ist nicht verwunderlich, daß die Zeiten der Verantwortungsverschiebung, die jeden Mißerfolg aus der „schlechten wirtschaftlichen Lage" zu erklären bemüht waren, eine Einschläferung der kaufmännischen Persönlichkeitswerte hervorriefen. Die Wirtschaft trug den Menschen vorwärts oder trieb ihn zurück, nicht umgekehrt. Er fühlte sich nicht als Träger des Marktes, er schwamm getrieben im Marktstrome. Hier muß die Wiederbelebung der persönlichen Werte einsetzen, die notwendige Umstellung der Unternehmerpsychologie.

---

[376]) Vergl. S. 53, 59 ff., 68 ff., 94 ff., 99 ff., 109 ff., 153 ff., 177 ff.

D e r  M e n s c h trägt den Markt,
d e r  M e n s c h führt die Wirtschaft,
d e r  E i n s a t z  d e r  P e r s ö n l i c h k e i t entscheidet über den Wirtschaftserfolg,

und nicht die Gesamtheit der Wirtschaft über den Aufstieg und den Abgang jedes einzelnen. Eben weil auch der Staat es mit Recht ablehnt, selbst zu wirtschaften, weil er privatwirtschaftliche Risiken nicht übernehmen oder ausschalten und damit nicht die Existenzsicherung des einzelnen herbeiführen will,[377]) trägt jeder die Verantwortung für sein Wirtschaftsgeschick selbst. Während aber das einzelwirtschaftliche Leistungs- und Gewinnstreben nach bisheriger Wirtschaftsweise in völliger Überbelichtung seines Wertes zur Anwendung gekommen war, so erlegt jetzt die persönliche Verantwortung jedem einzelnen, der im Sinne der neuen Rechts- und Staatsauffassung sein Gut nur zur treuhänderischen Verwaltung für die Volksgemeinschaft übertragen erhielt, die Pflicht auf, seine Handlungsweise dem Gemeinwohl unterzuordnen.

**Berufserziehung im Kohlenhandel.**

So wird auch im Kohlenhandel der geschäftliche Verdienst nur das mühevoll erworbene Verdienst ehrsamer Arbeit sein, und damit kommt der persönlichen Verkaufskunst als der Grundlage des Leistungswettbewerbs, der sich nicht nur an preislichen Vorteilen übt, wieder ihre ureigene Bedeutung zu. Gewiß mag sich mancher, solange die Preisbindung besteht, noch dem Gedanken ergeben, daß ja doch nur preisliche Zugeständnisse Absatzvergrößerung bringen können, und daß es das Eine nicht geben könne, weil das Andere nicht sein dürfe. Wenn auch die heutige Praxis beweist, daß das Aufspüren neuer Marktgelegenheiten, die Auswertung persönlicher Beziehungen und fachlicher Kenntnisse, die ganze Wachsamkeit unternehmerischer Leitung unentbehrliche Vorbedingungen für den Wirtschaftserfolg sind, so kann doch nicht verschwiegen werden, daß nach Kenntnis des Verfassers die allgemeine und genaue Beachtung der Wettbewerbsbestimmungen, deren Einhaltung die unerläßliche Vorbedingung für eine saubere Geschäftsführung

[377]) Vergl. die Ausführungen von S c h a c h t in „Deutschland in der Weltwirtschaft" S. 25.

ist, im Kohlenhandel durchaus noch nicht herbeigeführt und von den Kontrolleinrichtungen verwirklicht werden konnte. Neben einer strafferen Wettbewerbsordnung und Wettbewerbskontrolle wird daher vornehmlich die Berufsausbildung des Kohlenhandelsstandes nicht allein fachliche Kenntnisse und kaufmännische Fertigkeiten vermitteln dürfen, sondern auf der Grundlage des Gemeinschaftsgeistes zum Leistungswettbewerb führen müssen, um seine Beweglichkeit zu fördern und jeden unlauteren Wettbewerb auszuschalten. Die vom Centralverband für den Kohlenhandel regelmäßig abgehaltenen Lehrkurse der Wiesinger-Schule in Essen suchen bereits diese Ziele zu verwirklichen, und „Gemeinschaftslager" der Kohlenhändler der Landesverbände (das erste Lager wurde im Frühjahr 1934 vom sächsischen Kohlenhandel durchgeführt) dürften die geeigneten Erziehungsstätten sein, um die Fachwissenschaft mit der Marktkenntnis, das Persönlichkeitsstreben mit dem Gemeinschaftsgeist zu verbinden.

# Anhang.

**Anlage 1.**

## Generalabkommen vom 15. Juni 1933 in der Fassung vom 27. Juli 1934.

Die im Reichskohlenverband zusammengefaßten Syndikate — im folgenden Syndikate genannt — und der Centralverband der Kohlenhändler Deutschlands — im folgenden Centralverband genannt — schließen folgende Vereinbarung:

§ 1.

1. Der Centralverband läßt Register des deutschen Kohlenhandels aufstellen.

2. Bedingungen für die Aufnahme in das oder die Register sind nur
   a) fachmännische und kaufmännische Eignung,
   b) Unbescholtenheit,
   c) soweit Platzhandel betrieben wird, Besitz der zum Handelsbetrieb erforderlichen Einrichtungen,
   d) Bejahung der Bedürfnisfrage.

In der Bedürfnisfrage darf nicht gegen die Erklärung eines Syndikats entschieden werden.

3. Syndikate, Syndikatshandelsgesellschaften, Zechenhandelsgesellschaften, Werkshandelsgesellschaften, bergbauliche Unternehmungen und Gaswerke sowie Handelsunternehmungen, an denen eine Firma der vorbezeichneten Art beteiligt ist (oder umgekehrt), können den Kohlenvertrieb in der bisherigen Art weiterführen. Sie werden in das oder die Kohlenhandelsregister aufgenommen; Syndikate, bergbauliche Unternehmungen, Gaswerke bedürfen der Eintragung nicht.

4. Der Centralverband oder die Landesverbände teilen den Syndikaten zunächst die Firmen mit, deren Aufnahme in das oder die Register beabsichtigt ist.

5. Sodann teilt jedes Syndikat dem Centralverband oder dem zuständigen Landesverband die Firmen mit, die in das oder die Register außerdem aufzunehmen sind.

6. Das oder die Register werden dann geschlossen. Der Centralverband oder die Landesverbände geben den Syndikaten das oder die endgültigen Register bekannt.

7. Spätere Aufnahmen können nur zum 1. April jeden Jahres erfolgen. Der Antrag ist bis zum 1. März zu stellen. Ein Syndikat kann auch zu einem anderen Zeitpunkte die Neuaufnahme eines Händlers verlangen, wenn es seine Absatzinteressen gefährdet sieht.

§ 2.

Die Syndikate verpflichten sich, nur an solche Firmen zu liefern, die in einem Register stehen und ihrem Handel die gleiche Verpflichtung aufzuerlegen.

§ 3.

Die Kleinverkaufspreise (Frankopreise zuzüglich Platzhandelsaufschlag) werden von den örtlichen Organisationen des Kohlenhandels festgesetzt. Sie unterliegen der Genehmigung des zuständigen Landesverbandes.

Ist ein Syndikat der Ansicht, daß durch die Platzhandelsaufschläge auf seine Erzeugnisse seine Absatzinteressen beeinträchtigt werden, so kann es diese Aufschläge beanstanden, mit der Wirkung, daß es bei den bisherigen Aufschlägen verbleibt, bis eine Einigung erfolgt ist.

§ 4.

1. Die Syndikate unterstützen das Bestreben des Platzhandels, unter Wahrung der berechtigten Interessen der Verbraucher ungesunde Preisunterbietungen zu verhindern, und ermöglichen zu diesem Zweck die Durchführung des Preisschutzes durch entsprechende Bestimmungen in den Kauf- und Lieferungsbedingungen. Sie verpflichten den nachgeordneten Handel, die gleichen Bestimmungen in die Kauf- und Lieferungsbedingungen aufzunehmen und den Preisschutz auch tatsächlich durchzuführen.

2. Im Falle von Zuwiderhandlungen werden zunächst von den Organisationen des Handels Mittel des inneren Organisationszwanges in Gestalt von Verwarnungen oder Vertragsstrafen angewandt.

Sperren seitens der Verbandsorganisationen können nur mit Zustimmung der Mehrheit der Syndikate erfolgen. In diesem Falle hat jedes Syndikat eine Stimme. Eine Sperre kann für einen oder mehrere Ortsbezirke beantragt werden.

§ 5.

Wenn in dem Gebiet eines örtlichen Platzhandelsvereins an mehrere Platzhändler Brennstoffe desselben Syndikats geliefert werden, so sorgt das Syndikat dafür, daß diesen Händlern jeweils gleichwertige Einkaufsmöglichkeiten gegeben werden.

§ 6.

Die Syndikate verpflichten sich, in Zukunft Hausbrandlieferungen im engeren Sinne, d. h. Lieferungen, die für den Privathaushalt bestimmt sind, ausschließlich über den Platzhandel ausführen zu lassen.

§ 7.

Die Fragen des Landabsatzes, des örtlichen Koksabsatzes der Gaswerke und der Lieferungen an die Landwirtschaft werden besonders geregelt.

§ 8.

Belegschaftslieferungen, abgesehen von Lieferungen an Arbeitnehmer von Bergwerken und von Werken, die auf Grund der Syndikatsbestimmungen im Selbstverbrauch beliefert werden dürfen, sollen möglichst eingeschränkt werden.

§ 9.

Die in dieser Vereinbarung übernommenen Verpflichtungen gelten nur insoweit, als nicht gesetzliche Bestimmungen entgegenstehen.

§ 10.

In dem Centralverband und in den Landesverbänden dürfen keine Beschlüsse gefaßt werden, die mit den aus der Syndikatszugehörigkeit fließenden Rechten und Pflichten nicht vereinbar sind.

§ 11.

Diese Vereinbarung kann mit einer Frist von sechs Wochen auf den Schluß des Kohlenwirtschaftsjahres (31. März), erstmalig zum 31. März 1936, gekündigt werden. Wird von dem Kündigungsrecht Gebrauch gemacht, so können zu demselben Zeitpunkt mit einer Frist von vier Wochen die innerhalb des Kohlenhandels abgeschlossenen Arbeitsgemeinschaftsverträge, Schutzverträge usw. sowie die Mitgliedschaft in den Organisationen des Kohlenhandels gekündigt werden.

Werden neue Gesetze oder Verwaltungsbestimmungen erlassen, die die Kohlenwirtschaft maßgebend berühren, so ist jederzeit fristlose Kündigung zulässig.

§ 12.

Wenn von Landesverbänden oder Ortsverbänden Abmachungen getroffen sind, die dieser Vereinbarung nicht entsprechen, so wird der Centralverband dafür Sorge tragen, daß sie mit dieser Vereinbarung in Übereinstimmung gebracht werden.

Berlin, den 15. Juni 1933/27. Juli 1934.

Centralverband der Kohlenhändler Deutschlands E. V.

Rheinisch-Westfälisches Kohlen-Syndikat.

Rheinisches Braunkohlen-Syndikat Gesellschaft mit beschränkter Haftung.

Mitteldeutsches Braunkohlen-Syndikat 1932 Gesellschaft mit beschränkter Haftung.

Ostelbisches Braunkohlensyndikat 1928 Gesellschaft mit beschränkter Haftung.

Oberschlesisches Steinkohlen-Syndikat G. m. b. H., Gleiwitz.

Niederschlesisches Steinkohlen-Syndikat Gesellschaft mit beschränkter Haftung.

Sächsisches Steinkohlen-Syndikat mit beschränkter Haftung.

Niedersächsisches Kohlensyndikat, Gesellschaft mit beschränkter Haftung.

Aachener Steinkohlen-Syndikat Gesellschaft mit beschränkter Haftung*).

Kohlensyndikat für das rechtsrheinische Bayern G. m. b. H.

Wirtschaftliche Vereinigung deutscher Gaswerke, Gaskokssyndikat, Aktiengesellschaft.

*) Die früher im Aachener Steinkohlen-Syndikat zusammengefaßten Zechen sind ab 1. April 1934 in das Rheinisch-Westfälische Kohlen-Syndikat eingetreten.

**Anlage 2.**

# Ausführungsbestimmungen zum Generalabkommen vom 15. Juni 1933.

Zwischen den im Reichskohlenverband zusammengefaßten Syndikaten — im folgenden Syndikate genannt — und dem Centralverband der Kohlenhändler Deutschlands E. V. — im folgenden Centralverband genannt — werden folgende

Ausführungsbestimmungen
zum Generalabkommen vom 15. Juni 1933

vereinbart:

## § 1. Allgemeine Bestimmungen.

### I.

Den Kohlenhandel darf außer den im § 1 Ziff. 3 Satz 2 Halbsatz 2 des Generalabkommens genannten Unternehmungen im Gebiete des Deutschen Reiches nur ausüben, wer in einem der Register des deutschen Kohlenhandels eingetragen ist.

Personen oder Firmen, deren Aufnahme in ein Register vom Centralverband verweigert wird, sind von den Wirkungen des Generalabkommens bis zur rechtskräftigen Entscheidung des Kartellgerichts über die verweigerte Aufnahme freizustellen.

### II.

Über die Eintragung in das Register stellt der Centralverband eine Urkunde aus, und zwar

die grüne Kohlenhändlerkarte für Großhändler,
die rote Kohlenhändlerkarte für Einzelhändler.

### III.

Die Kohlenhändlerkarte trägt die Nummer, unter der ihr Inhaber in einem Register eingetragen ist. Jeder Kohlenhändler ist verpflichtet, diese Nummer in seinen Geschäftsbriefbogen zu führen. Der Centralverband wird einen einheitlichen Text für den Aufdruck bekanntgeben.

### IV.

Die Kohlenhändlerkarte wird jeweils nur für die Dauer eines Kohlenwirtschaftsjahres ausgestellt.

Die erstmalige Ausstellung der Karte begründet keinen Anspruch auf Erteilung der Karte für die Folgezeit.

Die Löschung in einem Register verpflichtet zur sofortigen Rückgabe der Kohlenhändlerkarte.

## § 2. Bedingungen für die Aufnahme in die Register.

I.

In Ausführung der Vorschriften des § 1 Ziff. 2 a und b und des § 4 des Generalabkommens wird folgendes bestimmt:

1. Als kaufmännisch ungeeignet im Sinne des § 1 Ziff. 2 a des Generalabkommens sind insbesondere kreditunwürdige Personen anzusehen.
2. Als unbescholten im Sinne des § 1 Ziff. 2 b des Generalabkommens sind diejenigen Personen nicht anzusehen, die die im Geschäftsverkehr erforderliche Zuverlässigkeit nicht besitzen.
3. Im Hinblick auf die Bestimmungen des § 4 des Generalabkommens und die §§ 9 und 10 dieser Ausführungsbestimmungen ist jeder registrierte Händler zum Eintritt in die für ihn zuständige Organisation des deutschen Kohlenhandels verpflichtet.

Der Centralverband ist berechtigt, jedem Kohlenhändler auf Anfrage durch seine Landesverbände Auskunft darüber erteilen zu lassen, welche Unternehmungen in den Untergliederungen des Centralverbandes organisiert sind. Den Syndikaten wird der Centralverband diese Auskunft auf Verlangen unmittelbar erteilen.

II.

Für die Aufnahme in das Register des deutschen Kohlengroßhandels gelten außer den im Generalabkommen festgelegten allgemeinen Vorschriften noch die folgenden besonderen Voraussetzungen:

1. Die Firma des Unternehmens muß im Handelsregister eingetragen sein,
2. sie muß einen jährlichen Mindestumsatz im Großhandel, dessen Festsetzung dem zuständigen Landesverband überlassen bleibt, nachweisen; jedes Syndikat hat aber das Recht, auch bei Nichterreichung der festgesetzten Mindestgrenze die Aufnahme oder Beibehaltung eines Händlers zu verlangen, wenn es dies im Interesse seines Absatzes für erforderlich hält, die Aufnahme jedoch nur dann, wenn der Händler einen Umsatz im Großhandel von mindestens 1500 t jährlich oder einen Kaufabschluß in dieser Höhe nachweist,
3. sie muß allen Organisationen des Kohlengroßhandels angehören, di für ihre Absatzgebiete zuständig sind; sie hat das Recht, denjenigen Verband, bei dem sie die Stamm-Mitgliedschaft erwerben will, seibst zu bestimmen.

## § 3. Rechte und Pflichten des registrierten Kohlengroßhandels.

I.

Die Aufnahme in das Register des Kohlengroßhandels berechtigt nur zur Abgabe von Brennstoffen:

1. an registrierte Kohlenhändler zum Zweck des Wiederverkaufs,
2. an solche landwirtschaftlichen und industriellen Verbraucher, die Brennstoffe für Betriebszwecke üblicherweise waggon- oder schiffsweise beziehen; als Industriebetrieb im Sinne dieser Vertragsbestimmung gilt im Zweifel jeder über die herkömmliche Form des Kleingewerbebetriebes hinausgehende

Fabrikbetrieb, der eigene Dampfkesselanlage oder eine andere Kraftquelle (Elektrizität, Öl- oder Sauggasmotor, Wasserkraft usw.) besitzt,

3. an Zusammenschlüsse von Verbrauchern, sofern sie folgende Voraussetzungen erfüllen:
   a) sie müssen in die Rechtsform einer eingetragenen Genossenschaft gekleidet sein,
   b) der Bezug und Vertrieb von Brennstoffen darf nicht dem durch das Statut bestimmten Gegenstand der Genossenschaft zuwiderlaufen,
   c) die Abgabe von Brennstoffen muß sich auf den Kreis der Mitglieder beschränken,
   d) die Belieferung der Genossenschaft muß entweder auf Grund von Vereinbarungen des Centralverbandes mit den genossenschaftlichen Organisationen oder auf Grund allgemeiner Anweisungen des Präsidenten des Centralverbandes oder sonst auf Grund des § 63 der Ausführungsbestimmungen zum Kohlenwirtschaftsgesetz zulässig sein; im Streitfall entscheidet hierüber der gemäß den Richtlinien für die Durchführung des § 63 beim Reichskohlenverband eingesetzte Schlichtungsausschuß.

Die Belieferung aller sonstigen Verbraucher ist Sache des Einzelhandels, jedoch mit den aus §§ 4 und 7 ersichtlichen Einschränkungen.

II.

Eine beschränkte Großhändlerkarte erhalten Firmen, die nur zur waggon- oder schiffsweisen Lieferung an landwirtschaftliche Betriebe berechtigt sind.

III.

Der Präsident des Centralverbandes oder die von diesem bestimmten Stellen können im Einvernehmen mit den beteiligten Syndikaten Ausnahmen von diesen Vorschriften bewilligen.

### § 4. Rechte und Pflichten des registrierten Kohleneinzelhandels.

I.

Die Aufnahme in das Register des Kohleneinzelhandels berechtigt, abgesehen von den Fällen des § 7 dieser Ausführungsbestimmungen, nur zur Abgabe von Brennstoffen zum Kleinverkaufspreise an folgende Verbrauchergruppen:

1. Privatverbraucher einschließlich des Betriebes von Sammelheizungen in jeder Form,
2. Kleingewerbetreibende (Bäcker, Schlächter, Schmiede, Gärtner usw.),
3. Banken, Geschäftshäuser, Hotels, Gasthöfe und ähnliche Verbraucher.

II.

Die Abgabe von Brennstoffen zum Zwecke des Wiederverkaufs an nicht registrierte Händler ist untersagt. Im Verkehr von registrierten Einzelhändlern untereinander ist die Abgabe von Brennstoffen in geschlossenen Waggon- oder Schiffsladungen zum Großhandelspreis verboten.

III.

Eine beschränkte Einzelhändlerkarte erhalten Händler, die nur zur Lieferung bestimmter Kohlensorten, z. B. Schmiedekohlen, Grudekoks, berechtigt sind. Die Händler in Schmiedekohlen und Grudekoks sind berechtigt, den zuständigen Organisationen des Kohleneinzelhandels beizutreten.

IV.

Insoweit einzelne Verbraucher, die an sich zu einer der unter Ziff. I 2 und 3 genannten Gruppen gehören, bisher gewohnheitsmäßig ihren Brennstoffbedarf waggon- oder schiffsweise zum Großhandelspreis, sei es beim Großhandel, sei es beim Einzelhandel gedeckt haben, behält es dabei sein Bewenden, jedoch ist die waggon- oder schiffsweise Belieferung künftig nur noch zulässig, wenn der Händler seiner Lieferfirma folgende schriftliche Erklärung abgibt:

„Ich versichere, daß ... (Name des Verbrauchers) seit ... (Zeitangabe) üblicherweise die Brennstoffe für seinen Betrieb waggon- oder schiffsweise bezogen hat.

Mir ist bekannt, daß die Abgabe einer wahrheitswidrigen Erklärung einen Verstoß gegen die Wettbewerbsbestimmungen darstellt und eine Bestrafung nach Maßgabe dieser Bestimmungen sowie die Verpflichtung zum Schadensersatz nach sich zieht."

Alle Kohlenhändler sind verpflichtet, sich für die Abgabe dieser Erklärung einheitlicher Formulare zu bedienen, die sie von den zuständigen Landesverbänden anzufordern haben.

Die Vertragsschließenden verpflichten sich, gemeinsam auf eine Einschränkung des waggon- oder schiffsweisen Bezuges durch Angehörige der zu Ziff. I 2 und 3 genannten Verbrauchergruppen hinzuwirken.

V.

Weitere Ausnahmen von diesen Vorschriften können der Präsident des Centralverbandes oder die von diesem bestimmten Stellen im Einvernehmen mit den Syndikaten bewilligen.

§ 5. Behördenlieferungen.

I.

Die Belieferung von Behörden (Reichs- und Staatsbehörden, sowi unterer Verwaltungsbehörden, ferner kirchlicher und ähnlicher Behörden) ist Sache des ortsansässigen Einzelhandels. Dasselbe gilt für die Belieferung von Anstalten, wie Krankenhäuser, Klöster, Heil- und Erholungsstätten.

Dagegen steht die Belieferung staatlicher und kommunaler Industriebetriebe, wie Gaswerke, Wasserwerke, Fernheizwerke und Elektrizitätswerke, sowie solcher Behörden und Anstalten, die bis zum 15. Juni 1933 nachweislich vom Großhandel oder von den Syndikaten beliefert wurden, dem Großhandel oder den Syndikaten zu. Abweichungen in einzelnen Gebieten sind nur im Einvernehmen mit den beteiligten Syndikaten zulässig.

II.

Den Vereinsführern ist die Aufteilung der Behördenaufträge unter den Vereinsmitgliedern untersagt.

## § 6. Belegschaftslieferungen.

I.

Belegschaftslieferungen, abgesehen von Lieferungen an Arbeitnehmer von Bergwerken und von Werken, die auf Grund der Syndikatsbestimmungen im Selbstverbrauch beliefert werden dürfen, sollen möglichst eingeschränkt werden.

Der Großhandel soll Belegschaftslieferungen möglichst auf den Einzelhandel übertragen. Neue Belegschaftslieferungen darf ein Großhändler nicht übernehmen. Als neue Belegschaftslieferungen gelten nicht solche Lieferungen, die ein Großhändler in irgendeinem Zeitraum seit 1. April 1932 ausgeführt und später an einen anderen Großhändler oder an ein Syndikat verloren hat.

Die Vorschriften des Absatz 2 finden entsprechende Anwendung auf die Syndikate.

II.

Soweit hiernach Belegschaftslieferungen durch den Einzelhandel künftig noch ausgeführt werden dürfen, ist dem Vereinsführer die mengenmäßige Aufteilung der Aufträge für solche Lieferungen untersagt; dagegen ist es ihm gestattet, mit dem Auftraggeber (dem Unternehmer oder dem Betriebsobmann als Vertreter der Belegschaft) Vereinbarungen über die Bedingungen derartiger Belegschaftslieferungen zu treffen.

## § 7. 15-Tonnen-Bezug.

I.

Die waggonweise Belieferung von Verbrauchern, die nicht ohnehin schon auf Grund der §§ 3 bis 6 die Möglichkeit zum waggonweisen Bezuge haben, ist nur auf Grund der Vorschrift des § 64 der Ausführungsbestimmungen zum Kohlenwirtschaftsgesetz zulässig.

II.

Die Ausführung derartiger Lieferungen ist Sache des Einzelhandels.

## § 8. Ausschließlicher Geschäftsverkehr zwischen registrierten Kohlengroßhändlern und registrierten Kohleneinzelhändlern.

I.

Die registrierten Kohlengroßhändler dürfen Brennstoffe zum Zwecke des Wiederverkaufs (§ 3 Ziff. I 1 dieser Ausführungsbestimmungen) nur an registrierte Kohlenhändler abgeben.

II.

Die registrierten Kohleneinzelhändler dürfen vom Kohlengroßhandel Brennstoffe nur beziehen, wenn dieser registriert ist.

III.

Die Vorschriften des § 1 Ziff. I Abs. 2 und des § 4 Ziff. II dieser Ausführungsbestimmungen bleiben unberührt.

## § 9. Meldepflicht.

Alle registrierten Händler sind verpflichtet, Verstöße gegen die in den §§ 1 bis 8 enthaltenen Verpflichtungen und gegen die entsprechenden Syndikatsbedingungen unverzüglich ihrer Organisation zu melden.

### § 10. Verankerung in den Wettbewerbsbestimmungen der Verbände und Vereine. — Verfolgung von Verstößen.

I.

Die in den §§ 1 bis 9 enthaltenen Verpflichtungen sind von den bei den Landesverbänden und deren Untergliederungen gebildeten Ausschüssen für die Regelung des Wettbewerbs in die Wettbewerbsbestimmungen auf dem dafür satzungsgemäß vorgesehenen Wege aufzunehmen und allen Mitgliedern bekanntzumachen.

II.

Verstöße gegen diese Verpflichtungen sind auf dem in den Satzungen vorgesehenen Wege zu verfolgen, insbesondere sind die gegen die Zuwiderhandelnden vorgesehenen Strafen der Verwarnung oder der Vertragsstrafe oder des Ausschlusses zu verhängen. Verwarnung und Vertragsstrafe werden durch die in den Satzungen vorgesehenen Organe verhängt. Der Ausschluß erfolgt entweder auf Weisung des Präsidenten des Centralverbandes durch den Verbands- oder Vereinsführer oder durch Spruch des in den Satzungen vorgesehenen Schiedsgerichts; der Ausschluß bedarf in jedem Falle der Einwilligung des Vorsitzenden des Kartellgerichts sowie in den Fällen des § 4 des Generalabkommens der Zustimmung des Reichskohlenverbandes.

Unberührt hiervon bleiben die Ansprüche der Syndikate und des Centralverbandes auf Unterlassung sowie die Ansprüche einzelner Kohlenhändler auf Ersatz des ihnen durch die Zuwiderhandlung entstehenden Schadens.

### § 11. Ständige Kommission.

I.

Die Syndikate und der Centralverband richten eine ständige Kommission ein.

II.

Die Kommission hat die Aufgabe,

1. Erfahrungen bei der Durchführung des Generalabkommens und der Ausführungsbestimmungen zu sammeln und den Vertragsschließenden Anregungen für die weitere Ausgestaltung des Vertragswerks zu unterbreiten,
2. Streitigkeiten zu schlichten, die zwischen dem Centralverband, den Landesverbänden und deren Untergliederungen einerseits und einem oder mehreren Syndikaten andererseits über die Auslegung des Generalabkommens oder der Ausführungsbestimmungen entstehen, soweit es sich nicht um Angelegenheiten handelt, für die gemäß § 12 der KartellVO. das Kartellgericht ausschließlich zuständig ist.

III.

Die Kommission besteht aus je einem Vertreter der Syndikate, aus der Geschäftsführung des Reichskohlenverbandes und des Reichskohlenrates, dem Präsidenten des Centralverbandes oder dessen beiden Stellvertretern und der Geschäftsführung des Centralverbandes. Die Kommission wählt einen Vorsitzenden.

IV.

Die Kommission ist zu berufen

1. wenn der Vorsitzende dies für sachdienlich hält,
2. auf Antrag eines Syndikats oder des Präsidenten des Centralverbandes.

V.

Die Kommission arbeitet einen Vorschlag zur Erledigung der ihr unterbreiteten Angelegenheit aus und gibt ihn durch den Vorsitzenden mündlich oder schriftlich bekannt.

Abstimmungen finden nicht statt.

Falls eine einheitliche Auffassung aller Mitglieder der Kommission nicht zu erzielen ist, so ist der Vorsitzende berechtigt, einen eigenen Vorschlag zur Erledigung der Angelegenheit den Beteiligten mündlich oder schriftlich bekanntzugeben.

VI.

Lehnt ein Beteiligter den Vorschlag der Kommission oder des Vorsitzenden ab, so soll, soweit es sich um eine Streitigkeit im Sinne der Ziff. II 2 handelt, ein Schiedsgericht entscheiden, zu dem jede der streitenden Parteien einen Beisitzer und diese einen Obmann benennen. Kommt eine Einigung über den Obmann unter den Beisitzern nicht zustande, so soll der Obmann vom Reichswirtschaftsminister benannt werden.

Berlin, den 27. Juli 1934.

---

**Anlage 3.**

## Gemeinschaftliche Erklärung zum Generalabkommen vom 27. Juli 1934.

Die im Reichskohlenverband zusammengefaßten Syndikate — im folgenden Syndikate genannt — und der Centralverband der Kohlenhändler Deutschlands E. V. — im folgenden Centralverband genannt — geben folgende

gemeinschaftliche Erklärung

über die Erwägungen, von denen sie sich beim Erlaß der

Ausführungsbestimmungen

zum Generalabkommen vom 15. Juni 1933

haben leiten lassen, und über die Grundsätze, nach denen diese Ausführungsbestimmungen angewendet werden sollen, ab:

Zu § 1 der Ausf.Best. (§ 1 Ziffer I, 3 und § 2 des Gen.Abk.).

In der Ziff. I wird der Grundsatz niedergelegt, daß den Kohlenhandel im Gebiet des Deutschen Reiches nur ausüben darf, wer in einem der Register verzeichnet ist. Von diesem Grundsatz sind diejenigen Unternehmungen auszunehmen, die nach § 1 Ziff. 3 Satz 2 Halbsatz 2 des Generalabkommens der Eintragung in die Register nicht bedürfen, nämlich die Syndikate, bergbaulichen Unternehmungen und Gaswerke.

Eine weitere Ausnahme ergibt sich aus der Notwendigkeit, Personen oder Firmen, deren Aufnahme in die Register verweigert wird, bis zur rechtskräftigen Entscheidung des Kartellgerichts von den Wirkungen des Generalabkommens freizustellen (Abs. 2).

Zu § 2 der Ausf.Best. (§ 1 Ziffer 2 a und b und § 4 des Gen.Abk.).

Unter Ziff. I werden einige bei der Auslegung des Generalabkommens aufgetauchte Zweifelsfragen geklärt, insbesondere wird unter Ziff. 3 klargestellt, daß zum Zwecke der Durchführung des Preisschutzes und der mit dem Generalabkommen erstrebten Ordnung jeder registrierte Händler zum Eintritt in die für ihn zuständige Organisation des deutschen Kohlenhandels verpflichtet ist. Dabei gehen die Vertragsabschließenden davon aus, daß die von den Untergliederungen des Centralverbandes erlassenen Wettbewerbsbestimmungen sich nicht in Widerspruch setzen dürfen zu der in den Syndikatsbedingungen getroffenen Wettbewerbsregelung, daß sie diese aber in bezug auf die Festsetzung der Kleinverkaufspreise ergänzen dürfen; die Bestimmungen des § 3 Abs. 2 des Generalabkommens bleiben unberührt.

Unter Ziff. II werden besondere Vorschriften für die Aufnahme in das Register des Großhandels erlassen. Ihre Rechtfertigung finden diese in der Erwägung, daß an den Betrieb eines Großhandelsunternehmens strengere Anforderungen zu stellen sind als an den eines Einzelhandelsunternehmens. Das gilt insbesondere für die

zu 2 behandelte Festsetzung eines jährlichen Mindestumsatzes.

Diese Vorschrift bezweckt eine klare Scheidung des reinen Großhändlers von dem gelegentlich grossierenden Einzelhändler. Sie soll das Aufkommen neuer Gelegenheits-Großhändler unterbinden, nimmt aber andererseits auf den bestehenden Zustand und die berechtigten Absatzinteressen der Syndikate Rücksicht. Aus diesem Grunde ist den Syndikaten das Recht eingeräumt, auch bei Nichterreichung der von den Landesverbänden festgesetzten Mindestgrenze die Beibehaltung eines vorhandenen und die Neuaufnahme eines neuen Händlers zu verlangen. Die Neuaufnahme wird jedoch von der Erreichung eines Mindestumsatzes im Großhandel von 1500 t jährlich abhängig gemacht.

Zu § 3 der Ausführungsbestimmungen.

§ 3 der Ausführungsbestimmungen grenzt die Funktionen des Großhandels von den im § 4 behandelten Funktionen des Einzelhandels ab.

Unter Ziff. I 2 wird als Funktion des Großhandels u. a. die Belieferung bestimmter Großverbraucher genannt, nämlich derjenigen landwirtschaftlichen und industriellen Verbraucher, die üblicherweise Brennstoffe waggon- oder schiffsweise für Betriebszwecke beziehen.

Durch die Einfügung des Wortes „üblicherweise" ist klargestellt, daß das Belieferungsrecht des Großhandels nicht gilt für solche Großverbraucher, die bisher gewohnheitsmäßig vom Einzelhandel beliefert worden sind.

Durch die Einfügung des Wortes „Betriebszweck" ist klargestellt, daß die waggon- oder schiffsweise bezogenen Mengen nur im landwirtschaftlichen oder industriellen Betriebe, nicht dagegen zu Hausbrandzwecken, sei es vom Bezieher selbst, sei es von dessen Belegschaft, Verwendung finden dürfen; nicht berührt hiervon wird die Abgabe von Deputatkohlen, soweit sie bisher üblich war.

Die Erteilung der unter Ziff. II behandelten beschränkten Großhändlerkarte ist nicht an die Erfüllung der besonderen Voraussetzungen des § 2 Ziff. II geknüpft.

Zu § 4 der Ausführungsbestimmungen.

Bei der Vorschrift der Ziff. IV haben die Vertragsschließenden sich von der Erwägung leiten lassen, daß es im Interesse einer Erstarkung des mittelständischen Kohleneinzelhandels und damit einer klaren Scheidung der Funktionen des Groß- und Einzelhandels erwünscht sei, den waggonweisen Bezug nach Möglichkeit auf die im § 3 Ziff. I 2 genannten Verbrauchergruppen zu beschränken. Sie sind sich andererseits darüber klar, daß sich eine vollkommene Abgrenzung im Augenblick noch nicht erreichen läßt, da eine plötzliche Unterbindung des waggonweisen Bezuges langjährig bestehende Verbindungen zerstören würde.

Um jedoch an dem als notwendig erkannten Endziel festzuhalten, wird vereinbart, daß auf jeden Fall der waggonweise Bezug keine Ausdehnung erfahren soll. Er soll sich künftig auf diejenigen Verbraucher beschränken, die sich dieser Bezugsart bisher bedient haben, und zwar nicht nur gelegentlich, sondern aus alter Gewohnheit (nach altem Brauch).

Zu § 5 der Ausführungsbestimmungen.

Unter Ziff. I werden Grundsätze für die Durchführung der Behördenlieferungen durch Groß- und Einzelhandel aufgestellt.

Im ersten Absatz wird festgelegt, daß die Belieferung von Behörden grundsätzlich Sache des ortsansässigen Einzelhandels ist.

Dieser Grundsatz erfährt im zweiten Absatz eine Einschränkung dahin, daß, insoweit das Behördengeschäft bis zum 15. Juni 1933 Sache des Großhandels oder der Syndikate war, es dabei sein Bewenden behält.

Zu § 6 der Ausführungsbestimmungen (§ 8 des Generalabkommens).

Die Funktionen des Groß- und Einzelhandels bei der Ausführung von Belegschaftslieferungen werden dahin abgegrenzt, daß diese Lieferungen möglichst dem Einzelhandel zuzuführen sind. Es wird zwingend vorgeschrieben, daß Großhandel und Syndikate neue Belegschaftslieferungen nicht mehr ausführen dürfen, wobei als neu im Sinne dieser Bestimmung auch die Lieferungen an solche Belegschaften anzusehen sind, die von einem Großhändler oder einem Syndikat seit dem 1. April 1932 nicht mehr beliefert worden sind; eine nur vorübergehende Unterbrechung der Belieferung in der Zeit seit dem 1. April 1932 würde hiernach einer Wiederaufnahme der Belieferung nicht im Wege stehen.

Zu § 7 der Ausführungsbestimmungen.

Die Vorschrift hat den Zweck, die bereits zu § 4 Ziff. I gekennzeichnete Tendenz, den waggonweisen Bezug im Interesse der Erstarkung eines mittelständischen Kohleneinzelhandels nach Möglichkeit einzuschränken, nochmals zu unterstreichen.

Es besteht Einverständnis darüber, daß ein Einzelhändler auf Lieferungen gemäß § 64 keinen Rabatt erhält, und daß man den Bezieher, der selbst abfährt, am Bezuge und der Abfuhr nicht hindern könne.

Zu § 8 der Ausführungsbestimmungen (§ 2 des Generalabkommens).

Diese Vorschrift behandelt in Ausführung und Fortführung des § 2 des Generalabkommens den ausschließlichen Geschäftsverkehr zwischen registrierten Kohlenhändlern, und zwar:

Ziff. I die Abgabe von Brennstoffen durch registrierte Kohlengroßhändler an registrierte Kohlen- (Groß- oder Einzel-) händler.

Ziff. II den Bezug von Brennstoffen durch registrierte Kohleneinzelhändler von registrierten Kohlengroßhändlern; durch die Wortfassung ist klargestellt, daß durch diese Vorschrift der Bezug von nicht registrierungsbedürftigen Unternehmungen (Syndikaten, bergbaulichen Unternehmungen und Gaswerken) nicht berührt wird.

Ziff. III stellt klar, daß unberührt bleiben die Belieferung freigestellter Kohlenhändler und der Verkehr zwischen registrierten Einzelhändlern, soweit dieser nach § 4 Ziff. II zulässig ist.

Zu §§ 9 und 10 der Ausführungsbestimmungen.

Diese Vorschriften schaffen durch Einführung einer Meldepflicht und durch Verankerung der Ausführungsbestimmungen in den Wettbewerbsbedingungen der Landesverbände und Ortsvereine die rechtliche Grundlage für die Verwirklichung der mit dem Generalabkommen bezweckten Ordnung des deutschen Kohlenhandels.

Zu § 11 der Ausführungsbestimmungen.

Zu Ziff. I. In der Erkenntnis, daß ein freundschaftliches Zusammenarbeiten der Syndikate und des Centralverbandes die beste Gewähr für ein reibungsloses Funktionieren des Generalabkommens und damit für die Verwirklichung der mit ihm bezweckten Ordnung leistet, richten die Vertragsschließenden eine ständige Kommission ein, deren Aufgabe es ist,

1. Anregungen für eine weitere Ausgestaltung des Vertragswerkes zu geben,
2. Streitigkeiten, die zwischen dem Centralverband, den Landesverbänden und deren Untergliederungen einerseits und einem Syndikat andererseits über die Auslegung des Generalabkommens oder der Ausführungsbestimmungen entstehen, zu schlichten.

Von dieser Regelung bleibt unberührt das Verfahren, wie es bisher bei Durchführung der Sperranträge beim Kartellgericht beobachtet worden ist: Die bisherige Regelung, wonach den Syndikaten Gelegenheit zur Äußerung über eine beabsichtigte Sperre und zur Teilnahme am Verfahren gegeben wird, hat sich bewährt und soll beibehalten werden. Durch Einschaltung der Kommission würde eine nicht unwesentliche Verzögerung entstehen, die weder im Interesse der Syndikate noch des Centralverbandes, noch des zu sperrenden Händlers liegt. Überdies würde die Bestimmung des § 12 der Kartellverordnung eine Anrufung des Schiedsgerichts, wie sie unter Ziff. VI vorgesehen ist, ausschließen.

Berlin, den 27. Juli 1934.

---

*Otto Walter, Buchdruckerei, Berlin SW 19*

FSC
www.fsc.org
MIX
Papier | Fördert gute Waldnutzung
FSC® C083411

Kolibri 360 GmbH
Ferdinand-Jühlke-Straße 7
99095 Erfurt, Deutschland
produktsicherheit@kolibri360.de